二人の近現代史家が熱く語る

対談・吉田茂という反省

——憲法改正をしても、吉田茂の反省がなければ何も変わらない——

阿羅健一・杉原誠四郎 著

吉田茂（自邸にて）昭和39年5月 吉岡専造撮影

まえがき

私たち二人が、双方ともに吉田茂に対して厳しい批判を持っていることを知ったのは数年以上前のことであろうか。それ以来、いつかは二人で吉田茂を厳しく批判する対談本を出そうと話し合っていた。しかしそれぞれ諸処繁忙にて、実際に対談する機会を逸してきた。しかしこの度やっとその時を得た。

時は今、憲法改正の論議で賑わっている。本当に近い将来、憲法改正は実現するかどうか。改正しようとすれば、改正させないという動きも活発化してくる。そういう中で、吉田茂のことを思うと、本書の副題に付けたように、憲法を改正しても、吉田茂の反省がなければ何も変わらないのではないかと、強く危惧するしだいである。

憲法改正問題については、もちろん知っている人は確かに知っているが、多くの日本国民は、このように憲法改正がかまびすしく議論されるようになってもいまだ知らない重要な事実がある。現行憲法が制定されたけれども、いまだ施行はされていない昭和二十一年（一九四六年）一月、この憲法について、日本国民の「自由にして熟慮された意見の表明であることに将来疑義を持たれてはならない」と、施行後二年以内に「日本の人民ならびに国会の正式な審査に再度付されるべきである」との指示が占領軍より出ている。

にもかかわらず、再検討の審議に付さなかったのは、直接には片山哲内閣や芦田均内閣の責任であるが、最終的には占領解除前後に首相を務めた吉田茂の責任である。

今日、竹島問題を解決しようとせず、反日国家であることに国家のアイデンティティーを置いている韓国だが、その端緒を作った韓国の初代の大統領李承晩は、占領解除後、何らかの解決の意図を持って日本を訪問して吉田茂に会った。このとき、努力すれば竹島問題などは解決できたとは断定できないが、しかし努力すれば解決できたかもしれない。しかし吉田は初めからいささかも努力せず関係は冷たいまま固定化してしまった。

戦後七十年以上経った平成二十八年（二〇一六年）、アメリカの大統領オバマが広島を訪問し、原爆慰霊者の碑に花環を奉げ、霊を慰めた。そしてこの年の年末、安倍晋三首相は真珠湾を訪ねて、日本海軍の真珠湾攻撃によって犠牲となった人たちの、そして日米戦争で犠牲となったアメリカの将兵の霊を慰めた。これらのことによって日米関係は確実に進んだ。

しかるにかの戦争について、日本では、まだ率直に語り合うことができない。かの戦争はなしてはならない戦争であり、必ずや避けなければならない戦争であったことを前提にして言うけれども、必ずしも最初からの戦争目的ではなかったものの、第一次世界大戦後、アメリカの大統領ウィルソンが提唱した民族自決の原則をばアジアにおいて黄色人種のもとに実現させ、韓国についてはたとえ日本が植民地にしたという言い方に甘んじるとしても、その植民地で行った治政は植民地に対するものとしては人類史上最高の善政であった。このことを国家レベルでは言えず、一部の国民が嘯くような形でしか言えないのはどういうことか。

かように、今日の日本を見たとき、やはり戦後の日本の出発点である占領期の首相を務めた吉田茂について思い返し反省してみなければならない。その反省をしなければ、憲法改正も真の憲法改正にはならない。その問題提起として私たちは熱く語り合った。

この対談本は何度も語り合い、そのためあちこちに散った発言を整理し、植字しなければならなかった。その作業を「新しい歴史教科書をつくる会」の広島県支部長の長谷川真美氏に依頼してその協力を得たので、最後に長谷川氏にお礼を一言述べておきたい。

阿羅健一
杉原誠四郎

平成三十年六月

第一章　吉田茂の奉天時代

第二章　吉田茂の英国時代

目　次

第五章　吉田茂と経済成長

第六章　吉田茂と憲法改正

目　次

第九章　前篇第三章（吉田茂と安全保障の問題）の補追

目　次

第十六章　吉田茂への評価の評価

目次

第十七章　どのような意図でこの対談は行われたか

第十八章　現時点で我々はどう対応しなければならないのか

目　次

前篇

吉田茂への検証

はじめに

杉原　世の中に、吉田茂を褒め称える本は満ちています。それに対し、吉田茂を非難する本は稀にしか見かけません。しかし、よい意味でも悪い意味でも、占領下という、戦後の日本の原点となった時期に首相を務めた吉田茂に対し、このような一方的な礼賛の見方だけでよいのでしょうか。

　今日は、吉田茂の批判では、他者に譲らず、吉田茂に対して大変厳しい批判をしている近現代史研究家の阿羅さんと私とで、吉田茂の是と非について対談していただきます。大変有意義な対談になるものと期待しております。

阿羅　私も吉田茂について厳しいことをたえず言っておられる杉原さんと吉田茂について論じられることは大変嬉しいことです。憲法改正が堂々と論じられるようになった今日、占領期の首相を務めた吉田茂について検討することは不可欠です。歯に衣を着せることなく語っていきたいと思います。そして戦後の日本の歴史を改めて考え直していくことによって現代の指針になればと大変期待しております。

杉原　よろしくお願いします。

阿羅　前篇として「吉田茂への検証」と称し、彼のなしてきたことについて論じていきたいと思います。

杉原　それでは、私の方から先に発言させていただきますが、この対談は、吉田の人間像を明らかにしていこうというものではありません。つまり、吉田の生まれたときからの彼の生涯を追って追究しようというものではありません。あくまでも日本の近現代の政治史の中で、吉田茂が何をし、何をしなかったかを明らかにし、憲法改正の声も大きくなってきた今日の日本の政治に何らかか反省材料を与えようという対談です。それで構いませんよね。

阿羅　賛成です。吉田に批判すべきところはたくさんありますが、あくまでも日本の現在の政治に資するためのものです。感情的にならず努めて冷静に話し合っていきたいと思います。

杉原　もちろんです。そして満遍なくすべての問題に触れるようにしていきましょう。

阿羅　話を進めていく順序ですが、読者にとって分かりやすいように、吉田が日本の外交、政治に関わるようになったことに関係し大まかに時系列にしたがって検証し、吉田のしたことをよく分かったうえで吉田の評価を行うという順序で進めていきたいと思いますが、どうですか？

杉原　大きくは前篇で、吉田への検証とし、後篇で吉田への評価ということですね。賛成です。

阿羅　とすると対談は一回では終わりません。

杉原　そうですね。必要な限り、回を重ねて頑張りましょう。

阿羅　それからもう一つ、我々として注意したいのは吉田への厳しい批判の対談ですからあくまでも事実に即して議論し合うということです。

杉原　もちろん、そうです。

第一章　吉田茂の奉天時代

吉田茂は張作霖の接待で一品も口にしなかった

杉原　吉田の外交官、政治家としての検証ということになると、最初のテーマになるのは、彼の奉天時代のときのことになりますね。

吉田は明治十一年（一八七八年）九月三日、高知の自由党志士竹内綱の五男として生まれ、三歳のとき、横浜の貿易商で財をなしていた吉田健三の養子となる。そして、明治二十二年（一八八九年）、十一歳のとき、耕余義塾という漢学の塾に在学した。だから漢文というか、中国の古典に関する素養は深かった。明治三十九年（一九〇六年）、外交官試験に合格し、外務省に入ると、翌年、奉天在勤を命じられる。彼の漢学の素養からして、中国勤務は妥当なところでしょうね。

阿羅　大正十四年（一九二五年）十月になって再び奉天に赴任しますが、このときは奉天総領事という身分です。

当時、満州は日本が開発に力を入れた結果、魅力あふれる大地となり、満州外からの移住者がどんどん増えていました。そこで力を持っていたのは張作霖で、日本は張作霖を後押しすることにより権益の保持に努めていましたが、張作霖の権力が強まると必ずしも歩調が合わなくなってきます。張作霖は満鉄線に併行線を設けて満鉄を圧迫し、日本人に対する制限も強め、日本人の間で不満が高まります。万里の長城を越えた北京の方では軍閥同士の戦いが続き、いわゆる合従連衡が続いていましたが、張作霖はやがて満州にとどまらず、大陸の支配を目指そうとして南下、南の軍閥と戦いを繰り広げます。そういったところに吉田は赴任します。

中国には駐支公使がいますが、奉天総領事は満州の全権公使で、長春、ハルピン、吉林などにある総領事館の元締めですから極めて重要なポストです。吉田の後に任命された林久治郎は「歴代有為の人材が登用され来ったのである」と言っています。

杉原　しかし吉田の赴任が適任だったかというと疑問ですね。

阿羅　そうです。吉田が赴任する二年前まで総領事を務めていた赤塚正助は、張作霖と肝胆相照らす仲で、多くの懸案はありましたが、日本と張作霖の関係は微動だもしなかったといわれています。船津辰一郎に代わって悪化し、吉田になって関係は完全に悪化します。吉田は吉田茂『回想十年』（新潮社　一九五八年）にこう書いています。

その頃私も張作霖にはしばしば出会う機会があったが、われわれの仲は決していいとはいえなかった。ある日のこと、張作霖の軍事顧問をしていた町野中佐がやってきて、

『張作霖がこれから君と食事を共にしたいというから、来てくれぬか』という。『自分は張家の召使ではあるまいし、食事しに来いなどといわれて、ハイそうですかなどといって、行かれるものか』と断ってしまった。すると二、三日経って、今度は正式の招待状をよこしてきた。止むを得ないから、出掛けて行くと、席上、張作霖が『貴官とは、仲良くやろうとすれば、仲良くやれると思う。どうだ、これからは大いに仲良くやろうではないか』と言うのである。そこで私は『貴官の言う意味がはっきりわからぬ。只今のところでも、こうやって仲がいいではないか』と答えたところ、作霖先生何ともいえぬ顔付であった。こんな調子で、結局終始仲良くならなかった。

張作霖とは最初から関係が悪かったことを吉田も認めています。赤塚正助とは雲泥の差がありますし、赤塚の後の船津辰一郎にしても親交は重ねていましたから、吉田が就任することによって張作霖との間はまったく悪化したといえるでしょう。

そのころ北京で公使を務めていた芳沢謙吉も自伝で張作霖に触れています（芳沢謙吉『芳沢謙吉自伝』　時事通信社一九六四年）。

日本のある者は、張は日本にとってよくなかったという説をなしていたが、私のみたところでは、決してそうではない。彼は腹のすわった、いいことはすぐ承諾し、納得のゆかないことは断固拒絶するというやり口であった。

芳沢公使は張作霖を高く評価しています。懸案を解決するためには張作霖との関係が最も重要ですが、吉田は最初から関係が崩れていました。

杉原　張作霖に対する吉田の態度、いわゆる貴族趣味のような態度も悪化に拍車をかけたのではないでしょうか。

阿羅　よく知られた話ですが、初めて来訪した吉田に対して張作霖は最大級のもてなしをします。張作霖はそれまで日本軍に助けられ、日本軍の後押しも受けてきましたから、日本の代表に礼を尽くすのは当たり前のことです。羊の料理だけでも六十種類も出したといいます。

そのとき張作霖は中国の風習にしたがって自分の箸で料理を一口ずつ試食しては吉田の皿に自ら取り分けました。ところが吉田はついに一品も口にしませんでした。張作霖は親しさを示したのですが、吉田は汚いから食べなかったというのです。

その頃の外交官には、西瓜の中にまでウイスキーを入れて食べたという外交官や、斗酒なお辞せずという外交官などがいたといいます（西春彦『回想の日本外交』岩波書店一九六五年）。そうでなければ外交はうまくいかないのではないでしょうか。

杉原　それで、この対談が始まったばかりで、吉田を厳しく批判するのは、いささか憚られるんですけれども、吉田の生涯の失敗の原理が、この張作霖との中国料理を食べる光景の中にあると思うんです。

私ははっきり言って、吉田は外交に向かない人だったと思うんです。というより、外交官にしてはならない人だったと思うんです。

吉田の生涯における、人に対する好悪の感情の激しさは有名なことですが、張作霖との場合は、その悪い感情が激しく出た場合です。だけど、こんな悪い感情を持ち、そのうえで、重要人物と会って、拒否の行動を取る人は、本来、外交官になってはいけないと思うんです。だって、外交官というのは、外交上で接する人に対してたとえ嫌いな感情を持っているときでも、悪い結果が起こらないように、嫌いな感情をできるだけ抑えて交わらなければならない。それが外交官という職業でしょう。

対応する人がいかに嫌いであっても、その感情を抑えて交渉し、自分の国のために最大限によい結果を引き出すようにしなければならないのが外交官でしょう。

たとえ、吉田から見て、中国料理が不衛生に見えて、また食べ滓を床に吐き散らす中国式の食事のマナーが日本式に馴染んだ吉田に受け付けられないものであっても、郷に入らば郷にしたがえでしょう。中国式であれ、相手の出してくれた料理に一口も口につけないというのは、許されないでしょう。食事を振る舞ってくれる張作霖に、少しでも好意的関係を築いて、我が国の得る利益を最大にすべきでしょう。逆に言って我が国の被る損害を最小限にすべきでしょう。そのために交際は円満にすべきものでしょう。

にもかかわらず、張作霖も嫌だし、中国料理も嫌だし、ということで、一口も口につけないというのは、外交官として許されるはずはないでしょう。

というより、私は吉田という人は、先天的に責任感の欠如する人だと思いますね。自分の対応の仕方で、自分が総領事として代表している日本という国家が、自分の行動一つでどれだけ利益を得たり、損失を被ったりすることになるか、そういう責任感がまるでない。責任感がまったく欠如している。

その責任感の欠如が、その後の吉田の行動に一貫している。

先ほども言ったように、この対談の始まったばかりのところで、吉田に対して厳しいことを言うのは憚られることであるけれども、しかし、その後の吉田の行動に一貫しているように見ると、やはりここで指摘しておかざるをえませんね。

吉田茂は客人の前で足の爪を切る

阿羅　同感です。そのような態度は張作霖のときたまたま見られたわけでありません。

一九三七年（昭和十二年）初め頃、吉田は外務省の査察使として上海に行きました。日本の大使館や領事館が何をしているか見て回るためです。このとき、本省から来たというので同盟通信上海支局長の松本重治が、アポイントを取ってアスターハウス・ホテルに泊まっている吉田に会いに行きます。吉田の泊まっている部屋に続く廊下の両脇にはジョニー・ウォ

カーの黒が十ダースも積んでありました。ウイスキーの査察に来たわけではあるまいにと思いながら松本がドアをノックすると、

「お入り」

と声がしたので入ります。部屋に姿は見えず、吉田は風呂場から寝衣のままで出てきて、

「まあ、おかけ」

といって座りました。松本は自己紹介してから質問を始めました。

ところが吉田はインタビューを受けながら足の爪を切りはじめたのです。

そこで松本は、

「吉田さん、同盟通信というのは、日本全国の新聞が連合してつくっている通信社です。日本全国の新聞の代表ともいえるのです。そういう通信社からきて、真剣にインタビューしているのに足の爪を切っておられるのはどうかと思います」

と言って、質問するのをやめて帰ってしまいました（松本重治『昭和史への一証言』毎日新聞社　一九八六年）。

杉原　吉田の本質を表している話ですね。

吉田茂の対中政策は強気一点張りの権力政治

阿羅　奉天総領事時代に戻りますと、吉田の赴任から半年後の一九二六年（大正十五年）四

月に張作霖は北京に入ります。日本としては、張作霖を満州内にとどめて満州の経営に専念させ、その一方で、張作霖の紙幣乱発により乱れていた財政を日本からの借款によって整理させ、日本の権益を拡張しようとしていました。吉田はそういう責務を負わされていましたが、もうそれもできません。

杉原　北京に入って一年余り、東方会議が東京で開かれますね。

阿羅　六月二十七日から七月七日まで開かれます。外務と陸軍の関係者だけでなく、それぞれの現地関係者、さらに海軍や大蔵も集め、これからの対中、対満の方針を示し、意思統一を図ろうとしたものです。

杉原　それまでの外交を変えようというものですね。

阿羅　ええ。二か月前の四月二十日に田中義一内閣が成立しています。それまでの若槻礼次郎内閣は幣原喜重郎外務大臣のもとで国際協調、中国不干渉といういわゆる幣原外交を進めてきましたが、田中義一は満州に対して積極政策を押しすすめるべきと考え、幣原外交には反対でした。総理大臣になると外務大臣を兼摂し、政務次官に森恪を任命します。

　森恪は三井物産の社員として中国との交易に従事した後、政界に移りますが、政友会に入るとすぐに頭角を現し、陸軍大将の田中義一を政友会に引き入れるのに力を発揮しました。森自身も満州の特殊権益には積極的な姿勢で臨むべきだという考えを持っていましたから、田中外務大臣、森政務次官のコンビで新たな政策を進めます。

杉原　それまでの幣原外交を変えようというのですから大変ですね。

阿羅　森恪は政務次官に就任する前から自分の考えを実行するために政治家と軍が一体にならなければと考え、すでに二月、陸軍の鈴木貞一に相談しています。満鉄は関東軍が警備していますから関東軍は強い発言権を持ち、森が陸軍に相談するのは当然です。鈴木貞一はそのとき中佐で、出張を命ぜられていた漢口で森と会ったのですが、後の第三次近衛文麿内閣と東条英機内閣で企画院総裁を務め、開戦を決断するさい重要な地位に就く軍人です。そのころは中佐でしたが、政治的な動きのできる軍人として陸軍で評価されていました。

鈴木は森の考えに同意し、実行するにしても陸軍の中を固めなければならないと河本大作大佐や石原莞爾中佐といった中堅と話し合います。河本大佐は張作霖爆殺事件、石原中佐は満州事変で中心となる人物です。そこで出た答えは、満州を中国本土と切り離し、そのうえで日本の政治勢力を満州に入れて、東洋平和の基礎にする、というものです。しかしそのような案に賛成する大臣は内閣に一人もいそうにありません。

そんなことがあって鈴木はその考えを政務次官に就いた森に話し、森は賛成します。森にしても今の内閣で賛成する人はいないと考えます。

そこで森は吉田に相談しようと東京に戻っていた吉田に鈴木とともに会います。吉田は田中内閣ができると強硬な意見を本省に具申しており、吉田も同じように積極的な考えを持っていることを知っていたからでしょう。

吉田も森の考えに賛成しますが、そのとき吉田は、実行するにはアメリカにグウの音も言わさないようにしなくてはいかん、また、こういう考えをむき出しに出したのでは内閣ばかりでなく重臣もみんな承諾しそうもない、オブラートに包まなければならない、と言います。そのうえで吉田はアメリカ大使となる斎藤博に相談することにして皆で会います。

その結果、斎藤が積極策をオブラートに包んだ一案を作り上げます。アメリカがぐずぐず言わないような外交素地を作り、そのうえで外務省工作をするというものでした。

昭和二年（一九二七年）六月二十七日の東方会議というものはその工作に使われたのです。このとき吉田は元老・重臣を説得、森は内閣や政党を説得、斎藤は外務省とアメリカの説得を受け持ちました（山浦貫一『森恪伝』森恪伝記編纂会　一九四〇年）。

東方会議は、形のうえでは田中義一が主催者ですが、取り仕切ったのは森です。森が議長と進行役を務めています。

杉原　しかし満蒙を切り離すという結論までは出ませんでしたね。

阿羅　外務省の中で積極的な発言をしたのは吉田だけで、吉田以外は幣原外交を進めていた人たちでしたから幣原外交に沿ったものにならざるをえません。会議で吉田と同じような発言をしたのは関東軍司令官です。

杉原　森が意図したほどの積極策は出されなかったわけですね。

阿羅　満蒙分離までは進みませんでした。しかし満州の権益が侵されているという認識が出席者にありましたから積極策は認められました。

吉田は会議を終えると、七月十七日に奉天に戻り、さっそく張作霖側と懸案の交渉を始め、積極策を進めようとします。

北京と奉天を結ぶ京奉線は奉天市で満鉄線を横断して奉天城内まで延びています。奉天にある兵器廠はアジア第一といわれており、京奉線は兵器廠への引き込み線と繋がっています。その京奉線を阻止するなら、兵器庫は封鎖され、張作霖に圧力をかける手段として使えます。この方法は吉田が考えたもので、東方会議が開かれる前から吉田は使おうとしていました。東方会議でもこの方法は議題に上がり、田中は基本的に了解し、奉天に戻った吉田に対してそれをほのめかしてもよいと訓令を与えています。吉田はさっそくこの方法を突き付けます。場合によっては実力行使の準備もするというものでした。

杉原　吉田がその案を突き付けると、たちまち排日運動が高揚しますね。

阿羅　吉田にとってまずかったことは公使、関東庁、満鉄、関東軍などに根回しをせず突き付けたことです。張作霖は北京にいて、そのことを聞くと日本側に働きかけ、そのこともあって芳沢公使は吉田のやり方に反対し、駐在武官も同じように反対です。実力行使の準備ができていない関東軍も反対します。

八月五日には田中から実行をとどめるよう訓示が来てしまいます。田中は了解したと吉田に伝えていましたが、吉田はそれを廟議決定されたものと勘違いしていたのです。

吉田を助けるため森が大連に向かい、八月十五日から関係者を集めて会議が開かれます。

杉原　それでも吉田のやり方は認められませんね。

阿羅　大連に集まった関係者は吉田のやり方に反対します。九月三日には奉天で大規模な排日市民大会が開かれます。さすがの森もどうしようもありません。

結局、吉田は交渉から手を引き、芳沢公使に任せることとなり、芳沢は九月二十四日から張作霖と交渉を始め、さらに十月十日からは山本条太郎満鉄総裁と張作霖との会談が持たれます。山本条太郎と張作霖の会談ではたちまち五本の鉄道施設権が認められました。

杉原　吉田は強気一点張りで、軍事力によって裏打ちされた権力政治の権化と言えますね。阿羅さんはそう思われませんか？

阿羅　権力政治というのは吉田を表す適切な言葉だと私も思います。その頃こんなこともありました。

吉田が赴任して一年半ほどして、日本は鴨緑江中流に面する帽児山に領事館の分館開設を申し入れます。中国側は認めたのですが、住民が反対して開設は進みませんでした。そのとき吉田がどうしたかといえば、宇垣一成朝鮮総督臨時代理に対して朝鮮軍を満州側に行軍させてほしいと申し込んだのです。圧力をかけて開設しようとしたわけですが、宇垣はそんな小事件で国外出兵はできないと断わります。

評論家の村上兵衛も奉天総領事の吉田を「権謀術数を本当にわきまえた見事な帝国主義者」

と皮肉に評しています（村上兵衛「日本にとって満州とは？」『歴史と人物』一九七七年二月号　中央公論社）。

窮した吉田茂は静養の名目で東京に戻る

杉原　吉田は東京に戻りますね。

阿羅　刀を抜いたもののどうするわけにもいかなくなり、窮した吉田は奉天病院に入院し、さらには静養という名目で東京に戻ってしまいます。十二月十六日に一時帰国が発令されますが、無責任な行動です。

杉原　しかし東京に戻ると次官に上りますが……。

阿羅　帰国を命ぜられて半年以上経った昭和三年（一九二八年）七月に次官となります。外務省の後輩である曽祢益は吉田の地位をこう書いています（曽祢益『私のメモアール』日刊工業新聞社　一九七四年）。

吉田さんという人は外務省の人脈では主流ではなかった。外務省の伝統というのは、幣原喜重郎さんがやっぱり最大のフィギュアで、そして幣原の後が有田八郎、その次が重光葵でありそのライバルが東郷茂徳だった。そういう主流からみると吉田さんという人はちょっと異端というわけだ。

そういう吉田が事務次官になるのですが、吉田が田中に自分を売り込んだことをはじめ、いろいろな条件が重なりました。

このとき事務次官だった出渕勝次は幣原外交の立役者でしたから、田中には次官を代えたいという思いがあったでしょう。

そのころ田中内閣は不戦条約の批准について枢密院と対立していました。批准を進めようとする田中内閣に対して枢密院が「その各自の人民の名において」という字句を挙げて難色を示していました。また宮中では田中内閣を倒す陰謀が企てられているという噂がありました。田中義一は山県有朋、桂太郎、寺内正毅と続く長州閥の寵児ですが、枢密院は薩摩閥が力を持っていました。

そういうとき吉田が自分を売り込んできたのですが、吉田の義父に当たる内大臣牧野伸顕は薩摩閥ですから枢密院に力を持っていましたし、内大臣ですから宮中でも力を持っていました。こういうことから牧野伸顕の意を迎えるため女婿の吉田を次官に据えたという見方が出てきます（新名丈夫『昭和政治秘史』三一書房　一九六一年）。

杉原　吉田の強気の姿勢はその後も変わりませんね。

阿羅　東京に戻ると京奉線の遮断を改めて進めようとします。もちろんできませんが。さらに次官に就くと「対満蒙私見」という意見書をまとめます。そこにはこう書いてあります。

思うに張作霖の軍政はやがて各方面に破綻を来すべく、満州の治安および財界の混乱は期して待つべきところ、これが当面の対策は、機会ある毎に、先ず天津、山海関、洮南、吉林、臨江、間島の各地に増兵、若くは派兵を断行し、関内の兵乱の満州に波及するを防ぎ、進んで張政府に対し、施政改善の要求を致すべきなり。

つまり、満蒙分離の路線を改めて示し、実力行使をすべきと言っています。なかなかの強硬論です。

杉原　その意見はどれほど影響力を持ったのでしょう。

阿羅　森はその政治手腕から外務省を思う通りにリードし、森の就任から一年三か月後の昭和三年七月二十四日に吉田が事務次官に就任します。吉田が事務次官に就くと森政務次官、吉田事務次官、植原悦二郎参与官、それに当該局長の四人が相談してすべてが決まったと植原参与官が述べています。

昭和史の研究家である高橋正衛は「みすず書房」に拠って昭和戦前期の膨大な資料の収集に務めたことで知られていますが、高橋正衛は吉田茂、森恪、大川周明、石原莞爾の四人を挙げ、その満州に対する考えは日本と満蒙の一体論であり、吉田の「対満蒙私見」はその先駆的文書であると言っています。また彼たちの考えの先には北一輝の考え、つまり日本はそのために開戦する権利を有するという考えがあり、吉田たちの考えに沿って日本が歩んだ結果が昭和十六年の開戦であると言っています（高橋正衛『昭和の軍閥』中央公論社一九六九年）。

当時陸軍省整備局課員であった佐藤賢了大尉（のちの軍務局長）すら吉田について「当時なかなかの積極論者であったと聞いている」と書いていますから、その主張はなかなかの影響力を持っていたでしょう（佐藤賢了『大東亜戦争回顧録』徳間書店　一九六六年）。

杉原　東方会議での吉田の動きはもっと注目すべきですね。

阿羅　前述の『森恪伝』を著した山浦貫一は戦後にこう書いています。

吉田と森の関係はこの時（東方会議）からで、やがて吉田は森の手引きで、次官になって本省に帰って来た。この二人はよほどウマが合ったと見え、今日でも吉田は森未亡人への見舞を怠らない」（山浦貫一「謀将・森恪」『文芸春秋臨時増刊　風雲人物読本』文芸春秋新社　一九五五年）

杉原　戦後まったく言われてこなかった吉田像です。吉田を語るとき、決して忘れてはいけませんね。

第二章　吉田茂の英国時代

吉田茂は反軍ではなかった

阿羅　吉田は満州での積極政策を主張し、陸軍と同一歩調を取っていたのですが、広田弘毅内閣が発足するとき、陸軍は吉田の入閣に反対します。このことにより、戦後になると吉田は反軍を貫いたといわれるようになり、それが免罪符のようになって総理大臣まで進みました。それからするとこのできごとは吉田を研究するうえで重要です。

昭和十一年（一九三六年）の二・二六事件で岡田啓介内閣が倒れた後、広田弘毅に組閣命令が下り、広田は外務省同期の吉田を組閣参謀とします。吉田は外務大臣就任含みで組閣に関わり、朝日新聞の下村宏の入閣や小原直の司法大臣就任が固まっていきます。そうしたとき陸軍が吉田、下村、小原の入閣に反対する声明を出し、そのため吉田は組閣参謀から下りることになりました。

吉田は陸軍と一体だったのにいつから対立するようになったのか、何が吉田を変わらせたのかという疑問が当然のように湧き、その答えを求めようとする人がいますが、どうしても見つかりません。見つからないのは当然です。吉田は変わったわけでもなく、反軍でもないからです。

陸軍が吉田の入閣に反対し、それによって吉田が組閣本部を去ったのは事実です。しかし陸軍が反対した理由を子細に見ると、陸軍が『朝日新聞』の下村宏副社長に反対したのは自由主義の『朝日新聞』をバックにしているからで、小原直に反対したのも小原が自由主義的な考えの持ち主だったからです。しかし吉田に反対したのは、吉田が自由主義的な考えの持ち主だからではありません。吉田自身には問題がなく、問題にしたのは岳父の牧野伸顕元内大臣です。

この注文をつけたのは陸軍の武藤章中佐ですが、二・二六事件が起きたとき事件の収束に向けて陸軍を指導したのは石原莞爾大佐や武藤章中佐で、それにより石原大佐や武藤中佐は収束後の陸軍で主導権を握ります。彼らはさっそく真崎甚三郎大将以下四人の大将を予備役に編入しますが、まだまだ粛軍という大きな仕事が残っていました。事件の首謀者を処罰し、皇道派の佐官・尉官級を予備役に入れるか異動させなければなりません。そういう仕事が残っていましたが、石原や武藤はそれらを簡単に行う権力を握っているわけではありません。そういうとき広田内閣の組閣が進みます。

五・一五事件で青年将校が目標にした一人は牧野伸顕内大臣で、青年将校たちは内大臣邸を襲撃しました。このとき牧野は助かりますが、二・二六事件でも襲撃の目標に上がり、一隊がわざわざ湯河原にいる牧野を襲撃しています。このときも、警察官は射殺されますが牧野は逃れて無事でした。自由主義者として二度も青年将校の襲撃の目標になった牧野の女婿が入閣するのでは、時代に逆行していると皇道派や青年将校の反発を食いかねません。そのため武藤は吉田の入閣に反対したのであって、吉田の姿勢を問題にしたのではありません。

武藤は、吉田を個人的に知っているわけでなく、単に思いつきで引き合いにだしただけで、後に、気の毒に思っていると述べています（矢次一夫『昭和動乱秘史』経済往来社一九六六年）。

杉原　なるほど、そうですか。通常は阿羅さんの今言われたことと違って、陸軍ににらまれたからと考えられていますよね。

阿羅　それに、吉田は軍人嫌い、反軍だったというのも間違いです。

吉田は吉田自身が例えば寺内正毅陸軍大臣と親しかったと述べています。吉田が外務省に入り、奉天総領事館に赴任したばかりのとき、寺内正毅陸軍大臣が満州にやってきました。総領事が帰国中だったため吉田が総領事館を代表して接待に当たることになりました。陸軍大臣と領事館補とでは月とスッポンのようなものでしたが、若気の至りというか、いかにも吉田らしいというか、盲人蛇に怖じずというか、吉田が平気の平左で応対すると、それが寺内の目に留まりました。それ以来、吉田は寺内に教えを請い、朝鮮総督時代の寺内に紹介状を書く関係になりました。

吉田が外務次官に就いている頃は、海軍の理解を得る必要があり、海軍の大御所である山本権兵衛と会い、それ以来、山本権兵衛とも教えを乞う関係となりました。

　このように軍人だからといって距離を置いたり、対立したわけではありません。この後も阿南惟幾陸軍大臣とは住まいが近いせいもあり阿南の次官時代から親しい関係にありました。

杉原　すると戦後になり、吉田を陸軍と対立したと見なしたり、陸軍と対立したと言い立てたりしたのは、表面だけを見るか、何か意図を持っているからということになりますね。

ムッソリーニの方から歩み寄らせた

阿羅　次に吉田の駐英大使だった頃に焦点を当てて話し合いましょう。
　吉田は外務大臣になれませんでしたが、その後、広田弘毅の計らいで駐英大使になります。その前、昭和五年（一九三〇年）三月六日の辞令で駐イタリア大使に任命されますが、駐イタリア大使になったとき吉田らしいエピソードがあります。
杉原　そうですね。昭和五年、イタリア大使になったとき、全盛期のムッソリーニに自分の方から歩を進めて、ムッソリーニの傍に行かなければならないのに、部屋の真ん中で歩を止めて、ムッソリーニの方から歩ませて、二人は挨拶を交わしたという話がありますね。
阿羅　いかにも吉田らしい話です。
杉原　これもどちらかといえば、あってはならない話ですね。外交官として、国を代表するのであるから卑屈になってはいけませんが、初めに、ムッソリーニの坐っているところに歩を進めていくように耳打ちされていたにもかかわらず、実際にその場になったとき、ムカムカして部屋の中央で止まり、ムッソリーニの方から歩ませたというのは、けっして自慢になる話ではない。ものおじしない彼の覇気ある行動の例として自慢話風に書く伝記が多いのですが、やはり、ここでは我が国の代表としてムッソリーニを怒らせてはならない。「いったい　あいつは何者だ！」とムッソリーニは後で大いに怒ったといいますね。

その人の次官をお引き受けになるなんて…

阿羅　イギリス在任中の話というと、どんなことが最初に挙げられますか。

杉原　吉田のイギリス在任中のテーマに入るとすると、私はまず示しておきたい話があります。一般の人はまったく知らない話です。

阿羅　何ですか?

杉原　昭和二十一年（一九四六年）五月二十二日、第一次吉田内閣が成立しますよね。このときの外務大臣は、その前の幣原内閣のときに外務大臣であったのを引き継いで、吉田が兼任するんですね。このとき、寺崎太郎という人物が吉田に請われて事務次官に就任します。寺崎太郎は、「昭和天皇独白録」で有名な寺崎英成の兄に当たる人です。日米開戦前の松岡洋右外務大臣のとき、昭和十五年九月ですが、アメリカ局長になり、松岡洋右の次の豊田貞次郎外務大臣のときもアメリカ局長を務め、その次の日米開戦の東郷茂徳外務大臣のときにアメリカ局長は山本熊一という人に代わります。

この寺崎太郎が、平成十四年（二〇〇二年）、私家版ですが、未亡人となった幸子夫人が『寺崎太郎外交自伝―付篇英成戦時日記』（二〇〇二年）という書物を刊行しています。そこに、駐英時代の吉田に関わることが書いてあるんです。

阿羅　私家版であるとすれば、一般の人は目にすることができません。長くなければ紹介してください。

杉原　吉田の人物像をよく表しているし、約一頁だから、紹介します。

私が、吉田茂から外務次官就任の懇請を受けたのは、亡弟英成（大使館参事官・天皇御用掛）を通じてである。当時、寺崎太郎一家は、世を棄てて（今でもそうだが）御殿場線の曽我に住んでいた。今は亡き妻清子は、私の東京から帰宅する前に、すでにラジオの放送で、私の外務次官就任を知っていた。

カトリックの信仰厚い彼女は、生前、ただの一度も激しい言葉を吐いたことはなく、高い声をあげたこともなかった。その彼女が、当時まだ幼かった次女信子と三女慈子とを左右において、玄関に立ちはだかるようにして、私の帰宅を迎え、「パパ、吉田さんという方の人柄は、ロンドン在勤時代で、試験ずみじゃありませんか、その人の次官をお引き受けになるなんて…私は、官邸には入りません。ここで、子供たちの世話をしています。早く辞めて下さい」と、おだやかなうちにも毅然と申し渡した。

私は「清子のいうことはよくわかるよ。決して長いことはやらないよ。英成と彼の妻グエンが、口を揃えて、受諾を強く慫慂したので、結局、いやになったらすぐ辞めることを条件として就任した。」と釈明して、やっと家の中へ入れてもらった。（昭和二十九年七月四日）

念のため言っておきますが、ここに出てくる奥様の清子さんは、その後間もなく亡くなります。この『寺崎太郎外交自伝』を出されたのは、後妻の幸子さん。

この『寺崎太郎外交自伝』の記述は、寺崎太郎が、吉田が駐英大使であったときに、大使館で吉田のもとにいて、その支離滅裂で破天荒な行動に、ほとほと困りはてたということが書いてあるわけね。

結局、第一次吉田内閣の吉田外務大臣のもとで、外務次官を全うできず、翌年の二月四日に、吉田の茶坊主と言ってよい岡崎勝男に代わっていますね。

ジョン・ダワーが批判する

阿羅　寺崎太郎の言っていること、よく分かります。

杉原　そこで、吉田が駐英大使のとき、どんなことがあったのか調べたんです。

　ジョン・ダワーというアメリカの歴史家が一九七九年（昭和五十四年）にJohnw.Dower, *Empire and Aftermath:Yoshida Shigeru and the Japanese Experience,1878-1954*（The Councilon East Asian Studies at Harvard University,1979）という本をアメリカで書いており、これが大窪愿二の訳で『吉田茂とその時代（上・下）』（ＴＢＳブリタニカ　一九八一年）という書名で、昭和五十六年（一九八一年）に出ています。

　ダワーの本には、天皇を軽んじた文言がしばしばあり、この本は日本の保守の人からは、必ずしも評判のよい本ではないんですが、アメリカの歴史研究者らしく、出典が厳しく根拠をはっきりさせて書いています。

　日本人が吉田のことを書くとき、吉田のイギリス時代の記述が飛んでしまいがちなんですが、ダワーは、イギリスに保管されている吉田に関する史料にも当たって、吉田の駐英大使だったときのことを極めて詳しく述べています。吉田のイギリス時代のことが実によく分かるんですね。

阿羅　それが寺崎太郎の言っていることと極めてよく符合しているというわけですね。

杉原　そうなんです。

　まず、このことを書いたジョン・ダワー自身が、この時期の吉田についてどう言っているか。どう評価しているか。

ダワーは言っています。「吉田自身は、吉田がイギリスにいたこの期間を、彼の外交官生活の中で、最も感銘深いものであったと回想録で述べているけれども、西洋の社会では、彼の独特で高飛車なやり方が許されるはずはなかった」と。そのため、「イギリス側の当局者からは尊敬されていなかった」と。

彼の前任の大使は、松平恒雄なんですが、松平恒雄というのは、松平容保の六男で、松平恒雄の長女節子（成婚後勢津子と改名）は、秩父宮雍仁親王妃です。戦後は初代の参議院議長です。吉田はその前任者と比較されて「松平恒雄ほどの力量はない」と最初から思われていたとダワーは言うんですね。

もっとも、彼のイギリス在任中は、日本でもいろいろ問題があって、容易にイギリスとの交渉が開けるような状況ではなかった。

吉田茂、外相に向けてでなく蔵相に提案する

杉原　日本国内でこのような状況が進行している中で、吉田は、着任後イギリスの外務省と一連の秘密会談を始めました。

吉田は「第一次吉田案」ということになるんですが、この覚書は、異例にも、当時蔵相だったネヴィル・チェンバレンを通じて、昭和十一年（一九三六年）十月二十六日外務省に渡された。外交文書を蔵相を通して渡す、それだけでもイギリスの外務省として苛立たせるもの

だった。

ともあれ、読者によく理解してもらうためにいささか長いのだけれど、詳しくはダワーの本を読んでみてほしいと思います。

阿羅　杉原さん、要点はどうなりますか。

杉原　長いものなので、ちょっと読むだけでは意味が取りにくいんです。要するに、中国の混乱に対して、イギリスと日本は似たような立場に立っているとは言えなくはないので、お互いに共同歩調を取って対中政策を進めれば、中国は安定して、日英ともに利益になるんではないかというものです。大まかに見る限り、吉田の言うことには理があるとは言えます。吉田の言うことが実現すれば、中国の問題は大いに解決に進むとは言えるでしょう。

しかし、具体的に見ていくと、とんでもないもので、実現の可能性は初めからまったくないものです。

そのことを分かりやすく説明するために、(a)から(j)まである提案のうちの特に(e)項を見てみましょう。そこで吉田は「日本が秩序回復に最も死活的利害をもつ国であるにかんがみ、中央政府軍隊の必要とすべき武器および弾薬購入のため、日本が長期信用を供与することにつき、南京政府と日本のあいだに取決めを結ぶよう提議する。また適当数の日本軍人が顧問の資格において中国政府に雇用されるよう提議する」と言っています。

そしてさらに、具体的なこととしては「本使は、本提案には中国の軍事支配を獲得する意図を含まないことを十分明らかにすることが至当であると考える。所期の目的は二つある。第一に、中国に対する武器弾薬の輸入経路は一国のみに限り、これにより独立の将軍らがほかより供給を受ける道を能うかぎり遮断すること。第二に日本政府の対中国政策の統一を強化することである。目下、日本の中国政策が一定しないのは、外務省が南京の中央政府と直接に交渉すると共に、陸軍の政策は主として華北に向けられ、他方、海軍の政策はさらに南方に向けられていることによる。陸海軍将校を南京政府の顧問に任命することにより、現在の不統一は避けられる」と述べています。

でも、これはイギリスに向けて言うべきことでしょうかね。確かに、中国が武器弾薬を輸入するのに、日本でもって一本化してくれることは、日本にとっても有利なことであり、そうなれば中国も安定化に向かうことは確かでしょう。そして、引用した文言の第二にあるように、日本政府の対中国政策の統一を強化することも、日本にとっては当然あるべきことでしょう。同時に、中国問題の安定につながるでしょう。日本の不統一として陸軍の政策が主に華北に向けられ、海軍の政策が主に南方に寄ることが問題であり、中国問題の解決を非効率にしているということは認められるとしても、しかしですね、「(日本の) 陸海将校を南京政府の顧問に任命することにより、現在の不統一は避けられる」というのは、日本と中国の間の問題でしょう。それをいきなりイギリスに向けて言ってどうするんですか。また、日本国内の対中国政策の不統一は、日本国内で提起し、日本国内で解決すべき問題でしょう。

にもかかわらず、こうした一連の問題をイギリスに話しかけてイギリスとの協力関係の中で解決しようというのは、あまりにも飛躍があり、無理だと言うべきでしょう。

確かにこのような日本国内の問題を日本国内で提起しても容易に解決できないからといって、イギリスに相談を持ちかけても、イギリスとして、すぐ受けるはずはないでしょう。中国問題を解決し中国が安定すれば、それはイギリスにとっても利益になることだとしても、だからといって、ほんらい日本国内で解決すべきことを何でもかんでも持ち出し、イギリスと相談しても、相談されたイギリスの方が当惑するでしょう。

阿羅　しかも話しやすいからといって、この覚書を蔵相チェンバレンに渡し、そこから外務省に届けた。これでは吉田のもとで働いた寺崎太郎もやってられません。苦労も大変だったでしょう。

勝手にやらせておけ、相手にするな

杉原　それでもイギリス外務省は、十月二十六日、その「第一次吉田案」なる覚書を受け取った。そして内部でそれなりに検討して、翌年の昭和十二年の一月十八日回答した。そしてその五日後に吉田はこの回答に対して、よく分からない曖昧な返事しかしなかった。イギリスの外務省は当然激怒する。

イギリス外務省から見て、この覚書は、日本政府と相談したうえでのものであろうと、最初は想像したが、分析すると、そうではなさそうだとも思えるようになった。イギリス外務省の一つの結論としては「論評するには困ったもの」ということだった。そして吉田を落胆させてはならないから「勝手にやらせておけ、真面目に相手にするな」ということになった。外務省次官のアレクサンダー・カドガンは「我々を敬遠し、大蔵大臣にその『提案』を伝達した。彼は外部のあらゆる人と相談したが、当方にはけっして来ない」と、怒った。

阿羅　ひどいものですね。

杉原　吉田は、昭和十二年六月二日、本省に打診中であったが、日本政府からの提案に当たる文書をイギリス外務省に伝えた。「第二次吉田案」と言ってもよいものだけど、これも「第一次吉田案」と大同小異と言ってよいものだ。でもイギリス側に、日本からの提案を欲しいという雰囲気が少し出てきていたので、少しは期待された。

しかし善意に見れば、吉田の一年にわたる努力として見ることができるが、その後、七月七日に支那事変が起こり、関連の「第二次吉田案」はこの事変の生起によって検討してみる必要のまったくないものとなった。

私たち二人のこの対談は、彼の伝記を書くためのものではないから、この「第二次吉田案」の詳細な検討は止めておきましょう。

吉田茂、日独防共協定に反対する

阿羅　吉田がロンドンに滞在中、プラスの方向で評価できるものとして、ドイツとの防共協定に反対したという事蹟があります。

ドイツとの防共協定は昭和十一年十一月十五日広田弘毅内閣のもとで締結されましたが、吉田は強く反対した。反対の理由を回想録『回想十年』で次のように述べています。

　私が防共協定に反対したわけは、軍部の言分では、これは単なる反共というイデオロギーの問題に過ぎないというのであるが、それは全く表向きの言葉で、肚のうちは、独伊と組んで英仏、ひいてはアメリカ側に対抗しようとしたものであることは明かで、結局この枢軸側への加担は遠からず政治的、軍事的なものにまで発展するにきまっており、その勢いの赴くところ、わが国の将来にとってまことに憂うべきものとなることが、私に感得されたからである。

締結に当たり、ドイツのベルリンに駐在していた大島浩武官が吉田を説得するためにロンドンにやってきます。会談は午後五時頃から始まって予定では七時に終わるはずでしたが、八時過ぎまで終わりませんでした。大島は説得できず、そのためすこぶる機嫌が悪く、翌朝、飛行機でベルリンに帰っていきました。

後になって見れば、吉田の見解は正解だったのですが、このときどうして正解を出すことができたのでしょう。

杉原　やはり、根はイギリスへの好感とドイツへの悪感が心底にあったからでしょうね。それに吉田は、理論的には物事を考えられない人だったけれど、その分、動物的な勘があった。

阿羅　杉原さんのその言い方はピッタリだと思います。

そもそも防共協定は英仏や米国と対抗するため締結したものでありません。日露戦争で海軍は完勝したものの、陸軍はかろうじて勝ったというのが実情で、ロシア陸軍は機会があればもう一度戦いたいと考えており、日本陸軍はロシアに備えなければなりませんでした。日本陸軍にとって仮想敵国はソ連であり、参謀本部の作戦課長が明けても暮れても考えているのは対ソ戦だけでした。ドイツと組めばソ連は西側に目を向けざるをえず、日本に対するソ連の圧力は弱まります。日本がイギリスやアメリカと組んでもソ連への牽制になりません。そのため陸軍は防共協定に積極的であって、参謀本部ドイツ班長西久大尉は「ドイツとの提携を強化していこうという意見はソ連が怖かったからで、防共協定はそのため作った」と述べています。

戦後、吉田は反共にこだわりました。共産党を非合法化しようという考えをなかなか捨て切れませんでした。国防よりも反共に力を入れていました。それほど反共なのになぜ反共イデオロギーの防共協定に反対したのか。杉原さんの言うように動物的な勘があったと言う他ありません。

杉原 反共といえば、終戦工作でも共産主義を持ち出しますね。

阿羅 戦争末期、日本が大敗して共産革命の起きることを恐れた近衛文麿が終戦工作に着手します。近衛の分析によれば、満州事変の石原莞爾中佐をはじめ、支那事変が起きたときの南次郎大将、小磯国昭大将、その後の東条英機大将や梅津美治郎大将など陸軍の革新派は共産主義者に踊らされて戦争に走ったという。総合計画局長官を務めた池田純久少将や秋永月三少将を赤とまで断定しています。近衛はそういった分析を上奏しようとし、その工作に吉田も加わります。近衛が草案を練り、最後は吉田の永田町の住まいに一泊して完成、昭和二十年二月十四日に上奏します。

杉原 いわゆる近衛上奏文で、上奏を受けた昭和天皇の衝撃は大きかったでしょう。

阿羅 近衛や吉田の見方は、戦争に走らせたグループはコミンテルンの指示のもとにあるというもので、そのグループに野坂参三や有沢広巳がいたと分析しています。野坂参三は敗戦とともに延安から帰国し凱旋将軍のような歓迎を受けました。有沢広巳は治安維持法で逮捕された経歴を持つマルクス主義者です。

戦後、吉田内閣が成立し、経済安定本部が設立されるとき、吉田は有沢広巳を長官に任命しようとします。反対が多かったのであきらめますが、それでも有沢を助言者として重用し、石炭小委員会の委員長に任命します。吉田は有沢に「あなたのいうことならなんでもききますよ。左に向けというなら左にむきます、右に向けといえば右にむきます」とまで言っています。

さらに企画院事件の和田博雄を農林大臣に任命します。和田はその後社会党から衆議院議員になり、左派社会党の領袖として保守陣営とつねに対立します。

こういうことを見ても、吉田が理論的に物事を考えられないという見方には納得できます。

杉原　吉田はそうした細かいことを組み合わせ、論を重ねた考え方を受け付けない。

吉田は、イタリア大使を務めた後、昭和七年、駐アメリカ大使にならないかと打診される。しかしこのとき、吉田は断っていますね。

なぜ断ったのかは、はっきり言わなかったんだけど、一つには英語が十分に話せなかったことがあるだろう。だけど、それ以上に、アメリカに行きたくなかったのは、アメリカの外交が、例えばウィルソン大統領のように、海洋の自由とか、軍縮とか、民族自決だとか一定の理念を掲げて行う外交だった。吉田はそれが嫌いだった。吉田にとって、外交とは、損益を取引によって調整し合うものであり、そうであるならば彼の動物的勘も働かせる場面が出てくることになる。

吉田は、アメリカには根本的に「外交感覚がない」としばしば言ったようだけど、それはこのことを指しているんだね。

阿羅　好き嫌いでいえば、彼にドイツ語を学習する機会が与えられて、ドイツに先に赴任しておれば、ドイツびいきになっていたかもしれない、とは思えませんか？

杉原　吉田の好悪の感情は激しかったから、ひょっとするとそう言えるかもしれない。しかし、やはり吉田の体質に合っていたのは、イギリスであり、もしかして、ドイツ語を学習して、ドイツに赴任しておいても、防共協定は反対だと言ったかもしれない。この点については、私は自信を持っては言えない。

第三章　吉田茂と安全保障の問題

昭和天皇は安全保障を吉田茂よりも真剣に考えた

杉原　ここらで、〈第三章　吉田茂と安全保障の問題〉に入っていきましょう。

阿羅　私、阿羅が思うに、吉田を検証していくとき不可欠な問題ですね。

この問題に入る前に言っておきたいんですが、占領下で日本の安全保障の問題を最も早い段階から真剣に考えていたのは昭和天皇です。

昭和天皇は昭和二十二年（一九四七年）五月六日に行われたマッカーサーとの第四回会談で、「国連ガ極東委員会ノ如キモノデアルコトハ困ルト思ヒマス」と述べるなど国連の安全保障機能には懐疑的でした。そのうえで「日本ノ安全保障ヲ図ル為ニハ、アングロサクソンノ代表者デアル米国ガ其ノイニシアチブヲ執ルコトヲ要スルノデアリマシテ、此ノ為元帥ノ御支援ヲ期待シテ居リマス」とたたみかけ、日本国民を再び戦禍に落とし入れてはならないと真剣でした。天皇という地位から鳥瞰してのことでしょうけれど、誰も言い出していない占領終了後のアメリカ軍の駐留を早くもこの時点で申し入れています。

この頃、戦争に勝って占領することはあっても、占領終了後に占領した側の軍隊がそのままその国に駐留するということは想定できないことでした。日本の占領も占領が終結すれば占領軍は引き揚げるものと考えられていました。他ならないポツダム宣言もそのような考え方でできています。ポツダム宣言には「日本国国民ノ自由ニ表明セル意思ニ従ヒ平和的傾向ヲ有シ責任アル政府ガ樹立セラルルニ於テハ連合国ノ占領軍ハ直ニ撤収セラルベシ」とあります。

杉原 この時点で、マッカーサーは、理想的な憲法を作ったと思っていた。日本の安全は国連によって十分に保障できると考えるべきだと思っているようだった。

昭和二十二年（一九四七年）三月十七日、マッカーサーは外国人記者クラブで次のように話していた。日本を東洋のスイスにするという構想だね。

日本人は世界の進歩的精神にたよることによって、自分を不当な侵略から守ろうとしている。もし国連がこれに成功するならば、それは国連にとって最もすばらしい成功であろう、この保障は日本に安全保障の手段を与えることになるので、日本は歓迎するだろう、国連の管理は日本人によって受け入れられ抑圧的というよりは防護的なものとみなされるだろう。

マッカーサーは自分が押し付けた憲法は理想の憲法だと思って、文字通り日本は非武装で、平和を維持する国になると思っていた。

昭和天皇はこのような考え方に恐怖を覚えたということでしょうね。その現実感覚、責任感は大変なものだと言えます。

マッカーサーは日本を「東洋のスイス」にしたかった

杉原　マッカーサーはこの時期、早々に占領を終えて、次の年の秋に行われるアメリカの大統領選に出たいと思っていた。それまでに、理想的な日本を作り上げて、アメリカに凱旋しようと思っていた。それで三月十七日にこのようなことも喋っていたんだ。

日本の軍事占領を早く終わらせ、正式の対日講和条約を結んで総司令部を解消すべきである。講和条約交渉はできるだけ早く始めるべきであり、余の確信では、遅くとも一年とたたないうちに始めるべきだと思う。

だけど、アメリカ本国では、三日前の三月十四日、トルーマン・ドクトリンが発表され、国の方針として、共産主義との対決の方針が明確に打ち出された。状況は刻々と変わっていたんだよね。

またね、マッカーサーの日本を「東洋のスイス」のように戦争のない国で非武装にするという構想は、沖縄を日本から切り離し、沖縄に強力なアメリカ軍を集中的に駐留させて、その軍事力のもと実現できるとしていたのであって、単純に、国際連合だけで問題がなくなると思っていたわけではない。

それにもう一つ、スイスのように戦争のない国といっても、スイスの場合は、国民皆兵で、ハリネズミのように、国防に力を入れている結果であって、非武装ではまったくない。

ついでながら、戦後七十年以上過ぎて、占領期の細かいことは今の日本人には忘れられているので、占領初期のアメリカの、占領を終結させることに関わる構想を見ておきたいですね。

阿羅 それは重要です。

アメリカの初期の対日講和案

杉原 一九四七年（昭和二十二年）に国務省によって用意された講和案は、国務長官バーンズの名を取ってバーンズ案と呼ばれたが、バーンズは、アメリカ、イギリス、ソ連の首脳がポツダムに集結する直前に、国務長官に任命された人。ポツダム宣言を出すに当たっては、対日強硬姿勢を貫いて重要な役割を果たした。

このバーンズ案は、連合国の協調を前提にして極めて苛酷なものだった。軍隊の保有はもちろん、軍用民用を問わず航空機の保有も禁止し、軍需に使える工業や商船隊を制限し、極東委員会諸国の代表が日本に常駐して、それを二十五年間査察監視するという内容だった。すごいよね。

アメリカ国内でも冷戦が厳しくなり、切り替わろうとしている時期であり、この国務省案は、それからずれていることははっきりしているんだけれど、占領初期のアメリカの考え方としてはよく出ている。

ともかく、この段階での講和案は、日本悪玉論であり、日本に対して異常なまでに苛酷だった。

阿羅　マッカーサーが言っていた早期の講和は、マッカーサーが大統領選の予備選挙で脱落して、連合軍最高司令官として居坐り続けることになり、雲散霧消した。昭和二十三年（一九四八年）七月一日になってマッカーサーはアイケルバーガー中将に語っています。「日本占領は無期限に続くだろう。だから、私もここに無期限に滞在するつもりだ」と。

講和の話はすっかり飛んでしまいました。

マッカーサーの話を聞いたアイケルバーガー中将は日記にこう書いています。

「彼（マッカーサー）は昨年三月十七日、早期講和と撤兵を提唱した。私はあの声明は大統領選挙に出馬するためと思ったが、やはりそうだった。だから、大統領への望みがなくなると、占領にたいする考えを変えて腰を据えようとするのだ」「なんたる奴」（児島襄『日本占領』文芸春秋　一九七八年）。

杉原　その間の日本人の安全保障の受け止め方はどうだったかというと、マッカーサーが日本を東洋のスイスにするというような構想を抱いていることもあったし、新しい憲法は素晴らしい憲法だと押し付けられて指導されている状況のもとで、根が真面目な日本人は、非武装中立を理想として見ている気配もないではなかった。日本人は根が大真面目だから、あの憲法はアメリカの押し付けた憲法だと言ってせせら笑っているようなところがなかった。憲法に書いてある非武装をそのまま理想として受け止めているところがあるといえなくはなかった。

しかしね、講和の問題が現実化し、講和が日程に入り始めると、やはり、講和後の日本の安全を現実的に考えて、アメリカに基地を提供して、アメリカ軍の継続駐留を考えるようになる。その方が日本の安全を図るために現実的だと考えるようになる。

というのも、冷戦が厳しくなり、対ソ戦すら現実味を帯びて考えられるようになる中で、日本を非武装にし、日本の安全を国際的に保障するという「東洋のスイス」構想は誰の目から見ても現実的なものでなくなる。

マッカーサー自身も、昭和二十五年（一九五〇年）の年頭声明で、憲法第九条について、これは自衛権を否定したものではないと明言した。

吉田茂、アメリカ本国にミッションを送る

阿羅　昭和二十五年（一九五〇年）一月二十二日には吉田も施政方針演説で自衛権を認める発言をしました。そして四月にマッカーサーの頭越しにアメリカ本国へ密使を送ります。マッカーサーが総司令官として居残ることになり講話が遠のいたので、本国と進めようとしたわけです。蔵相の池田勇人が密使となり、宮沢喜一が随行し、五月二日、池田は陸軍次官で財政顧問になっていたドッジに対し講和後も「アメリカの軍隊を日本に駐留させる必要があるであろうが、もしアメリカ側からそのような希望を申出にくいならば、日本政府としては、日本側からそれをオファするように持ち出してもよい」と伝えます。講和後にもアメリカ軍の駐留を日本側から申し出てよいというメッセージで、早期講和を進めるための手土産でした。

マッカーサーの頭越しに行ったミッション派遣は、即座にマッカーサーにばれてマッカーサーの激怒するところとなりました。

しかし考えてみると、たとえ沖縄に強力なアメリカ軍が駐留しているとしてもそれだけでもって日本本土を非武装のままにしておくことはできない。アメリカ軍の継続的駐留は必要だとマッカーサーも考えを変えつつあった。

だが、肝腎の吉田がマッカーサーの機嫌を損ねたことに恐れ戦いて、吉田はしばらくの間はアメリカ軍駐留に反対するようになりました。

ダレスがやってきて再軍備を迫る

杉原　そうした状況のところに、ジョン・フォスター・ダレスがやってきたんだよね。昭和二十五年（一九五〇年）六月二十一日。朝鮮戦争が勃発する三日前。

ダレスは、吉田に日本の再武装を要求した。ダレスは吉田が快諾すると思っていた。しかし思いがけず意表に出て、吉田は拒否する。

吉田としては、非武装のままではやっていけないことを知っているがゆえに、アメリカまでミッションを立てていって、占領軍の継続駐留を要請したのだから、日本が非武装のままでは危険だと思っているはずだ。そう思っていたのに、吉田は再軍備に反対する。ダレスにとってはとても信じられることではなかった。

ここでダレスの有名な印象の言葉がある。「まるで不思議な国のアリスになった気持ちだった」と。

私の思うのは、このときこそ、吉田は例えば「かの戦争においては、日本にも多少なりとも言い分はあった。そのことを認める発言を一言言ってくれないか。そうすれば、日本国民は納得し、喜んで再軍備に賛成するであろう」と発言すべきだった。

かの戦争においては、日本側にも日本側なりの言分があったことをアメリカに認めさせそのうえで警察予備隊ならぬ正規の軍隊を創設する絶好の機会だった。

が、吉田は、日本は経済的に軍隊を創設する余裕はない、日本国民も再軍備に反対している と言って、ダレスの申し出の再軍備を認めなかった。

昭和天皇、再び安全保障を心配する

阿羅　そこで再び昭和天皇が出てきます。講和後、アメリカ軍の駐留を積極的に申し出ず、再軍備を端から拒絶する吉田に昭和天皇は心配します。

昭和天皇は、それこそ象徴天皇となって国政に干与することはできないはずでしたが、占領下でこの重要な時期に黙っていることはできません。国民の安全を思う昭和天皇は吉田に任せているだけでは危ないと心配したのだと思います。六月二十六日、人を介して、マッカーサーの容認した人や政府の要人ばかりと会うのではなく公職追放されている人も含めて幅広く人と会ったらどうかと、そしてそのような人たちと諮問会議のようなものを開いたらどうかと伝えました。

この昭和天皇の行為はあまり知られていませんが、吉田の曖昧な対応に激怒していたダレスはこの天皇のメッセージを高く評価して帰国します。

ということは、逆に吉田がどれほどとんでもないことをしていたのかということになります。

日本国民は再軍備に反対していなかった

杉原　そこではっきり言っておかなければならないことだけれど、吉田は、再軍備は日本国民が反対しているとしきりに言った。しかし、日本国民は、この時点で再軍備に反対していなかった。

考えてみてください。ダレスが訪日した三日後に、朝鮮戦争が始まったんですよ。日本は朝鮮半島と地続きではなく、すぐに戦禍が及んでくるような状況ではないけれど、冷戦が朝鮮半島で火を噴いたわけですよ。日本が非武装のままではおれないことはまさに肌身で分かった瞬間ですよ。

十一月の時点で『朝日新聞』の行った世論調査があるんです。再軍備に賛成する意見が五三・八パーセントで、反対の二七・八パーセントを大きく上回っていた。

またね、アメリカ軍の継続的駐留については、平時の外国軍の駐留は、それまでの世界史では、通常には考えられなかったので、それほど賛成は大きくなかった。反対の方が上回っていた。つまりね、アメリカ軍に占領終結後も基地を提供することに三七・五パーセントが反対し、賛成は二九・九パーセントだった。

とすれば、日本の再軍備は、アメリカ軍への基地提供より、容易だったということで、考えようによっては、今の日本国民より、もっと健全な意見を持っていた。

ダレスが吉田に向かって再軍備をしろと言ったとき、「日本にもかの戦争には言い分があった」とダレスに言わせて名誉の回復を図り、そのうえで、正規の軍隊による再軍備をしなかったのは、返す返すも日本にとって残念だったということになります。

阿羅　残念だったことは他にもあります。朝鮮戦争が勃発して警察予備隊が誕生しますが、運用の仕方によっては警察予備隊が軍隊になる可能性があったことです。

敗戦からしばらくして、かつての軍人たちが将来に向けて軍隊の研究を始めます。日本と同じ敗戦国のドイツでも始まりますが、独立したときのことを考えれば当然のことです。陸軍、海軍、空軍に分かれて始まるのですが、陸軍では服部卓四郎、西浦進、堀場一雄といった大佐を中心に研究が進められました。服部卓四郎は陸軍で参謀本部作戦課長を務めた人で軍令に明るく、西浦進は軍事課長を務めて軍政に詳しかった人です。また堀場一雄は先見の明があるといわれた人で、新たな軍の研究には欠かせない人でした。三人とも支那事変や大東亜戦争のときは佐官級でしたが、実務の中心にいましたから日本軍の問題点をよく知っていました。しかも、日本軍が敗戦に終わったため旧軍の問題点が誰はばかることなく抉り出されていました。

研究は秘密裏に進められ、朝鮮戦争が勃発する前年には新たな国防軍の骨子が作られていいます。それによると、陸軍、海軍、空軍と分けることせず、総司令官は一人、国防大臣も一人というものです。

というのは、対米英戦が始まったとき日本軍は真珠湾攻撃やマレー進行で赫々たる戦果を挙げましたが、その後、陸軍が西方や大陸を指向したのに対し、海軍はミッドウェーやオーストラリアを目指し、進む方向がまったく違い、軍隊全体としての総合力を発揮できませんでした。また飛行機が圧倒的な力を持つようになったため、アルミニウムの取り合いで激しく対立し、敵はアメリカではなく海軍だ、陸軍だ、と言うまでになりました。そういう反省から統一軍を作ろうとしたのです。

また第一次世界大戦から総力戦となり、軍事力だけでなく経済力や国民の士気も深く関係するようになりました。とすると、開戦の決断や休戦の判断などは軍人でなく、政治全般に明るい政治家が判断するのがよいという考えに至ります。その結果、国防大臣は軍人でなく文官が就任すべきという結論となりました。

このような作業が進められますが、無から作り出すという作業だったため、斬新な軍隊像が描かれ、ある部分では第二次世界大戦の勝者であるアメリカ軍より進んだ軍隊が計画されました。

この研究を助けたのがＧＨＱ第二部長のチャールズ・ウィロビー少将です。

ウィロビーは大東亜戦争が始まったときマッカーサーのもとでフィリピンの防衛に当たっていましたが、日本軍の攻撃に耐え切れずマッカーサーとともにオーストラリアに逃げています。そのときウィロビーはこの作戦を指導したのはどんな日本軍人だろうと思ったそうです。やがて服部卓四郎だと分かるのですが、戦後に日本に来て服部に会ってみると、その作戦能力が素晴らしいと分かって改めて見直します。

同じ頃、ウィロビー少将はマッカーサー戦史を編纂しようとし、そのうちの一章を日本側に記述してもらおうとしました。協力を要請された日本側は河辺虎四郎中将を長とする一団を作りますが、その一員として服部卓四郎も選ばれました。

こうした過程でウィロビーは服部の人間性にも惚れ、日本の国防を真剣に考えている姿勢にも共鳴します。もともとウィロビーはどんな国家も国防軍を持つべきだと考えていました し、戦前の日本は進むべき道を歩んだと理解していましたから、服部の考えに共鳴し、国防軍研究にさまざまな援助をしました。

やがて服部たちは具体的な人事まで手掛けるまでになります。全国に散らばっていた軍人たちと連絡を取り、東京に集めて研究会を開いています。集められた人たちは軍人として学んだ知識と経験を国防軍のために捧げたいという気持ちでいました。そういうとき朝鮮戦争が勃発しました。

警察予備隊の創設についてはＧＨＱの各部門が関わっていましたが、人事はウィロビーに任せられていました。ウィロビーはさっそく服部に部隊を編成して指揮官に就くよう命令します。

杉原　その辺りのこと、重要なことなのに、戦後の日本ではすっかり忘れられていますね。

それでどうなるんですか?

阿羅　一方、警察予備隊の創設命令を受けた日本政府は、実のところ、それが治安部隊なのか、軍隊なのか、分かりませんでした。戦前まで警察を掌握していたのは内務省で、戦後、幹部は追放されていました。追放を免れた若手の中に増原恵吉がおり、警察に詳しいというので日本政府は増原恵吉を警察予備隊の責任者に命じます。結局は、吉田の選択ですね。

内務省は敗戦まで絶大な権力を持っており、陸海軍省に続いて解体されて、建設省、警察庁、自治庁などに分割されてしまいましたが、追放された幹部を中心にかつての権力を維持しようと努めていました。若手たちは追放された幹部が解除されたとき戻れるようにと天下りポストを確保することに努めていました。そういうことから警察予備隊が創設されると聞き、内務省で警察予備隊を押さえておきたいと思い、そのために動きます。

そうしていたとき服部が部隊長のトップに指名されたという情報を入手します。あわてた内務省関係者は一斉に政府関係者へ働きかけました。

ここで、旧陸軍が警察予備隊を指導するのか、旧内務省が掌握するのか、という問題が起きてきました。旧陸軍が指導すれば警察予備隊は軍隊組織になります。旧内務省が押さえれば警察組織となります。すでに警察組織はありますし、軍隊を持たない日本にとって必要なのは軍隊ですが、旧内務省は権力を維持するため吉田首相に働きかけます。このときの吉田の動きが警察予備隊の性格を決めることになります。

日本は占領下にあり、日本政府のうえにＧＨＱがあります。ＧＨＱの最高権力者はマッカーサーで、その下に民政局長のホイットニーと参謀第二部長のウィロビーがいました。それまで吉田はウィロビーと折衝することがあっても、ホイットニーと折衝することはありませんでした。吉田は『回想十年』にこう書き記しています。

私は民政局はじめ、私のいわゆる理念派の人々から、余り好かれていなかったようだが、不思議と生粋の軍人連とは気が合ったとでもいうのか、親しくなった。そして時には、大へんいい忠言をうけたこともたびたびであった。この人たちは軍人とはいいながら、一般的な社会的教養のある人が多く、それに何よりいいのは、理屈をあまり弄さないで、占領政治の上に実際的な効果があるかどうかということを判断の基準にしており、一度それがいいと納得すれば、面子や感情にこだわらず、われわれのやることを激励してくれたり、援助してくれたりして、われわれも非常に助かったという感じをうけたものである。参謀第二部長だったウィロビー少将もその一人である

また吉田はこんなことも言っています（村井順『武士の商法』善本社　一九六二年）。

ＧＨＱのＣＳ（民政局）に行くと悪いおみくじしかくれないが、Ｇ２（参謀第二部）

に行くと良いおみくじをくれる。Ｇ２のウィロビー少将は日本にとって大切な人だ。

そのウィロビーは服部を部隊長に任命していました。ウィロビーと対立していたホイットニーは内務省側に立ちます。

このとき吉田がどうしたかといえば内務省側に立つことにしました。吉田が親しかったウィロビーは軍隊を作ろうとしていますからウィロビーに相談することはできません。そこで吉田はマッカーサーに訴えます。

その結果、マッカーサーはホイットニー側に立った決断を下します。服部は部隊長を降り、内務省出身の林敬三が部隊長に就きました。

杉原　この辺りのことも重要なのに、本当に知られていませんね。

阿羅　内務省関係者は警察というものを知っていますが、軍隊を知りませんから、彼らが作った警察予備隊が警察組織になったのは言うまでもありません。

もし吉田がウィロビーの方針に任せていれば警察予備隊は軍隊となっていたでしょう。

杉原　なぜ吉田は内務省側に立ったのでしょう。

阿羅　吉田の顧問を務めていた辰巳栄一中将が語るところによると、服部たちが東条英機総理大臣の部下だったからというのです。

服部卓四郎と西浦進、さらに二人とともに国防軍の研究を続けていた井本熊男は東条陸軍大臣の秘書官を務めていました。現在もそうですが、大臣の秘書官には各省庁でも優秀な人が出向して就きます。戦前も優秀な軍人は大臣秘書官となり、優秀と評価されていた服部、西浦、井本は陸軍大臣秘書官を命ぜられています。三人とも東条と親しい関係にあったから秘書官になったわけではありません。

杉原　吉田はそれほど東条を嫌っていたのですか？

阿羅　前に触れましたが、吉田は戦時中に近衛文麿前首相とともに終戦工作をしました。このとき吉田は上奏文を筆写して牧野伸顕に見せようとし、その筆写したものが憲兵の手に入り、吉田は陸軍刑法違反で四月十五日に逮捕されます。そのため吉田は陸軍大臣の東条大将を憎みます。東条を憎むあまり、東条の秘書官たちを排斥し、内務省側に立ったのです。こんな個人的なことで警察予備隊の性格が決まってしまったのです。

杉原　本当ですか。信じられませんね。阿羅さんのこの辺りの説明、重要ですね。

阿羅　しかも吉田が逮捕されたとき東条はすでに陸軍大臣を辞めていました。吉田逮捕の許諾を求められたのは後任の杉山元陸軍大臣で、その後、杉山陸軍大臣は辞めますから、吉田逮捕を許可したのは阿南惟幾陸軍大臣です。東条はまったく関係なかったのです。

すべての国が個別的及び集団的自衛の権利を有する

杉原　日本はそれで、再軍備ではないということで、つまり日本には戦力はないという前提で日米安全保障条約になります。これは、つまり日本の安全保障は双務的なものではなく、アメリカ軍側の片務的な条約になります。これは一九四八年（昭和二十三年）六月十一日、アメリカの上院で行われたヴァンデンバーグ決議を適用したもの、ということになります。このヴァンデンバーグ決議というのは、ヨーロッパの場合で言うと、その地域の諸国が自主的に集団的自衛権行使によって軍事同盟を結ぶとき、アメリカ軍もそれに加わり、そしてアメリカ軍も同盟国に駐留し、自衛力を強化し、また、アメリカとしても、自由主義陣営の後退を阻止するというもので、当時の上院外交委員長のアーサー・ヴァンデンバーグの名を取って、ヴァンデンバーグ決議というのです。

それで、日米安保条約では、アメリカ兵の引き起こした犯罪でも、日本には裁判権はなく、日本国内で起きた騒乱に対しても、アメリカ軍が出動して鎮圧しうるという極めて屈辱的なものです。アメリカ軍に、日本を防衛する義務規定がなく、結果的に見れば、日本の防衛は、アメリカ軍が日本の基地を使って自由に行う軍事行動の反射的効果にすぎないというようになっています。

ここで言っているだけではよく分かりませんから、少し長いけれど、読者にとってすぐ分かるように、昭和二十六年（一九五一年）九月八日、吉田一人が署名してできた旧日米安保条約の全文を掲げておきますね。

日本国とアメリカ合衆国との間の安全保障条約（旧日米安保条約）

日本国は、本日連合国との平和条約に署名した。日本国は、武装を解除されているので、平和条約の効力発生の時において固有の自衛権を行使する有効な手段をもたない。

無責任な軍国主義がまだ世界から駆逐されていないので、前記の状態にある日本国には危険がある。よつて、日本国は平和条約が日本国とアメリカ合衆国の間に効力を生ずるのと同時に効力を生ずべきアメリカ合衆国との安全保障条約を希望する。

平和条約は、日本国が主権国として集団的安全保障取極を締結する権利を有することを承認し、さらに、国際連合憲章は、すべての国が個別的及び集団的自衛の固有の権利を有することを承認している。

これらの権利の行使として、日本国は、その防衛のための暫定措置として、日本国に対する武力攻撃を阻止するため日本国内及びその附近にアメリカ合衆国がその軍隊を維持することを希望する。

アメリカ合衆国は、平和と安全のために、現在、若干の自国軍隊を日本国内及びその附近に維持する意思がある。但し、アメリカ合衆国は、日本国が、攻撃的な脅威となり又は国際連合憲章の目的及び原則に従って平和と安全を増進すること以外に用いられうべき軍備をもつことを常に避けつつ、直接及び間接の侵略に対する自国の防衛のため漸増的に自ら責任を負うことを期待する。

よって、両国は、次のとおり協定した。

第一条 平和条約及びこの条約の効力発生と同時に、アメリカ合衆国の陸軍、空軍及び海軍を日本国内及びその附近に配備する権利を、日本国は、許与し、アメリカ合衆国は、これを受諾する。この軍隊は、極東における国際の平和と安全の維持に寄与し、並びに、一又は二以上の外部の国による教唆又は干渉によって引き起された日本国における大規模の内乱及び騒じょうを鎮圧するため日本国政府の明示の要請に応じて与えられる援助を含めて、外部からの武力攻撃に対する日本国の安全に寄与するために使用することができる。

第二条 第一条に掲げる権利が行使される間は、日本国は、アメリカ合衆国の事前の同意なくして、基地、基地における若しくは基地に関する権利、権力若しくは権能、駐兵若しくは演習の権利又は陸軍、空軍若しくは海軍の通過の権利を第三国に許与しない。

第三条 アメリカ合衆国の軍隊の日本国内及びその附近における配備を規律する条件は、両政府間の行政協定で決定する。

第四条 この条約は、国際連合又はその他による日本区域における国際の平和と安全の維持のため充分な定をする国際連合の措置又はこれに代る個別的若しくは集団的の安全保障措置が効力を生じたと日本国及びアメリカ合衆国の政府が認めた時はいつでも効力を失うものとする。

第五条 この条約は、日本国及びアメリカ合衆国によって批准されなければならない。この条約は、批准書が両国によってワシントンで交換された時に効力を生ずる。

阿羅 確かにこの条文を読む限り、アメリカ軍の日本を防衛する規定はなく、そして第一条には「日本国政府の明示の要請に応じて」とはあるものの「日本国における大規模の内乱及び騒じょうを鎮圧するため」アメリカ軍が動くことができるとなっています。

杉原 アメリカ側は、日本は再軍備はせず、戦力は保持していないという前提の条約ですから、アメリカ軍が一方的に駐留し、活動するという論理になります。日本は戦力を持っておらず、日本に駐留するアメリカ軍は戦力を持っているというわけですから、日本は結局、自ら申し出て、アメリカの植民地のような地位に陥るわけですね。

阿羅 日本の安全保障はこういう一方的な構造のもとでできて、そのうえで日本は、警察予備隊から保安隊へ、保安隊から自衛隊へと、事実上は戦力を蓄えていきますが、このような片務的な安保条約のもとでは、士気は上がりません。吉田はひどいことをした。

第四章　吉田茂と「九条」解釈の問題

共産党の野坂参三は自衛戦争は正しいと言った

杉原　次に吉田の失政として挙げなければならないのは、憲法第九条、いわゆる「九条」の解釈の問題ですね。これについては、憲法改正の帝国議会で、吉田と日本共産党の野坂参三との有名なやりとりが挙げられますね。

阿羅　野坂の自衛戦争はよいという発言ですね。

杉原　そうです。

阿羅　このときの野坂の言ったことは正しかった。

杉原　それでは、読者に分かりやすくするため、原文を掲げておきますね。昭和二十一年（一九四六年）六月二十八日衆議院の審議の中のことです。

野坂参三　戦争には、我々の考えでは二つの種類の戦争がある。二つの性質の戦争がある。一つは正しくない、不正の戦争である。是は日本の帝国主義者が満州事変以後起こしたあの戦争、他国征服、侵略の戦争である。是は正しくない。同時に、侵略された国が自国を護る為の戦争は、我々は正しい戦争と言って差支えないと思う。此の意味に於いて過去の戦争に於いて中国或は英米その他の聯合国、是は防衛的な戦争である。是は正しい戦争と言っても差支えないと思う。一体此の憲法草案に戦争一般抛棄と云う形でなしに、我々は之を侵略戦争の抛棄、斯うするのがもっと的確ではないか。此の問題に付て我々共産党は斯う云う風に主張して居る。日本国は総ての平和愛好諸国と緊密に協力し、民主主義的平和機構に参加し、如何なる侵略戦争をも支持せず、又之に参加しない、私は斯う云う風な条項がもっとも的確ではないかと思う。

この問題に付て総理大臣に此処でもう一度はっきり回答願いたい点がある。それは徳田球一君が此処で総理大臣に質問した場合に、徳田球一君は此の戦争は侵略戦争である、之に付て総理大臣はどう云う風に考えられるかと云った場合に、総理大臣は唯徳田君の意見には反対であると云う風に言われた。そうすると此の御回答は、徳田君が侵略戦争と性質付けたあの性質付けに反対されるのかどうか、逆に言い換えれば、首相は過去のあの戦争が侵略戦争ではないと考えられるかどうか、之を此処ではっきりと言って戴きたい。一体戦争の廃棄と云うものは一片の宣言だけで、或は憲法の条文の中に一項目入れるだけに依って実現されるものではない。軍事的、政治的、経済的、思想的根因、此の根本原因を廃滅すること、是が根本だと思う。

吉田茂　戦争抛棄に関する憲法草案の条項に於きまして、国家正当防衛権に依る戦争は正当なりとせらるるようであるが、私は斯くの如きことを認むることが有害であると思うのであります。（拍手）近年の戦争は多くは国家防衛権の名に於いて行われたることは顕著なる事実であります。故に正当防衛権を認むることが偶々戦争を誘発する所以であると思うのであります。又交戦権拋棄に関する草案の条項の期する所は、国際平和団体の樹立にあるのであります。国際平和団体の樹立に依って、凡ゆる侵略を目的する戦争を防止しようとするのであります。併しながら、正当防衛に依る戦争が若しありとするならば、其の前提に於て、侵略を目的とする、戦争を目的とした国があることを前提としなければならぬのであります。故に正当防衛、国家の防衛権に依る戦争を認むると云うことは、偶々戦争を誘発する有害な考えであるのみならず、若し平和団体が、国際団体が樹立された場合に於きましては、正当防衛権を認むると云うことそれ自身が有害であると思うのであります。御意見の如きは有害無益の議論と私は考えます。（拍手）

阿羅　野坂は自国を護るための戦争は正しい戦争だと言っています。

杉原　それに対して吉田は、正当防衛、国家の防衛権による戦争を認めることは戦争を誘発し、有害であると言って、自衛戦争をも否定している。

阿羅　杉原さんは憲法に詳しいからお聞きしますが、これは当時の日本政府の見解だったのですか？

杉原　いえ、必ずしもそうは言えません。吉田は、事務方つまり法制局とまったく打ち合わせることなく、この発言をしてしまい、当時憲法改正を担当していた金森徳次郎国務大臣らは慌てたようですね。というのは、もともと自衛戦争は、それほど簡単に否定できるわけはないでしょう。吉田はこの回答は帝国議会の憲法改正の審議で、いわゆる芦田修正の行われる前の回答ですが、吉田は芦田修正が行われ、自衛戦争は可能だという解釈が明確に成り立つようになってからも、戦力は持てないという解釈に固執した。

占領軍は自衛戦争は認められると考えていた

杉原　それにこの憲法は実は、よく知られているように、占領軍によって原案が作られ、日本政府に押し付けられたものですよね。その原案を押し付けた占領軍が、自衛戦争は否定できないという考え方を持っていたのに、ですね。

阿羅　そこのところを分かりやすく説明してください。

杉原　これもよく知られているように、日本国憲法の原案が占領軍内で作られるとき、マッカーサーが三原則なるものを示しますね。天皇制のことと、民主化のことと、戦争放棄に関することですね。その戦争放棄に関するマッカーサーの示した原則ははっきりしています。これには正訳があるわけではないので、正当な憲法学者としていえる西修氏の訳で紹介しますね。

国の主権的権利としての戦争は、廃止する。日本は紛争を解決する手段としての戦争、および自己の安全を保持するための手段としてさえも、戦争を放棄する。日本は、その防衛と保護を、いまや世界を動かしつつある崇高な理想に委ねる。

いかなる日本の陸海空軍も、決して認められず、またいかなる交戦権も、日本軍隊に対して与えられない。

ここには「自己の安全を保持するための手段としてさえも、戦争を放棄する」と明確に自衛戦争をも否定しています。しかし原案起草中に民政局次長のチャールズ・L・ケーディスによって削除されます。それは主権国家に対して、自衛戦争をする権利まで奪うことはできないという明確な認識があったからです。

自衛戦争は可能にした芦田修正

阿羅　にもかかわらずなぜ吉田はあのような回答をしたのでしょう。

杉原　それにはもう一つ説明が必要だと思います。吉田がこのように回答したときの第九条は、次のようなものでした。

第九条　国の主権の発動たる戦争と、武力による威嚇又は武力の行使は、他国との間の紛争の解決の手段としては、永久にこれを拋棄する。陸海空軍その他の戦力は、これを保持してはならない。国の交戦権は、これを認めない。

「戦力を持ってはならない」「交戦権は認めない」と書いてあるので、表面的には一切の戦争が否定され、放棄されているように読めますよね。そこで、野坂参三は、自衛戦争は認められるべきだと質問するんだけれど、吉田は吉田で、法関係者との打ち合わせもなく、あっさりと自衛戦争を否定するんです。第九条をめぐる吉田のボタンの掛け違いは、この最初の回答のときから始まるのです。

阿羅　しかしいわゆる芦田修正が出ますね。

杉原　そうです。七月二十五日から八月二十日にかけて、衆議院で憲法改正のための小委員会が開かれ、修正が行われます。小委員会の委員長の芦田均の名を取って通常、芦田修正といわれます。それが現行憲法の規定です。念のため示しておきますね。

第九条　日本国民は、正義と秩序を基調とする国際平和を誠実に希求し、国権の発動たる戦争と、武力による威嚇又は武力の行使は、国際紛争を解決する手段としては、永久にこれを放棄する。

前項の目的を達するため、陸海空軍その他の戦力は、これを保持しない。国の交戦権は、これを認めない。

芦田は、この修正の意味については、小委員会では明確には述べてはいません。というより、そういう認識があったかどうかも怪しいんです。しかし、これは明らかに自衛戦争は否定しないと読める条文です。見てください。「前項の目的を達するため」を第一項の「国際紛争を解決する手段」としての戦争だとし、それを放棄することだとすれば、そのための戦力は保持せず、そのための交戦権は有しないと読めます。

だったら、自衛戦争はやむをえないものであり、そうならば、そのための戦力と交戦権は肯定せざるをえない、ということになります。日本の安全保障を考えれば、この解釈に立つべきです。事実、この修正案を受け取った占領軍は、これで自衛戦争のための軍隊の保持は可能となり、そのために日本は軍隊を持てるようになったと解釈しました。そこで第六六条第二項に「内閣総理大臣その他の国務大臣は、文民でなければならない」といういわゆる文民規定を入れさせます。つまり、軍隊が存在したとき、その武官が武官の身分を持ったままで総理大臣その他の国務大臣になってはならないという意味です。したがって、現行憲法をめぐる第九条の問題は、この時点で本来は解決していたんです。

この改正を受け入れて日本は軍隊を持てるようになったと、本来の正しい解釈をすればよかったのです。

吉田茂、自衛隊を「戦力なき軍隊」と言う

阿羅　しかし〈第三章　吉田茂と安全保障の問題〉で見たように、昭和二十五年（一九五〇年）六月、ダレスが来日して再軍備を促したとき、吉田は再軍備できない大きな理由として第九条を挙げた。

杉原　吉田は、それから間もなく七月二十一日、国会で再軍備についてこう述べた。「仮に要請が他国からあったとしても、政府は受諾したくない。憲法の戦争放棄の条項は実によい条項だと思っており、国民ひとしく守るべきものと考えている」と。

阿羅　その一方、警察予備隊から保安隊へと向かい、再軍備と言われても仕方がないことを進めていく。

杉原　軍備は持てないということで、軍備を進めていくのだから、しっちゃかめっちゃかの第九条運用を続けていくことになる。ジョン・ダワーの『吉田茂とその時代（下）』にも批判を込めて紹介されているけれど、昭和二十七年十一月内閣法制局が統一見解を発表した。

一、憲法第九条第二項は、侵略の目的たると自衛の目的たるとを問わず「戦力」の保持を禁止している。

一、右にいう「戦力」とは、近代戦争遂行に役立つ程度の装備、編成を具えるものをいう。

一、「戦力」の基準は、その国のおかれた時間的、空間的環境で具体的に判断せねばならない。

一、「陸海空軍」とは、戦争目的のために装備編成された組織体をいい、「その他の戦力」とは、本来は、戦争目的を有せずとも実質的にこれに役立ちうる実力を備えたものをいう。

一、「戦力」とは、人的、物的に組織された総合力である。したがって単なる兵器そのものは、戦力の構成要素ではあるが「戦力」そのものではない。兵器製造工場のごときも無論同様である。

一、憲法九条第二項にいう「保持」とは、いうまでもなくわが国が保持の主体たることを示す。米国駐留軍は、わが国を守るために米国の保持する軍隊であるから憲法第九条の関するところではない。

一、「戦力」に至らざる程度の実力を保持し、これを直接侵略防衛の用に供することは違憲ではない。このことは有事の際、国警の部隊が防衛にあたるのと理論上同一である。

一、保安隊及び警備隊は戦力ではない。これは保安庁法第四条に明らかなごとく、「わが国の平和と秩序を維持し人命および財産を保護するため、特別の必要がある場合において行動する部隊」であり、その本質は警察上の組織である。

したがって戦争を目的として組織されたものではないから、軍隊でないことは明らかである。また客観的にこれを見ても保安隊等の装備編成は決して近代戦を有効に遂行しうる程度のものではないから、憲法の「戦力」には該当しない。

阿羅　吉田の解釈を固定化し公権解釈化してしまった。吉田は昭和二十八年十一月三日の衆議院予算委員会では人口に膾炙している「戦力なき軍隊」という答弁をした。

杉原　そうです。

阿羅　芦田修正がありましたから、吉田は野坂参三への答弁を撤回して、自衛戦争のための軍隊は保持できると改めればよかったのに、そのようには改めなかった。

杉原　昭和二十五年四月の吉田ミッション、アメリカ本国に派遣した頃に、このような解釈ができるのに、そのようなことに愚昧ゆえに気づかなかったのか、それとも、再軍備をしないことがすでに腹の中にあって、その利用のために、知っていながら、それゆえにわざと最初の古い軍隊は持たないという解釈をそのまま続けたのか。私は知っていながら、知らない振りをしたのだと思いますが、私はそれなりの根拠はあるのですが、ここでは厳密に言えばその点はよく分からないということにしておきましょう。もし気がついていたとすれば、悪質極まることですね。

ともあれ、警察予備隊、保安隊として実質的に軍隊に替わるものを作っているとき、苦し紛れに「戦力なき軍隊」などという言い方をした。滅茶苦茶ですよね。この「戦力なき軍隊」という考え方によって日本には交戦権もないことにはっきりとなった。

交戦権がなければ自衛戦争はできない

阿羅　交戦権がないのはおかしいと憲法学者の小山常実氏が強く言っていますね。

杉原　そうです。小山氏は長く憲法を研究してきた憲法学者です。この人と私、杉原は昨年、憲法と皇室問題に関して対談をして昨年『憲法及び皇室典範論―日本の危機は「憲法学」が作った』（自由社　二〇一七年）という本を出しています。自衛権だけはあるとしながら交戦権はないとすることの奇怪さは、この本で小山氏の指摘している通りです。集団的自衛権行使の容認となるまでの政府の公権解釈では、自衛行動として自国に対する急迫不正の武力攻撃を排除するための必要最小限度の実力を行使するということにしていますが、それは武器を使って防戦するわけでしょう。つまり交戦しているわけですね。にもかかわらず、それは交戦権行使ではないという子供でも納得できない解釈をしている。無理だと思いませんか？

阿羅　武器を使って交戦していることは確かです。

杉原　それでね、交戦権を認めないということはどういうことになるか。交戦権がないということは、国際法上、敵国に物資を輸送している船舶の臨検、拿捕してその輸送を止めるとか、あるいは敵地の占領とかができないというんですね。その結果どういうことになるか。日本のように海に囲まれた国は、公海に囲まれていますね。そこを日本に敵対する国が海上封鎖をしたらどういうことになるんですか。敵対国は、直接日本を攻撃してきているわけではないから、上記のような自衛行動を起こすことはできないわけですね。しかし海上を完全に封鎖されているわけで、日本は生存できなくなりますね。

古代エジプトには部屋に閉じ込めてその部屋を密閉して殺害する方法があったそうですが、こうした武器を使わない殺害に対しては、武器を使っていないから殺害ではないというようなものです。自衛権があっても交戦権がないとすれば、兵糧攻めに遭ったときには、自衛権行使ができないということですね。自衛権はあるが、交戦権はないという論がいかに破綻しているか。小山氏はこの本でよく語っています。ぜひ読んでみてください。

戦前の「法制局」の再現ではなかった「内閣法制局」

杉原　ここでついでにこのような憲法解釈を明かした内閣法制局について一言言っておきます。ここで言う「内閣法制局」というのは、戦前からあった「法制局」ではありません。戦前、法律や勅令の制定に当たって、法制局の検討は細を極め、大い権威を持った政府機関でした。憲法改正の審議のときはまだ存在していました。日本国憲法の「国民主権」の「国民」の中には天皇も含まれると解して天皇と国民の対立関係がないように解釈したのも、このときの法制局の知恵ですね。吉田が野坂参三に第九条について答弁するときも、この法制局と厳密に検討したうえでしてくれていたら、今見てきたような問題は起こっていないかもしれない。しかしこの法制局は占領軍によってその後、片山哲内閣のとき廃止、解散させられた。

この法制局は、占領解除後、つまり主権回復後「内閣法制局」として復活しますが、権威は復活できなかった。吉田のでたらめな第九条の解釈をそのまま公権解釈にしたのだから。渡部昇一がよく言う、敗戦利得者で愛国心がなく、矜持がなかった。

阿羅　でもこのときの内閣法制局の解釈では集団的自衛権の問題が出ておらず、この集団的自衛権の問題では混乱していません。

杉原　そうですね。この時点では。しかしその後、内閣法制局は日本はこの第九条に関わって集団的自衛権は保持しているけれど行使はできないという、これまた珍妙な解釈を公権解釈化します。それで現在の安倍晋三内閣は苦労したわけですね。

それで、内閣法制局長官を更迭して、平成二十六年七月一日閣議決定をして、集団的自衛権を保持することを合憲だと明らかにしたんですね。

阿羅　歴代の内閣法制局長官の対応は国民の目から見て唖然とするものでした。〈第三章吉田茂と安全保障の問題〉で実際の日米安保条約を見てきましたが、集団的自衛権を認めなかったらどうやって日米安保条約は締結できるんでしょう。

日米安保条約には明瞭に「国際連合憲章はすべての国が個別的及び集団的自衛権の固有の

権利を有することを承認している」「これらの権利の行使として」日米安保条約を結ぶ、としているのに不思議です。

国際連合憲章の規定を敷衍した集団的自衛権

杉原　ついでにここで日米安保条約にはなぜこのような規定が入っているか、言っておきますね。〈第三章　吉田茂と安全保障の問題〉でも述べたように、第二次世界大戦終結以前には平時においては、軍事同盟というのはあっても他国の軍隊を自国に駐留させて安全を図るというような考えはなかったんですね。

しかし、第二次世界大戦以降では、防衛力を強化し、保障するためには集団的に自衛し、そして現実問題としてはアメリカ軍の駐留によってしか保障できない現実が出てきたんですね。そうしたら、国連憲章第五一条に集団的自衛権と個別的自衛権のことが書いてあったんですね。国際連合はもともと国際連合軍を設置して世界の平和を保つという構想で誕生したものですが、同時に、その原則を補強するための新たな規定が必要だったわけです。そこでさらに一九四八年のアメリカ上院のヴァンデンバーグ決議ができてくるわけです。日米安保条約も、その原理のもとにアメリカ軍の駐留があるんだということです。それまでなかった外国軍の駐留の根拠として、国連憲章第五一条は働くわけですね。

阿羅　なるほど。そのうえで第三章で見てきたように、日本は自衛力がゼロなのだから、アメリカ軍の日本駐留は片務的なものであるとして、そのことを前提に日米安保条約を結んだわけですね。

杉原　それでね、ついでに申し上げておきますが、自衛のための戦力しか持ちえない第九条のもとでは、日本は国連に加盟できない、加盟してはならないという論があるのです。というのは、国際連合が正常に機能すれば、国際警察軍のような国連軍を設置するとき、それに基づいて自衛権行使以外の戦闘に参加しなければならなくなります。国連加盟国は自国の軍隊の一部を国連軍に派遣しなければならなくなります。そこに自国の防衛とは関係のない戦闘に日本軍を従事させなければならなくなります。それは、見方によれば自衛戦争しか認めない第九条違反になります。

占領期に芦田均などは国連に加盟するのには資格上の問題があると言っています。幣原喜重郎も、日本国民を他国の戦争のために死なせてはならないという観点から、国連加盟に反対しています。

ともあれ、第四章は〈吉田茂と「九条」解釈の問題〉ということで、吉田のでたらめな第九条解釈が、その後の日本の防衛問題に難問を突き付け、国防軍の役割を担わされた警察予備隊、保安隊、そしてそこから発展した自衛隊の在り方を歪めることになった。そのことは阿羅さんの言われる通りで、やはり、吉田の罪ということになるでしょうね。

第五章　吉田茂と経済発展

軽武装で経済成長の基盤を築いたというのは間違い

阿羅　吉田と経済発展の関係も重要なテーマです。経済政策に限れば、特に取り上げるほどのことはありませんが、国防と絡んで言われることが多いので検討の必要があります。

吉田が政権の座にあった主な時期は占領下でしたから、占領軍といかに交渉するか、日本の早期独立をいかに達成するか、という面がしばしば取りざたされ、昭和二十七年（一九五二年）四月に独立を果たしたことが吉田の最大の功績というのが一般的な評価です。それとともに挙げられたのが軽武装を選択することにより経済成長の基盤を築いたという評価です。そのことは最初は吉田の側近、一人を挙げるとすれば宮沢喜一ですが、彼によってそのように言われてきました。しかし今では政治家に限らず、大使や公使を務めた人、内外の評論家まで、口を揃えてそう言うようになりました。吉田の最大の功績は軽武装によって経済成長の基盤を築いたと変わってきています。

杉原　それが歴史事実に基づいているかどうか、見極める必要がありますね。阿羅さんから見るとまったく違って見えるわけでしょう。

阿羅　戦勝国が敗戦国を懲らしめることは歴史が示す通りで、日本の場合、在外資産はすべて没収され、軍事工業力は徹底的に破壊されて、賠償に応えるための産業しか許されませんでした。昭和二十年末にポーレー賠償委員団がやってきて翌昭和二十一年十一月十一日に最終報告を作成しますが、軍需工業は言うまでもなく、アルミニウム、鉄鋼、造船などの産業施設も撤去すると決まり、それらは海に捨てたり、放置したりされます。当初のアメリカは日本を満州事変が起きた頃の生活水準にしておこうという考えでしたが、現実の生活はその水準までも達しませんでした。

しかし敵愾心や憎悪がいつまでも続くわけでありません。日本を弱体化させるだけでは世界に寄与することにならないし、日本も自立しない、アメリカ市民に多額の税金を払わせるだけであるという考えが生まれ、昭和二十三年二月になると生産のための施設の撤去は控えるべきというストライク賠償使節団の調査報告が出ます。

杉原　占領当初の占領軍は、日本に対して懲罰的で厳しく非軍事化を進めようとしていた。そして厳しく賠償させようとしていた。

服部時計店、今のセイコーですが、時計が砲弾の中で時限爆弾の時限装置に使われたということで、時計まで生産中止になったとか。

しかししばらくすると、日米戦争も、一方的に日本ばかりが悪いのではないことも分かる。そして冷戦が始まる。

それで日本の産業を育成する方向に変っていくんですよね。

阿羅　そうです。戦勝国と敗戦国という関係の他に、国際政治もアメリカの姿勢に影響しました。米ソの冷戦構造が明らかになるにつれ、アメリカの中に日本をアジアでの共産主義に対する防壁の役を果たさせようとする考えが生まれます。昭和二十三年一月に日本を全体主義に対するアジアの防壁にするというロイヤル陸軍長官の声明が出されたのはその現れです。

こうした流れが絡みあって昭和二十四年五月にマッコイ声明が出され、賠償取立て中止が決まります。

日本の経済復興は占領軍の主導で行われた

阿羅　経済の面から日本を見ますと、海外から多くの日本人が引揚げてきます。一六〇〇万人から一七〇〇万人といわれました。失業者も多数に上りました。公的には五〇〇万人の失業者がおり、潜在失業者を加えると七〇〇万人といわれました。敗戦の年、数百万人の餓死者が出るのではないかといわれたほどでした。

杉原　そこで第一次吉田内閣のとき、大蔵大臣の石橋湛山が中心になって、当面は鉄鋼や石炭のみに資材・資金を回すという傾斜生産方式を採った。もっともこの傾斜生産方式というのは戦時経済の延長で、特にこのとき新しく考案されたものではなかった。しかしともかくこの強烈な方針は、昭和二十一年（一九四六年）十二月二十七日の閣議決定。戦争で極度に減退した生産力を回復するために、まず鉄鋼と石炭の生産を軌道に乗せなければならないというもので、国民生活の窮乏を一時、容認した。そのためインフレを止める手立てはなかった。

阿羅　生産は進捗せず、インフレはすさまじいものでした。昭和二十四年二月にドッジが来て、三月にドッジ・ラインを決めます。それまでの政府の支援を断ち切って超均衡財政を強要しました。インフレ対策です。

杉原　日本経済はアメリカの支援と政府からの補助金に頼った竹馬のような経済だとドッジは言ったんですよね。

阿羅　そうです。強烈な金融引き締めを行って、日本の経済の構造改革を行って、日本に経済の再生をさせようとしました。しかしあまりに急激な政策であり、日本はデフレに陥り、完全失業者は前年二倍の四十万人を数え、不完全ないし潜在失業者は何百万人といわれるまでになりました。

杉原　それで社会不安が起こった。昭和二十四年七月には、国鉄総裁の下山定則が怪死した下山事件、東京、三鷹駅構内での無人電車が暴走する三鷹事件、八月には東北本線での列車が転覆するという松川事件が起きましたね。

阿羅　ドッジは日本経済の足腰を強化しようとしてそうしたけれど、あまりにも急激だったかもしれませんね。

杉原　でも、それによって日本経済が自立する基盤ができた。

吉田内閣は、昭和二十一年五月から二十二年五月までの第一次と、第二次から第五次までは昭和二十三年十月から二十九年十二月まで続きます。第一次は言うまでもなく、第二次が成立した昭和二十三年十月頃も日本は食べるのに精一杯でしたから、行うべきことはそれにどう応えるかだけです。経団連の責任者として、占領下ならびに独立してからも最高責任者の地位にあった石川一郎は、毎日新聞から出ている『エコノミスト』で占領時代に経団連の行った最大の仕事は日本の復興であったと述べている（石川一郎「目標は日本の復興」『エコノミスト』一九六六年一月号　毎日新聞社）。

吉田内閣だけでなく、その間の片山内閣も芦田内閣も食べるため、最低の生活基盤を作るために集中していたから、誰がかじ取りをしても同じですね。吉田内閣が続いた六年間をひとくくりにすることは間違いですね。

朝鮮戦争が日本経済を立ち直らせた

阿羅　ドッジ・ラインによりデフレに陥って苦しんでいる昭和二十五年（一九五〇年）六月に朝鮮戦争が始まりました。アメリカは軍需物資の調達に迫られ、アジアでそれに応じる工業力を持っているのは日本だけですから、日本に燃料タンクなどを注文します。いわゆる朝鮮特需が突然起こり、デフレに陥っていた日本経済は一気に上向きました。一千億といわれた滞貨がたちまち一掃されました。

このときの注目すべきことを二点挙げたいと思います。

昭和二十五年八月十三日から警察予備隊の一般隊員の募集が始まりますが、七万五千人の募集に五倍強の応募がありました。それだけ失業者がおり、失業者を救うという急務が警察予備隊の募集である程度達成されたということです。

二点目は朝鮮戦争の特需で機械工業が立ち上がることができたことです。トヨタ自動車工業『トヨタ自動車20年史』(トヨタ自動車工業株式会社　一九五八年)は、「昭和25年7月10日、第8軍調達部(朝鮮戦争を戦っているアメリカ軍)から、日産、いすゞ、そしてわが社に対して自動車を正式に発注する旨の内示がありました」と書いています。

このときのトヨタの特需契約は翌年三月まで四、六七九台に達しました。月産六五〇台計画のときで、朝鮮戦争が起きる前月は三〇四台の生産でしたから、いくら大きかったかわかると思います。そして『トヨタ自動車20年史』は「わが社は、この受注によって、危機を脱しました。そして、動乱ブームは、さらに一般需要をよび、生産が需要に追いつかないくらいになりました」と言っています。

つまりは、経済大国日本を象徴する自動車産業は朝鮮戦争により再建のスタートを切ることができたということです。

言うまでもありませんが、朝鮮戦争と直接関りのなかった産業も恩恵を被っています。日本の経済成長を象徴するのは弱電ですが、その雄パナソニックの創業者である松下幸之助は「電機工業の再建」（『昭和史への証言4』毎日新聞社　一九六六年）で、昭和二十五年頃をこう述懐しています。

（民需の充実をはかる）仕事を力強くやっていくということは社会のためのみならず、自分の会社のためになる。そこに使命感をおくというのは当然ですし、成功するんじゃないかという感じで、再建に乗り出そうという宣言をしたわけですよ、幹部を集めて。そうしたら、しばらくして朝鮮事変が起こったんですよ。これはいろんな産業のうえにプラスになっていますね。それからは非常に順調でしたね。

私の方では戦争に関するものは直接やっていませんから、直接恩恵には浴しませんけれども、間接的に浴しました。世間の景気が良くなるでしょう。仕事がふえたということで民需品がふえますわね。それが関連して家庭生活も高まっていくしね、そういうことです。

このように朝鮮戦争によって日本の経済はデフレから脱却して、一息つき、成長し始めたのです。日本は軍備と関わりを持たなかったことが経済成長に寄与したという議論が展開されていますが、朝鮮戦争というものが日本経済を立ち直らせたのです。

軍需産業こそ日本の経済を引っ張った

杉原　その頃から日本の独立が議論されるようになりますね。

阿羅　占領が終われば アメリカの経済援助はなくなり、日本経済は自立しなければなりません。朝鮮戦争で一息ついたといっても、アメリカの経済援助がなければ日本が再び厳しい経済に戻ることが予想されます。また独立すれば日本は自分で国を守る力をつけなければなりません。

日本の経済界は、昭和二十六年（一九五一年）一月にダレスが来日する機会をとらえ、アメリカは引き続き日本を防衛し、日本も防衛組織を確立する、日米の経済交流を発展させるため日米経済協定を締結する、という提案をします。経済団体連合会はじめ八団体の連盟で出したものです。

日本はアメリカに従うだけでなく、意見も言い、それに対してアメリカは、国際政治の急激な変化もあり、聞く耳を持つようになっていました。アメリカは昭和二十五年十二月からベトナム戦争、当時はインドシナ戦争といわれていましたが、それに介入し、東アジアの防衛生産を進める必要に迫られていました。

杉原　アメリカ軍によるベトナム戦争はこの頃から始まってますね。

阿羅　そうです。一九五〇年（昭和二十五年）にはサイゴンでアメリカの軍事援助顧問団が組織されています。

そのためアメリカは、日本に兵器生産力をつけさせ、兵站基地としての工業生産力を整備させたいという考えを持ちます。対する日本は、朝鮮戦争でアメリカの要望に応じることができましたし、兵器産業ならやっていける自信を持っていました。そもそも当時の日本に兵器産業以外に稼げる産業はありません。

昭和二十六年七月になると朝鮮戦争の休戦会談が開始され、特需が消えた後の手当てをどうするかという問題も日本に起きていました。

杉原　阿羅さんの見解では、軍需産業こそ日本の経済を引っ張っていけるんですね。

阿羅　ええ。アメリカは日本の兵器産業が要望に応えられると判断し、昭和二十七年三月に兵器製造許可の指令を出します。

杉原　ダレスの要請を断ったという吉田の評価がありますが、これは間違いですね。

阿羅　吉田・ダレス会談の評価については、たとえば「再軍備をめぐる吉田・ダレスの攻防は、結局は吉田首相の〝勝利〟だった。吉田は財政負担の過大、国民感情の反発、アジア・太平洋諸国の反対の三点を指摘して、ダレスの再軍備要求に抵抗した」（内田健三『戦後日本の保守政治』岩波新書　一九六九年）というものが一般的ではないでしょうか。しかしこれは見て来た通り誤りです。

またこのとき吉田はダレスに軍隊設立を約束しています。吉田は約束をして、その約束を内密にするようダレスに求め、ダレスは承諾します。ダレスは吉田の立場に理解を示したのですが、そのときのダレスの態度を逆手に取って吉田は約束を守りませんでした。吉田が軍備の約束をしたことが明らかになったのは昭和五十二年五月十三日のことです。

杉原　吉田が軍備の約束をしていた？　本当ですか。そこは大切なことですね。約束をしていて約束を守らなかったということをもう少し詳しく話してください。

阿羅　昭和二十六年一月二十五日にダレスは大統領特使としてやってきましたね。前年六月のダレスの訪日は講和条約の早期締結を話し合うためで、そのとき再軍備も持ち出しますが、吉田が断ったことはすでに杉原さんが話しました。それから半年で再びやってきて、ダレスは空港で日本は自分のために再軍備をしなければならないと声明します。吉田の姿勢も前と変わらず、国力から再軍備はできないと拒否します。しかしこの間、朝鮮戦争が始まって状況は変わっていました。講和を締結して自由世界に組するといっても軍備がなければ貢献はできません。朝鮮戦争が起きる前と違って、昭和二十五年後半になると、日本の経済は立ち直ってきて、軍備は後で行うなどと言えなくなります。前回と違ってダレスは簡単に引き下がりません。そこで吉田は二月三日、ごく側近とだけ相談して、回答します。国家治安省を新たに設けて、その中にかつての参謀本部のような防衛部を設け、五万の国防軍を創設するというものです。本格的な軍隊を創設すると言うので、ダレスは了解します。

しかし日本側では吉田を含めて数人しか知らず、吉田はマッカーサーにも内密にしてくれるように頼み、この事実は公になっていません。当然、日本国民も知りません。もちろん吉田は実行せず、約束を反故にします。

いま日本は慰安婦問題で韓国が約束を履行しないといって責めていますが、日本は顧みて恥じるところがないのでしょうか。

杉原　軍備と経済といえば、一九五一年（昭和二十六年）十月、MSA（相互安全保障法）法がアメリカで制定されますね。

阿羅　MSA法は、アメリカが経済援助する代わり、援助される国は防衛生産能力を向上させて軍事的な義務を果たすもので、すでにイギリス、フランス、ドイツなどで行ってきました。共産主義に対してアメリカだけでなくその他の国も軍事力を持って応対するという考えから生まれたものです。昭和二十八年五月にダレスが言及して、日本もこれをどうするか考えることになります。

経済界は、日本が経済復興するためには兵器産業の力をつけ、アジアの兵站基地として工業力を整備しなければならないと考えていますから、アメリカとの間にこの話を進めようとします。現実にはベトナム戦争を戦っているアメリカは携帯用通信機などを日本に発注してきて、朝鮮戦争特需の後を埋め、日本は経済復興に向かっていました。しかし政府の対応が定まりません。後手後手の政府に対して、経済界が軍需産業に向かっていきました。

そういう意味でも日本の経済を引っ張ったのは経済界です。軍需産業を念頭に置いた経済界が頑張ったのであって、経済を引っ張ったのは吉田の政策ではありません。

杉原　一九五三年（昭和二十八年）十月に池田・ロバートソン会談が開かれますが、日本政府にまともな姿勢は見られませんでしたね。

阿羅　ええ、ワシントンで池田勇人政調会長とロバートソン極東担当国務次官補の間にMSAが話し合われました。日本はこれまで通り援助を求めることしか考えません。しかしアメリカは日本の経済が立ち直り、日本が援助を求める域を過ぎていると考えます。ともあれアメリカは援助をすることにして、その代わり防衛力整備計画を示しました。対GNP比で一・三から一・四パーセント、予算の一〇パーセントというものです。しかし日本はのらりくらりとした態度を取り、具体的には決まりませんでした。

杉原　阿羅さんが以前から指摘されていたことだけど、吉田には徹底して強い者には阿り、弱い者には威勢を張り、睥睨するところがあります。吉田は奉天総領事だったとき陸軍の武力頼りで、このころはアメリカの経済頼り、まったく強いものに頼るという考え方ですね。

阿羅　その通りです。

明治になって早々、イギリスの「自助論」が中村正直によって翻訳されて『西国立志編』として刊行されました。自立、自助の精神を褒めたたえた本で、日本人の生き方に合致していたこともありベストセラーとなりました。その精神で日本は飛躍していきます。戦後の復興もその精神によって成しとげられたのではないでしょうか。そういう日本の誇るべき精神と比べ、吉田は防衛も経済もアメリカに頼り、日本の伝統から外れています。

それでもアメリカは余った小麦を日本で売り、そのお金を供与しようという話がまとまりました。５千万ドルを供与し、そのうち千万ドルを防衛産業の設備資金に使うことになりました。

池田・ロバートソン会談は、防衛力強化を求めるアメリカに対して日本は拒否して経済優先を選んだとされております。拒否したのは事実ですが、アメリカに頼るという惰性が続いていただけです。

杉原　そのＭＳＡも日本の経済復興に大いに寄与しましたね。

阿羅　このときのＭＳＡについて注目すべき点を挙げたいと思います。

一つはＭＳＡが航空機工業にも使われたことです。航空機工業は軍需産業をすべて撤去する方針のもとに禁止されていました。朝鮮戦争で修理という特需がありましたが、それが一段落した後の方向が見出せていませんでした。しかしＭＳＡの半分を航空機工業の設備資金として使うことが決まり、それによって航空機工業が再建されます。

このとき、日本はそれまで日本になかった流れ作業システムやＮＣマシンなど新鋭設備を導入していきます。先ほどの自動車産業もアメリカの量産方式や生産の合理化を学んでいきました。防衛生産委員会『防衛生産委員会十年史』（防衛生産委員会　一九六四年）にはこう述べてあります。

兵器生産が産業全般のなかで占めている地位は、量的にはほとんど問題とするに足りなかったが、数字になって現われない生産管理面や生産技術面というような質的な点では、当時の関係産業部門にきわめて大きな影響を与えた。特に品質管理、検査方式等については、アメリカ軍の持つ新しい高度のものが要求された結果、元請会社のみならず関連会社、下請会社に至るまで貴重な技術的体験を習得させることとなり、後々の発展に大いに役立ったのである。

杉原　このとき学んだことが日本の経済成長の基盤になったのですね。

阿羅　もう一つ一企業の例を挙げます。小松製作所ですが、戦前、小松製作所は一万人の工員を雇っている軍需産業でした。戦後、軍需産業が停止となったため大部分を解雇しますが、農業トラクターの道が開けて四千人を再雇用します。その後、ドッジ・ラインにより苦境に陥りますが、朝鮮戦争が起こって米軍からのブルドーザーや戦車の修理を引き受け、復配にこぎつけます。それが縁となって米軍の砲弾製造も引き受け、利益は拡大します。

朝鮮戦争が起きたときアメリカから日本に軍需品の注文が来ましたが、五年間でもっとも多くの注文を受けたのが小松製作所と神戸製鋼所です。砲弾の受注は昭和二十七年六月のことですが、社長の河合良成はこう述べています。河合良成の『孤軍奮闘の三十年』（講談社一九七〇年）からの引用です。

私が砲弾工業をなぜ引き受けたかというと、当時はデフレの傾向が巷にあらわれてきて、労働者が過剰気味になり、企業経営は苦しさが増していった。そのために当時の事情としては、なんとしても仕事をふやさなければならなかったのである。

そのうえ、当時アメリカ側の意見では、この砲弾製造を日本でやらない場合には、ドイツかベルギーでやらせるという考えであった。しかし、私の考えでは、この砲弾工業はどうしても日本人の手でやるべきである。これによって過剰労働者のはけ口を求め、国内資材を使用し、外資を獲得すべきであると、私は確信していた。

もう一つの理由は、この砲弾は朝鮮事変にはあまり使わない。主として日本の自衛隊にいき、準備品や試射品になる。つまり、主として日本の防衛のためにつくるのだ、ということであったからである。

国民に食べさせ、経済を復興するためだったことがよくわかります。加えるなら、トヨタやパナソニックや新三菱重工業や川崎航空機と同じように、小松製作所もその過程で新しい設備、技術、経営手法を学んで経済成長に備えることができたことです。小松製作所はアメリカの注文に応えようとすることによりQC（品質管理）を導入し、世界に伍していくことができたのです。

軍事評論家で軍需産業に詳しい小山内宏は次のように記述しています（エコノミスト編集部編『戦後産業史への証言3』毎日新聞社　一九七八年）。

このニつ（朝鮮戦争とベトナム戦争）の、よその国の戦争を通じて日本はいつの間にか世界最新の軍事技術をマスターし、それを支える重化学工業の発達によって再建の道を歩み、戦後型軍需産業は不死鳥のごとくよみがえった。明治の近代国家成立以降、富国強兵という国家的要請に基づき、つねに国策と結合することにより急成長をとげた日本の重化学工業は、もともと軍需産業の染色体と遺伝的体質を包胎している。それが戦後いくばくもなく、わが国をGNP大国に押し上げるとともに、本来的な体質としての軍需生産を再開させ、「近代化」と「肥大化」の道へと突き進ませた。

日本の経済復興は軍需産業と一体で、けっして平和産業で発展してきたわけではありません。軍需産業が復活し、それは重工業の発展の機動力となりました。軍需産業は高度経済成長を達成する起動力の一翼を担ったのです。

当初の吉田の経済政策はどん底に陥った日本経済の復興でした。しかしそれは幣原内閣から続くものであり、どの内閣にも課せられたものでした。朝鮮戦争以降、経済界が中心となって経済成長に向け歩み出し、日本の経済界はアメリカと手を携えて進んだと言えるのではないでしょうか。吉田内閣が主導したなどとはいささかも言えません。

杉原　つまり、阿羅さんから見て、第五章の結論は、軽武装によって経済成長をしたというのは、誤った評価だということですね。

占領期の経済で、吉田が経済復興に気を使ったことは認めるとして、経済の発展のそのほとんどは占領軍の政策によったものだというのが、まず第一の確認。

軽武装というのも、そのような流れの中では、選択と言えるものではなかった。「再軍備」というと、重武装で国民経済を圧迫するイメージで言われるけれども、このときの再軍備は、警察予備隊と同規模のものであり、予算も同じものです。軍隊を作ったからといって経済を圧迫するものではけっしてありません。

直接に経済の問題ではないけれど、その再武装を軍隊ではなく、警察組織として作ったことにおいて、吉田の先見の明があるのではなくて、なさがある、ということになりますね。

阿羅　国家予算に対する防衛費を見ると、昭和二十五年度は一九・五パーセント、昭和二十六年度は一六・九パーセント、昭和二十七年度は一九・三パーセントで、昭和二十八年度は一二パーセントに下がります。鳩山一郎内閣はおおむね一三パーセント、岸信介内閣はおおむね一〇パーセントですから、鳩山や岸と比べると吉田の時代が高かった。国民所得に対する割合も同じです。このことも頭に入れておく必要があります。

第六章　吉田茂と憲法改正

日本国憲法はポツダム宣言から来ている

杉原　吉田を論じるに当たっては、憲法改正の問題に触れざるをえませんね。

阿羅　吉田論にあって不可欠なテーマです。

杉原　憲法改正問題については、そもそも日本国憲法の来歴から語らなければなりませんね。私、杉原と小山氏が前述の本で論じました。

一八九九年オランダのハーグで採択されたいわゆるハーグ陸戦条約の付属文書で、「占領者は絶対的な支障がない限り、占領地の現行法律を尊重して」とあるから、占領中は憲法改正はできないという主張は確かに成り立ちます。

阿羅　現行憲法無効論でよく聞く話ですね。

杉原　そうです。西ドイツなどは、この論に従って、第二次大戦後、憲法を制定しませんでした。しかし、私は中学校の公民教科書の代表執筆者であったことも踏まえて、ポツダム宣言を受諾して占領を受け入れたのだから、そのポツダム宣言に基づいて、日本は憲法を改正することを約束していたという論を展開しました。

ポツダム宣言には例えば最後に「日本国国民ノ自由ニ表明セル意思ニ従ヒ平和的傾向ヲ有シ且責任アル政府ガ樹立セラルルニ於テハ連合国ノ占領軍ハ直ニ日本国ヨリ撤収セラルベシ」という文言がありますね。それは事実上、憲法改正を意味しており、ポツダム宣言を受諾した以上、憲法改正はやむをえず、その限りでは占領下で制定した憲法であっても有効であると展開しました。

阿羅　杉原さんが言われていることにはそれなりに筋が通っていますね。

日本国憲法は押し付けだから無効である

杉原　でもですね、これから公民教科書の代表執筆者を務める憲法学者の小山常実氏に言わせれば反論が成り立つんです。たとえ、ポツダム宣言のうえで、憲法改正が約束されていたとしても、その約束自体が国際法に則って無効だと言えるということなんですね。人を殺すということを契約しても、人を殺すということ自体が許されないのだから、その契約は成り立たず、無効ですよね。約束してもその約束が法的に成り立たない内容の約束だったら無効だという論理ですね。

阿羅　言えますね。

杉原　国際関係における法規では国際法が最上位に来る。そうでなければ人類の文明としての「法の支配」ということにならない。日本国憲法は占領下で制定されたもののゆえに、無効であるという考え方は確かに成り立つんですね。

阿羅　しかし現行憲法が無効だとなると、現在の日本の法秩序はどうなりますか。

杉原　その問題は、憲法論そのものに深入りすることになりますから、ここではさておくことにしておいてください。現行憲法が無効だといっても、別に現行の秩序を直ちに否認するわけではありません。

アメリカ政府は早くから大日本帝国憲法の改正は必要だと考えていた

杉原　ともあれ、ポツダム宣言を押し付けた側のアメリカ政府は、ポツダム宣言によって、日本は占領下で憲法を改正しなければならなくなったと考えていました。

憲法改正の話は、いつも連合国軍最高司令官マッカーサーのところから始まるから、マッカーサー個人の意向によってなされたと思いがちですが、実は、アメリカ政府自身が、日本が降伏した時点ですでに日本の憲法を変えさせる意向を持っていました。

阿羅　えっ？　そうですか？　だったらそのところをもう少し詳しく説明してください。大切なところです。

杉原　日本に対する占領政策はマッカーサーのもとにある司令部で考えられたというよりも、基本はアメリカ国内で考えられていました。中でもＳＷＮＣＣ（国務・陸軍・海軍三省調整委員会）が大きな役割を果たしていました。一九四六年（昭和二十一年）一月七日文書

「日本の統治体制の改革」（ＳＷＮＣＣ－２２８）を作成しています。そこでそのときの憲法である「大日本帝国憲法」の改正すべきところを具体的に記して、日本の政治は十分に国民の意向に沿ったものになっていないとして、その欠陥を明確に指摘し、具体的な改正事項を挙げて具体的に改正の方向を示しているんですね。

阿羅　そのような文書があったというのはあまり聞きませんね。

杉原　そうです。この文書は日本国民に知らせてはならないとなっていましたから、日本人からは分かりませんでした。日本人に分かったのは昭和三十一年、憲法調査会ができて以降です。

マッカーサーはこの文書に基づいて行動していたと言ってよいのですが、しかし例のマッカーサー三原則のように、戦争放棄は謳っていませんでしたから、そこはマッカーサーの創作です。

またこのＳＷＮＣＣの文書は天皇については廃止すべきとも、維持すべきとも言わず、日本国民の意思によって決めるべきだとなっていました。

したがって、現行憲法に、マッカーサーが大いに干与したといえることは確かなのですが、憲法改正の指示自体は、マッカーサー個人によるものではなかったんです。

アメリカ政府の要望は日本国憲法に一〇〇パーセント反映している

阿羅　それで杉原さんから見て、この文書はどれほど現行憲法に反映していますか？

杉原　原則的には一〇〇パーセントですね。戦争放棄とか非武装については書いてなかったから、逆に国務大臣は文民でなければならないということが指摘してあった。言われるように、現行憲法は占領軍の中で検討され、準備されたものですが、このSWNCCの文書が基本となりますから、この文書で指摘されたことはマッカーサー元帥の三原則を除いて、一〇〇パーセント、現行憲法に反映していると言えるんですね。

阿羅　アメリカ側にそのような改正意思があるならはっきりそのように指摘し、日本側で改正草案を作ればよかった。そうすれば日本側の事情や意向ももっと反映して今ほど問題となる憲法にはならなかったとも言えますね。

杉原　確かにそう言えます。アメリカ側が示す改正すべき点を事実上取り入れて、日本側で改正原案を作れば、文言なども含めて今ほど「押し付け憲法」だと言われることもなかった。日本の国内の事情を知らないままに占領軍が作ったゆえに、熟さない文言があったりとか、抜け落ちたりしているものがあるとか、そういう問題が起こらなかったと言えますね。

そして何よりもマッカーサー三原則の提示がなければ、今日でも何ら問題のない憲法になっていたかもしれない。そして天皇に関する条文も、より問題のないものになっていたかもしれない。

阿羅　ただ、天皇制の問題では天皇制を廃止せよという国際的な世論もあり、マッカーサーの三原則は天皇制の維持を明確にしたことにおいて評価できるところがある。そういうことは言えないでしょうか。

杉原　言えるでしょうね。

アメリカ側の改正の要望事項を知れば日本側は自主的に改正案を作ることができた？

阿羅　ともあれ、アメリカ本国に憲法改正に関する案があるならばそれをちらりとでも見せてくれればよかった。そうすれば日本側の改正草案が昭和二十一年（一九四六年）二月一日の『毎日新聞』に載って、それを見てマッカーサーが激怒することもなかった。

杉原　そうですね。アメリカ側が期待していた改正事項のほとんどは、日本側にあっても、思い当たるものでしたから、その改正事項を受け入れて日本側の改正案を作ることはできたでしょう。

阿羅　アメリカはこのような憲法改正に関わる方針を日本にどうして示さなかったのでしょう？

杉原　それはやはり、ハーグ陸戦条約の規定が効いて、憲法改正について具体的に押し付けるべきものでないという考え方があって、あくまでもポツダム宣言にあるような日本国民の自由意思に基づくという形のもとに憲法改正を望んだからではないでしょうか。

マッカーサーにとっては、この文書にもないことを示して、それによって一方では天皇制の維持を保証したけれども、日本を世界で初めて非武装国家にしようと固執し、そのための押し付けもあって、いっそう押し付けであることを隠さなければならなかったといえるかもしれませんね。

アメリカ本国の意向もあり、そのうえマッカーサーの強烈な意向も加わり、日本国憲法は占領軍が押し付けたということを絶対に報じさせないように、厳しく検閲体制を敷いた。

吉田茂は押し付けられた憲法改正案をどう受け入れたか

阿羅　それでは、よく言われていることですが、この憲法を実際に押し付けられるときの吉田の様子から見ていきましょうか。

現行憲法は、占領軍内において二十五人で七日間で仕上げられ、昭和二十一年（一九四六年）二月十三日に日本側に押し付けた。そのときの吉田の様子はどうだったのでしょう?

杉原　そのとき同席したのは、アメリカ側が民生局長のホイットニー准将、次長のケーディス大佐、ラウエル中佐、ハッシー中佐の四人。場所は麻布の外相公邸。日本側は、吉田茂外相、松本烝治国務大臣、白洲次郎・終戦連絡中央事務局参与、長谷川元吉外務省通訳のそれぞれ四人でした。

そうやって、即席でできた憲法案を「これがアメリカ案だ」と言って、手渡すんですね。ホイットニーが回想録の中で、「吉田はメモに目を通すと、たちまちのうちに顔色が、黒い雲に覆われたように変わった」と書いているそうです。ホイットニーは吉田外相たちに、「この憲法案を受け入れられなければ、天皇の一身の安全を保証することができない」と言うんです。

そのときに、あらかじめ上空に待機させていた一機のB29に、地上から無線で連絡して、降下するように命じて、白金の外相公邸の屋根すれすれに、轟音を立てて、低空飛行させるんですね。ホイットニーは、得意げに「威嚇効果があった」と書いているそうです。ヤクザの脅しの場面と、全く同じものですよね。

ラウレルは後に「日本側の人々は、はっきりと、呆然とした表情を示した。特に吉田氏の顔は、愕然と憂慮の色を示した。この時の全雰囲気は劇的緊張に満ちていた」と、語っています。そのときの吉田は、落ち着かなく、手に汗をびっしょりかいていたようです。ズボンで一生懸命汗を拭き取っていたんだそうです。「外務大臣の顔は暗く厳しかった。そして、この表情はその後の討論中、ホイットニー将軍が話している間、変わることがなかった」と、ラウレルは書き留めています。

阿羅　にもかかわらず吉田は昭和二十一年五月に内閣総理大臣となって憲法改正の審議をするときには、あたかも自衛権もなくしたように無条件の戦争放棄論を展開した。

杉原　この時点では内心は、まだ憲法に批判的だったかもしれないが、〈第四章　吉田茂と「九条」解釈の問題〉で見たように、まったく責任感覚のない対応をしていくことになった。

日本国憲法には文言上の誤りが多い

阿羅　その他、この憲法で言っておかなければならないことがありますか？

杉原　この憲法の文言上の問題について、少しばかり触れておきましょう。日本が自ら作った憲法ではなく、占領軍から押し付けられた憲法ですから、文言のうえでもいろいろ問題のあることを理解しておく必要があるでしょう。内容で見るとこの憲法は日本を悪く見過ぎていて、あまりに国際社会を信頼し過ぎているという内容の問題があり、その方が本当は重要な問題ですが、ここでは憲法論を詳しく話し合う場ではありませんから、単純な文言上の問題だけに絞りますね。それをいくつかよく分かる顕著なものを示しておきたいんです。

阿羅　どうぞ。

杉原　前文に次のようなところがあります。

日本国民は、恒久の平和を念願し、人間相互の関係を支配する崇高な理想を深く自覚するのであつて、平和を愛する諸国民の公正と信義に信頼して、われらの安全と生存を保持しようと決意した。

この言語の「日本国民」は「われら日本国民」となっておればいちおう問題はなくなるん

ですが、「日本国民」は「われら」とは別の者と見ることができます。そうすると、「われら」というのは、この憲法を押し付けた「アメリカ国民」とも読めるわけです。そうすると前文のこの文言は次のような意味になります。

日本国民は、恒久の平和を念願し、人間相互の関係を支配する崇高な理想を深く自覚するのであつて、平和を愛する諸国民の公正と信義に信頼して、われらアメリカ国民のための安全と生存を保持しようと決意した。

またこんな例もあります。第七条第四項に「国会議員の総選挙」と書いてありますが、衆議院と参議院の選挙を、両方とも「総選挙」と規定しています。しかし、参議院の方は、半数ずつ選挙するのだから、総選挙ではありません。これは、総司令部が作った元の原案で、一院制になっていたのを、日本政府がいや二院制にしてくれと求め、それを総司令部が受け入れたために、一院制を想定してできた元の文章が、うっかりそのまま残ったものです。

天皇の国事行為として、外国から国賓が来たときに接遇するなどと書かれていますが、諸外国の大使が信任状を奉呈するときに受け取られるのは、国事行為として載ってないんですね。要するに記載漏れがあり、杜撰な憲法だということですね。

内容に関わりますが、うっかりして記載漏れしたものに重要なものがあります。国家の緊急事態に対する条項ですね。現憲法のもとでは、大型の天災や疫病の流行をはじめとして、政府が非常事態に直面したときに、緊急に対応しなければならないのにもかかわらず、その規定が欠如しています。

吉田茂は占領末期、憲法改正にどう対応したのか

阿羅　現行憲法はにわか仕立ての借り物憲法であることがはっきり分かってきました。それなのに改正できないのは何ということでしょうか。

杉原　それは占領終結時の憲法改正の問題ですね。

阿羅　〈第三章　吉田茂と安全保障の問題〉で見たように、昭和二十五年（一九五〇年）六月、ダレスが来て再軍備をしろと言っているのに、憲法第九条の条文を盾にして再軍備をしなかった。このとき吉田は芦田修正を踏まえれば再軍備できるのに再軍備をしなかった。〈第四章　吉田茂と「九条」解釈の問題〉のところでも杉原さんが言っていたように、芦田修正の意味については気がつかない振りをして、第九条は軍備を禁止していると主張した気配がある。

しかし、日本が占領を解除されて再び主権国家、独立状態になれば、軍事力を備えるように憲法を改正するのが吉田の最後の仕事だった。だが吉田は憲法改正に向けていささかも動こうとはしなかった。

杉原　昭和二十六年（一九五一年）九月、サンフランシスコでサンフランシスコ講和条約を締結した帰りの飛行機の中で、占領下でたえず吉田を支えた白洲次郎は吉田に「使命は終わった」と繰り返し、引退を勧めます。白洲としては講和となり独立するとともに政治情勢は一変し、公職追放が解除されて大物政治家が復帰、熾烈な勢力争いの中で吉田は血みどろになることが見えている。そして独立後の方針は本来として他者に任せるべきだという考えもあったろう。そのうえ、吉田に向かって諫言できるのは自分しかいないとも思ったのでしょう。このとき、癇癪持ちの吉田は怒りもせず黙って聞いていたようですが、結局、この引退勧告は受け入れず、首相を続けます。日本をこれからどうしていかなければならないと確固とした信念もあったようには思われないから、結局は、首相の椅子の坐り心地のよさに、居坐り続けたわけですね。当然、人気は下がり、批判はけたたましく起こってきます。最後は昭和二十九年十二月、とうとう引き摺り降ろされるようにして辞任させられます。

白洲はといえば、あれだけ吉田に尽くした人ですが、占領が終わって以降、吉田の前に自分からは顔を見せなくなります。

阿羅　吉田が首相の座を降ろされるときの様子をもう少し話しておきましょう。

昭和二十九年十一月二十四日、自由党の反吉田勢力と日本自由党及び改進党が日本民主党を結成します。三十日に国会が召集され、十二月六日に野党は内閣不信任案提出を決めます。可決は不可避で、首相公邸では七日早朝から党の首脳会議と閣議が開かれます。吉田は解散を主張するのだけれども大義名分はなく、仮に解散しても吉田の不人気から敗北は明らかで、党も内閣も総辞職しろという意見が多数を占めます。

吉田は首脳会議と閣議の席を行ったり来たりして解散を主張していましたが、二度目の首脳会議に向かった後、閣議の方には戻らず自室に閉じこもったままでした。

閣議は休憩となり、吉田不在のまま党の首脳会議は総辞職を決め、遅れて閣議でも緒方竹虎副総裁が総辞職を決めます。このとき吉田はまったく顔を見せず、公邸から大磯の私邸に向かってしまう。考えられない非常識な行動です。総辞職という重要な任務を放棄したということです。

杉原　そこまでして、首相の座にしがみつく理由について、後年何も言っていません。何としてでもこれを実現しておきたかった、という政策に関する言辞もないですよね。これはやはり、先ほど言ったように、ただ首相の椅子の心地よさに、酔い痴れてそれだけで執着したというよりほかはないでしょうね。

この対談本では、吉田の人格非難をするためのものではないけれど、こうした吉田という人格のもとで、日本の憲法改正がなされなかったということは不幸でしたね。

憲法改正を容認していた当時の日本国民

杉原　そうだ。もう一つ大切なことがあった。当時、吉田は再軍備は国民も支持しないというようなことをしばしば言っていたけれど、しかし昭和二十五年（一九五〇年）六月二十五日、朝鮮では朝鮮戦争が始まった。日本は海に囲まれていて、すぐに飛び火する恐れはなかったものの、戦争は再び起こりうるということを日本国民は如実に知った。だから当時、国民の世論は、決して再軍備反対ではなかった。

阿羅 そうです。

杉原 〈第三章　吉田茂と安全保障の問題〉では『朝日新聞』の世論調査を紹介したから、ここでは『読売新聞』の世論調査を紹介しますね。昭和二十五年十二月二十二日の『読売新聞』に発表された「再武装是か非か」をめぐる世論調査では「日本は軍隊を持つべきだという意見がいわれていますが、どう思いますか」の回答は次のようなものであった。賛成四三・九パーセント、反対三八・七パーセント、わからない一七・五パーセント。

『朝日新聞』の世論調査についても、もう一つ紹介しておきます。講和条約が締結された後の昭和二十六年九月二十日の『朝日新聞』に発表された世論調査では、「『日本も講和条約ができて独立国になったのだから、自分の力で自分の国を守るために、軍隊を作らねばならぬ』という意見があります。あなたはこの意見に賛成されますか、反対されますか」という質問に対して、実に賛成が七一パーセントだった。反対一六パーセント、わからない一三パーセント。

これは、真剣に取り組めば明らかに、憲法改正は可能だったということを物語っています。

吉田茂が占領終結前にできなかったとしても、占領の終結後、つまり主権回復直後でもよいから、憲法改正を試みるべきだった。

占領終結前でも、すでにマッカーサーへの遠慮も必要はなかった。朝鮮戦争が勃発し、めでたく講和が成った段階で、マッカーサーは退任し、アメリカに帰っていたのであるから、憲法改正は喫緊不可欠の課題だった。

阿羅　まさに憲法改正の好機にあえて対応しなかった。そしてこのとき憲法改正をしなければその後どんなことが起こるか想定する能力が欠如していたと言わざるをえません。

憲法改正に取り組んだ人たちはたくさんいました。例を挙げると、昭和二十七年春、芦田均は再軍備促進運動を起こしています。講演会を全国で開き、国民の関心をさらに喚起しようというものです。この運動には元衆議院議員で東京大学教授でもあった渡辺銕蔵たちも加わりました。大阪の中の島公会堂で開かれた講演会では前代未聞の六千人が集まり、四壁から演壇際まですし詰めという盛況でした。仙台の公会堂でも三千人が集まり、会場外まで聴衆が溢れました。世論調査の数字を裏づけています。

芦田の運動に対して共産党側からの妨害が当然のように起き、大阪では数百名の共産党員が会場を襲撃するという情報が警察に入っていましたし、会場では三〇〇人の共産党員が弥次で妨害します。芦田均は危険だから裏口から出るようにと言う世話人の心配をものともせず表から出ます。仙台でも妨害は激しく、公会堂の外では二〇〇名の武装警官が警備するほどでした。会場では前の十数列と左右の三列の最前列から最後方まで東北大学の学生が占領し、インターンを歌って演説を妨害します（渡辺銕蔵『反戦反共四十年』自由アジア社一九五六年）。このようなことですから芦田均や渡辺銕蔵は決死の覚悟でした。アメリカにすべて任せて事足りるとする吉田と雲泥の違いです。

吉田は国家地方警察本部企画課長の海原治に「独立国である以上、軍隊が必要なのは当然だ、ただ、芦田君が再軍備を言っているので私からは言わない」と語っていますし、昭和二十六年二月に社会党の鈴木茂三郎委員長に再軍備反対で頑張ってくれと激励しています。吉田は世論にしたがわないばかりか、世論を抑えるための工作もした。

結局、吉田は物事が見えず、首相の能力としての責任感を持っていなかったということになります。

第七章　吉田茂と韓国の悲劇

李承晩によって始められた激しい反日教育

阿羅　吉田と韓国の問題に入りましょう。現在、日韓関係は悪化の一途を辿り、心ある日本人や、あるいは韓国人の中にも現在の日韓関係を残念に思っている人はけっこういるでしょう。

　この日韓関係の悪化を少しでも食い止める機会があったのに吉田はその機会を生かさなかった。簡単に言えば潰してしまったと言えると杉原さんはいつか話していましたね。

杉原　話しました。

阿羅　日韓昭和関係は歴史的文化的に厳しいものがあり、吉田がどれだけ止められたか分かりませんが、もう一度詳しく。

杉原　このよくない日韓関係には確かに、歴史的文化的なものがあり、簡単に言えることではありませんが、現在の悪しき日韓関係は、戦後、韓国社会の中で行われた反日教育によるところが大きいですよね。これがあまりに激しく行われて、現在は自家中毒に陥っていると言えるんですが、この反日教育は戦後、韓国が一九四八年（昭和二十三年）八月十三日に建国されて以来の初代の大統領李承晩大統領によって始められたものです。その李が日本との融和を考えたことがあるんですね。

阿羅　一九五三年（昭和二十八年）に日本を訪問して吉田と会ったときですね。

杉原　そうです。李承晩は一九四八年（昭和二十三年）十月にも日本に来ていますが、それは大統領になったばかりで、マッカーサーと会うためでした。だけど、一九五三年（昭和二十八年）一月五日から七日にかけて三日間、日本を訪問しているんですが、それは吉田に会うためでした。

クラークが親切に仲介の手を差し伸べる

杉原　このとき、連合国最高司令官はマッカーサーの後任の、マシュー・リッジウェイの後を受けて、一九五二年（昭和二十七年）五月に就任したマーク・W・クラークです。

このクラークが日韓の冷たい関係を心配して、吉田との間を取り持つんですね。そして二人は東京で会うんですが、しかし吉田がせっかくのこの機会を台無しにしちゃうんです。

阿羅　吉田は李承晩を嫌っていましたから、やりそうですね。

杉原　時の状況は、すでに昭和二十七年一月十八日、一方的にいわゆる李承晩ラインが敷かれました。そして日本の漁船の拿捕、そして漁師の抑留が始まっていました。そうした中で、クラークは日本と韓国の対立を和らげようとして仲立ちを試みたんです。

阿羅　杉原さんの言うそのクラークの話、日本ではあまり知られていませんね。

杉原　クラークが一九五四年（昭和二十九年）に書いた回想録『ダニューブ河からヤルー河へ』（*Mark Clark, Fromthe Danube to the Yalu,* Harper & Brothers Publishers,1954）という本で書いています。ダニューブ河というのはドナウ川のことで、ヤルー河というのは、鴨緑江のことですね。

つまり、彼は第二次世界大戦中はヨーロッパ戦線で活躍しており、リッジウェイの後を受けて連合国軍最高司令官、朝鮮戦争では一九五三年（昭和二十八年）七月二十七日の朝鮮休戦協定の調印までその地位にいます。

この対談は重要なところでは資料を紹介しておこうという意味もありますから、この本から参考になるところを直接、引用紹介しておきましょうね。以下、クラークの記すところです。

私は、李と吉田茂首相との直接話合えば、両国の利益、ひいては我が国アメリカの利益になるような漁業協定に道が開けるかもしれないと思った。

李は私との個人的関係では常に礼儀正しく、韓国では釣りをしに行こうと私を社交的に招待してくれたこともしばしばであった。彼は、私が釣り好きであることをよく知っていて、韓国の釣りは素晴らしいと激賞していた。彼と和やかに過ごすことができるような計画が何回かあった。しかしその度に何か危険なことに見舞われたり、天候に阻まれたりして計画をキャンセルしなければならなかった。しかしながら私は、そうした度重なる招待のお陰で、大統領に日本に来て我々を訪問したらどうかと示唆することができた。私の妻と私は李夫妻を東京の私邸に客人として迎えたいと彼に伝えた。私は何回かソウルを公式訪問した際、このような招待を彼に繰り返した。しかしその度に大統領は日本に対する反感があるので招待を受ける意向はないという感じを受け取った。

したがって一九五二年十二月二十日、大統領が休暇中に東京で私を訪問したいという書簡を受け取ったときには驚いた。私はこれを歓迎すると告げ、彼は私と妻の個人的な客人であることを再度強調した。

加えて、「あなたの来日によって、あなたと日本の政府要人とが相互の問題を非公式に話合う機会が得られると思う。そのような出会いは結果的に関係者に有意義に働くことになると思う」と彼に言った。

李は私の意図を正確に理解し、いかなる罠にも近づくつもりはないことを返信に書いて明らかにした。

すべてこれは社交的性質のものであり、日本人官公吏と会合するよう期待して調整されているかもしれないが、そのような会合は私の訪問の目的ではない。これは単にあなたとあなたの奥様を友好的に訪問するのであり、政治的意味合いはないことを明言したい、と。

うわべは政治的論議にはしない。そういうことで李が一九五三年一月五日から七日まで東京の私を訪問することで同意を得た。

吉田は、李の訪問の知らせを受けたとき、歓迎の意を表明した。そこで吉田は李のために夕食会に招待しようとした。そうしたら、李が断るんですね。親しくつきあうような交際にしたくないと言うんですね。ここまではいちおう李が悪い。しかし、李とて、懸案の漁業問題など解決したいと思っている。だから非公式に会い、懸案事項の話し合いには応じたいと思ってそのために、日本訪問を決意していたのだ。

吉田茂の冷淡な対応が日韓関係改善の機会を潰す

杉原　そこで、来日の二日目にクラークの自宅の書斎でお茶を飲みながら、李と吉田は会うことになった。そのところをまたクラークの回想録から引用しておきますよ。マーフィーというのは、占領解除後に赴任した駐日アメリカ大使です。

来日二日目の午後、我々は本来の用件の仕事に取り掛かった。李、吉田、外務大臣の岡崎勝男が、そして占領終結後の駐日大使となることになっていたマーフィーと私とが同席して我が家の書斎に集まり、お茶を飲みながら話をした。李は私を驚かせた。彼はあまり友好的な雰囲気ではなかった。彼は韓国と日本の冷え切った関係について率直に発言し、これを改善する方法や方策が見つかることを希望していると述べた。彼は漁業問題にそのままストレートに入った。韓国は貧困に見舞われ、生活は漁業に依存していると強調した。そして彼は私が前に示した提案を取り上げ、日本の漁業組合の代表者が韓国で彼に面会し、彼が理解している問題を詳細に説明することができれば、それはよいアイディアだと言った。数回にわたり李は、日本は豊かな大国であるので、小国である韓国に対してより寛大な態度を示すことができるだろうと強調した。このようなタイプのアピールの仕方は東洋では稀なことではなかった。

李は、時おり日本に対して無遠慮なもの言いをするけれども、実際は友好的精神によって動いていることを認めていた。

ボブ・マーフィーと私は、我が国が友好的な日韓関係に賛同していることを明確にした後、その話題にはあまり触れなかった。我々がこの会談に影響を及ぼすような発言をしていると誤解されないように心がけたのだ。

不思議なことに吉田はほとんど発言しなかった。しかし、李の一人舞台のような会談の終わりに吉田は、忍耐の美徳はどんな問題解決にも不可欠であると、不可解な発言を最後に残した。吉田は李のありのままに言う言い方は困難な交渉において解決の糸口になると見なした。

李の明らかに融和的な口調に乗せられたくないとしながらも、李の来日が終わるころまでには、漁業問題解決ばかりでなく折衝や日本の労働問題に関しても状況は好転したように見えた。日韓両国の新聞は好意的な論説を発表し、関係改善が十分に論議されたと、私には思えた。

この会合の感想について、李はクラークに手紙を出している。そのことについてクラークは次のように述べている。

李も懸念を残さなかった。日本を離れた五日後、彼は私に手紙を書き、「日本の首相と外務大臣と友好的雰囲気のうちに同席でき、冷静に会談ができたことを喜ばしく思う」と記した。

李は、「彼らは意見を述べることを控えたが、ある程度我々の話を聞いてくれ、何かしら考慮してくれるだろうと信じる」と記した。

しかし、その後が悪かった。明らかに非は吉田にある。

その後まもなく、私はある信頼すべき情報筋から、日本人には返礼訪問の意図があるという感触を得、私が適切な時期について李に打診するように依頼された。このような場合、私はたとえ私の命令によるゲストであっても、第一に韓国の元首の了解なしに日本の代表者を韓国に送るつもりはなかった。

私は、非公式な会話の端でこの問題を話題にした。彼が日本の高官をソウルに訪問させたいと思うかどうか訊ねた。李は慎重に返答した。誰を寄越すのかと訊ねた。ひょっとして外務大臣岡崎がソウルを訪問するように考えているのかもしれないと伝えた。

李は黙って私を見つめていた。私はこれまでに彼をよく知り、彼の言いたいことは何かを理解した。そこで直截に問いかけた。

「大統領、あなたは、誰かが訪韓するのはよいが、外務大臣では高官ではないというような印象を示されていると、そういうように私は受け取ってよいですか？」

李は最も遠回しの言い方で、返答をしたが、もし誰か政府官僚が日本からやってくるとするならば、それは少なくとも首相でなければならないと李が強く主張していると、私は疑いもなく分かった。いろいろな面で李は忍耐をした。もし日本の首相が彼を訪問するためにソウルに行くことになったとしたら、それは長年の夢を実現することになったであろうと私は確信した。

岡崎の訪問の提案は実現せず、他にも日本の政府官僚はソウルを訪問することはなかった。

日本人漁業関係者が幾人か韓国に行き、韓国政府と漁業問題について話し合った。しかし行っただけのことだった。私が極東を去ったときには、漁業に関しては両国は膠着状態のままだった。

本来、李大統領は、日本に対して憎悪の感情が滾っている人物だった。しかし、それでも日韓の関係が、このときのような状態であってはならないと思い、クラークの申し出を受けて我慢に我慢を重ねて日本を訪ねたんですね。

これに対して、吉田は対等の返礼をしようとしなかった。自分は韓国に行きたくない、だから外務大臣の岡崎勝男に行かせようとしたということでしょうね。

阿羅　意識の上では韓国を貶めるつもりではなく、単に李承晩は嫌いだから自分は行きたくないという感情を優先したのでしょう。第一章で述べた奉天時代の吉田と同じでしょうね。

杉原　そうでしょう。張作霖に対する対応と同じですね。李からすれば、韓国の側からすれば、大統領が屈辱に耐えながら我慢に我慢を重ねて日本を訪問したのに、日本の側からは首相が来ず、格下の外務大臣が来る。プライドの高い李として、怒り心頭に発するということになるでしょうね。

阿羅　李は韓国国民にけっして信頼された大統領ではなかったし、韓国の反日姿勢は歴史的、文化的なものがあるから、ここで吉田との会談がうまくいっていたとしても、その後、韓国が親日国家になっていたかどうかは分からないのではありませんか。

杉原　そうとも言えます。李はけっして優秀な政治家とは言えなかった。そして韓国国民の信頼を勝ち取ることはできていなかった。しかしそれでも日韓問題を何らか解決しようと日本を訪ねた。だから韓国の元首として李に対して日本側は丁重に対応すべきだった。

阿羅　確かにそうです。

李承晩は反共の闘士として自負していた

杉原　政治家李は反共の盟主の一人としてプライドを持っていた。

彼は、蔣介石と吉田と三人との間で反共の同盟を結び、その盟主のような役割を果たしたいという野望を持っていた。蔣介石とは一九四九年（昭和二十四年）、蔣介石が韓国を訪れたときに会っている。そして一九五三年、休戦協定が締結されたとき、台湾に飛んでまた蔣介石と会った。そういうところを上手に活用して三者の関係を強化していけば、韓国はあれほどの反日国家にならなくてすんだのではないでしょうか。もしかしてひょっとすれば、反日教育だって止めたかもしれない。そして李承晩ラインを撤回し、竹島も返還した可能性もある。そうすれば、日韓関係は、絶対に今日のようなことにはならなかった。そう言っていいのではないでしょうか。少なくとも今ほどのことにはならなかった、と。

　吉田が返礼訪問をしないことが分かって、李はいっそう反日感情が高まり、その後李承晩ラインに関わる対応はいっそう厳しくなります。そして反日教育はいっそう徹底したものになります。

阿羅　さらに言うと、その反日教育は、昭和四十年、朴正煕大統領のもとで日韓基本条約を結んだ時点で止めさせておくべきでした。そして竹島問題も解決しておくべきでした。その後の日韓関係を考えると、日韓基本条約を結んだとき、竹島を返還し、領土問題を解決しておくべきだった。

杉原　隣国韓国との長いつきあいを考えれば、まさに言われる通りです。日韓基本条約締結は、日韓の関係を改善する大きな契機となるものでしたから、そうすべきでした。しかしそのようなことを洞察する能力は、日本側の外交関係者にはありません。愛国心がないからです。

　でも、この問題はここでは止めておきましょう。

　そこでね、李承晩大統領と吉田首相の会談で言っておくべきことで、残っていることは次のことです。

　この会談が行われているとき、すでに李承晩ラインに引っかかって拿捕された漁船や、収容された漁民がいた。収容された漁民は韓国で、韓国の囚人以上に辛い目に遭っていた。李が訪日するということは、李としてはそのような漁民の問題などは解決する肚であったはず。吉田が李大統領の訪問に丁寧な返礼をしておれば、解決できていたはず。だけど、吉田にとっては、そうした漁民たちの苦しみはまったく顧慮の外だった。吉田はその努力をポーズとしてもしなかった。吉田らしいところがよく出ています。現在の例でいえば、拉致問題で、下の者は動いているでしょうが、安倍首相自身は金正恩は嫌いだと言ってまったく動こうとせず、関心の外に置いたままだったらどうしますか。もしそうならば安倍首相を許せますか？

第八章　吉田茂と歴史の偽造

昭和天皇のマッカーサーへの謝罪はあった

阿羅　それではいよいよ〈第八章　吉田茂と歴史の偽造〉です。

杉原　吉田を論じるに当たって不可欠な章ですね。ところが、この「歴史の偽造」を論じる論者は少ない。

阿羅　杉原さんは第一回の昭和天皇とマッカーサーの会談のときから吉田の歴史の偽造が始まっていると言っておられますね。

杉原　そうです。その大要は私、杉原の『日米開戦以降の日本外交の研究』（亜紀書房一九九七年）で論じています。

阿羅　問題は第一回会談のとき昭和天皇が戦争責任を認めて謝罪したのかどうかということですね。

杉原　現在でも、外務省の公表した会談記録や、平成二十六年に宮内庁より発表された「昭和天皇実録」でもこの発言を示すものはなく、公の記録ではいまだあったとは言えない状況になっています。でも、周辺の記録には出ており、前後の関係から確実にあったと言えます。

阿羅　あったという説の中で一番有名なのはマッカーサーの回想録。昭和三十九年（一九六四年）『マッカーサー回想録』（朝日新聞社）として日本で出版されてますね。

杉原　マッカーサーの回想録の中のこの発言そのものは、それ以前の昭和三十年にマッカーサーを訪問した外務大臣重光葵がマッカーサーから直接聞いています。その年の九月十四日の『読売新聞』への寄稿によって紹介されたのが最初のようですね。

しかし、重光が紹介したときにも、マッカーサーの回想録が出たときにも、もちろん外務省は口をつぐんでいたし、昭和五十年児島襄によって公表された、通訳を務めた奥村勝蔵が書いたとされる会見記録でもなかったし、平成十四年に公開した外務省の「公式記録」にもなかったので、この謝罪発言はあったのかなかったのか、公式には断定しかねる状況にありました。昭和天皇は昭和五十二年の記者会見でも、そのことはマッカーサーと内容は外にもらさないと約束したので話せないと言って明かされなかった。

しかし、現在は歴史家の秦郁彦氏が見つけ出したところの、この第一回の会談のあった一か月後の昭和二十年十月二十七日、日本に来ていた総司令部の政治顧問代理のジョージ・アチソンの記録で、判明していると言ってよい。アチソンは、マッカーサーから聞いた天皇の発言について、次のように打電していた。

　天皇は握手が終ると、開戦通告の前に真珠湾を攻撃したのは、まったく自分の意図ではなく、東条のトリックにかけられたからである。しかし、それがゆえに責任を回避しようとするつもりはない。天皇は、日本国民の指導者として、臣民のとったあらゆる行動に責任を持つつもりだと述べた。

阿羅　これで天皇の謝罪発言はあったということは確かなことになります。

杉原　そうです。だとすれば、公式の記録で削除されたのではないかということになります。

昭和天皇はなぜ謝罪しなければならなかったか

阿羅　それにしても昭和天皇が謝罪しなければならなかったのはなぜですか？

杉原　その「なぜ」が大切なんです。

要はですね、この昭和天皇とマッカーサーの会談のあった九月二十七日の二日前の九月二十五日、昭和天皇は『ニューヨーク・タイムズ』の記者のクルックホーンに会い、彼に対し、日本海軍が真珠湾を攻撃し、それが「騙し討ち」になったことに対し「陛下ハ東条大将カ宣戦ノ詔書ヲ使用セル如ク之カ使用セラルルコトハ予期シテ居ラレマセンテシタ」と回答を出していたんですね。

このとき、真珠湾「騙し討ち」が本来は「最後通告」を攻撃開始の三十分前に手交すべきだったのに、当時のワシントンの日本大使館の事務失態で約一時間半遅れ、攻撃開始後、約一時間後に手交し、そのために形のうえで「騙し討ち」になったことに対し、なぜそういうことになったのか、昭和天皇はその真相を知らず、東条が計画したものとして東条の名を出したのです。

日本の天皇制で、責任を臣下に押し付けて、天皇の責任を免れることは許されない。しかし「騙し討ち」は天皇の名のもとに日本の国家全体の計画として行ったものではないことを明らかにしておかなければならない。そのため、やむをえず東条の名を出さざるをえなかった。

しかしそのように発言して説明すれば、外から見れば天皇は「騙し討ち」の責任逃れをするためにした発言のように聞こえてくる。そのことは昭和天皇として、最も忌避しなければならないことです。

占領が始まった当初、占領軍の素朴な疑問は、日米開戦へ至る真の経緯は誰にもよく分かっていない状況のもとで、日本はアメリカに勝てるわけがないのになぜアメリカに戦争をしかけたのか、しかもアメリカ国民が怒り狂うように「騙し討ち」などをしたのか、どうしても納得のいかないことでした。

したがって、昭和天皇は、マッカーサーに会ったとき、一番に言ったのは、「騙し討ち」については、東条のしたことで、天皇としては知らなかったと言わざるをえなかった。しかし、それが天皇の責任回避の発言であってはならない。そこでそれに続けて、マッカーサーが回想録で言うところの次のような発言があったのです。

私は、国民が戦争遂行にあたって政治、軍事両面で行ったすべての決定と行動に対する全責任を負うものとして、私自身をあなたの代表する諸国の裁決にゆだねるためおたずねした。

昭和天皇が、マッカーサーに向かって、東条の名を出して「騙し討ち」の説明をしたことは、先ほど触れたアチソンの電報の中にも書いてあるし、そしてクルックホーンにそのような回答をしたことは、平成八年、成城大学教授有山輝雄氏が「高松宮ファイル」の中から見つけた史料からも分かった。

外務省はなぜ昭和天皇の謝罪を隠さなければならなかったのか

阿羅　そのことがどういうような問題になるわけですか。つまり外務省はなぜ昭和天皇の謝罪の発言を隠さなければならなかったんですか。

杉原　考えてみてください。当時戦争が終わったばかりで占領軍は、原爆を投下した理由も、真珠湾の「騙し討ち」を真っ先に挙げていた。

阿羅　東京裁判の準備が進められていたときもそうでしたね。マッカーサーは東条内閣の閣僚だけを裁こうとしましたから、真珠湾を「騙し討ち」した内閣だと言って。

杉原　実は、あの日米の戦争中、日本の将兵や一般国民も日米開戦が「騙し討ち」で始まったことを知らなかった。そしてそのことでアメリカ国民があれほど怒り、報復感情に燃え、その感情のもとに、原爆を投下したことを知らなかった。

そんなところで、ワシントンの日本大使館の事務失態で「騙し討ち」となり、そのことが原爆投下にも繋がる原因となったことが、日本国民の知るところとなれば、外務省はひょっとして、軍部以上に非難にさらされ、解体さえ免れなくなる。占領軍は当初、外務省の解体も計画の一部に持っていたわけだから、日本国民の外務省に対する非難とともに、ひょっとして本当に解体になっていたかもしれなかった。

だから、外務省にとって、この失態の原因は何が何でも隠さなければならなかった。しかし、アメリカ軍及びアメリカから来た新聞記者たちは何ゆえ「騙し討ち」までして無謀な戦争をしかけたのか問うてくる。それは止められない。

そこで、天皇もそうした質問を受けて答えざるをえなかった。外務省が作った回答は、東条がそのようにしたというものだった。その真相をまったく知らなかった昭和天皇は、外務省の用意した回答書のままに、真珠湾の「騙し討ち」は東条がしたと答えざるをえなかった。

しかし、それが天皇の責任逃れのための回答ではないことを明らかにするため、昭和天皇はすべての責任は自分にあると謝罪したのです。

吉田茂によってこの歴史の偽造はなされた

阿羅　それを仕組んだのが吉田だと杉原さんは言うんですね。

杉原　そうです。吉田は昭和二十年（一九四五年）九月十七日、重光葵の後を継いで外相となります。そして彼の初仕事は、この外務省の責任を隠すことだったのです。

当時、「騙し討ち」の事実とその問題の本質を知る者は、外務省の中でもほとんどいなかったと思われます。そこで、吉田はこの秘密をまずは外務省の中で隠さなければならなかった。とすれば、「騙し討ち」のあったという事実も、外務省の中で知る者がほとんどいないような状況にしなければならない。だとしたら、この真珠湾問題が必ず語られる昭和天皇とマッカーサーの会談の通訳を工夫しなければならない。

そこで考えられたのは「騙し討ち」の直接の原因を作った者を通訳にしておけばよいということになる。つまり、真珠湾攻撃の始まる前日に「最後通告」をタイプすべきなのに、遊びに出かけ、そのためにタイプが遅れ指定時間通りに手交できなくした張本人、奥村勝蔵を通訳にすればよい。そうすれば話は外務省の中でも広がらなくなる。

阿羅　ということは、奥村勝蔵が昭和天皇とマッカーサーのこの会談の通訳を務めたということですね。

杉原　そうです。奥村は、自分がその失態の直接の責任者なのに、かの「騙し討ち」は東条がしたという昭和天皇の言葉を英訳してマッカーサーに伝えていたのです。
奥村は二日前の天皇と『ニューヨーク・タイムズ』記者クルックホーンの会見のときも通訳を務めていました。

阿羅　奥村も必死だったんですね。

杉原　いえ、奥村は必ずしもそうではありません。奥村を通訳に指名したのは吉田です。吉田は、この外務省の許しがたい責任問題を、国民の目から隠そうと決断したんです。そしてそのために、まず、外務省内と天皇に向けて「騙し討ち」の真相とその問題を分からないように図ったのです。そのために、吉田の方から、奥村を通訳に指名したのです。

阿羅　それで、昭和天皇とマッカーサーの会談の真珠湾の問題と天皇の謝罪の部分の記録は公式なところからは消されたわけですか?

杉原　そうです。吉田は外務大臣になって、まずしたことは、日米戦争で最も重要な責任問題を自分の出身の外務省の問題であるがゆえに、それを国民の目から見えないように隠したんです。つまり、歴史の偽造ですね。

阿羅　「騙し討ち」の責任の張本人の奥村がその歴史の真実を隠すために役割を果たしたということになりますね。

杉原　確かにそうは言えます。しかしこのときの奥村の行動は自分が言い出したものではありませんし、吉田に通訳をしろと言われ、やむをえずやったところがあります。このときの奥村の行動は、後に述べる外務次官就任と比べれば、それほどまだ罪はないと思っているんです。

というのは、一介の外務省の職員として、通訳を命じられれば、通訳を務めざるをえません。それに、先ほど述べたような、昭和天皇とマッカーサーの第一回会談の重要な部分の削除については、奥村が単独にしたことではないでしょう。上から命令があったでしょう。だから直接には通訳の奥村の責任ではない。

責任はあくまでも吉田にあります。それに奥村はですね、大っぴらではないけれど、天皇とマッカーサーの間に、このような重要な会話があったことは、後に、呟くように漏らしている。だから、隠すことに自ら積極的な役割を果したのではない。

東京裁判でも真珠湾「騙し討ち」の事務失態の話が広がらないように試みた

阿羅　それでこのときの究極の責任者は吉田であると？

杉原　そうです。吉田は、昭和天皇がマッカーサーにどうしても説明しなければならない真珠湾の「騙し討ち」の問題について、その直接の原因であるワシントンの日本大使館の事務失態について、まずは外務省の中で広がらないようにしなければならなかった。そのためには、その原因を作った張本人に通訳をさせればよい、吉田はそのように考えたんですね。

その後、「騙し討ち」の問題は東京裁判で問題になります。当然、日本としては「騙し討ち」

は計画的なものではなく、ワシントンの日本大使館内で起きた事務失態であることを当時の関係者を招請して、証言させる必要があります。

当然、一番ふさわしいのは奥村勝蔵、またはその上司で、「最後通告」手交の前日、緊急態勢を敷けと本省から指示が来ているのにもかかわらず、奥村のように外に遊びに行かせるような弛緩した状況のままにした参事官の井口貞夫。

吉田は、これら直接の関係者が証人として出て、反響が大きくならないように失態当時、本省よりワシントンの日本大使館に臨時に派遣されていた一等書記官の結城司郎次に証言させます。

結城の証言には積極的な嘘はありませんが、いかに重大な問題を引き起こしたかという本質の問題については触れないようにして淡々と説明しました。

実は、日本国民はこの結城の証言によって、日米戦争は真珠湾の「騙し討ち」によって始まったことを知るんですが、それは東京裁判の中であって、当時東京裁判で出たことは、検閲の関係で淡々と報じるだけでしたから、日本国民が改めて外務省を糾弾することのできず、そのまま放置されました。東京裁判を主導した連合国、特にアメリカとしては、その「騙し討ち」が計画的なものでないことが分かれば、それ以上追及しなければならない動機はありませんから、東京裁判においてこの「騙し討ち」の真相が公になったからといって、それ以上の追及はありませんでした。

結局、日本国民としては、「騙し討ち」の事実のあったことは東京裁判によって分かったけれど、このことの持っている本質の問題は何なのか、外務省はいかに責任が問われるべきかは、不問に付されていくわけですね。

真珠湾「騙し討ち」の事務失態の責任者が事務次官に

阿羅　日本にとって決定的なミスを犯した井口貞夫と奥村勝蔵が、その後、占領の終結の前後に外務次官に任命される。このことも当然……。

杉原　そうです。阿羅さんの思われている通り、吉田の責任です。井口は戦後公職追放に遭うのですが、昭和二十五年（一九五〇年）十月十三日に追放解除となって信じられないことに、昭和二十六年一月三十日に吉田外務大臣兼務のもとで、いきなり外務次官になります。

そして、同年九月八日のサンフランシスコ講和条約締結のときには、吉田首相の随行員として同行するんですね。そして占領が終って昭和二十七年五月十日、新しい次官が就任するまで外務次官を務めるんです。

井口がサンフランシスコ講和条約を結ぶに当たって、仮に素晴らしい仕事をしたとします。実際はどうだか分かりませんが、たとえ素晴らしい仕事をしたとしても、日米戦争をして原爆投下にまで続く激しい戦争にしてしまった原因を作った張本人が、外務省の最高官職に就くのはおかしいでしょう。

阿羅　よく就任できましたね。

そのことに加えるとするなら、通告が遅れたことは統帥部の作戦から見ても大失態と言えるかもしれません。

アメリカとの戦いが現実のものとなったとき、統帥部で作戦が検討されましたが、日本がアメリカまで攻め込めてその首根っこを押さえることは考えられませんでした。しかし戦うには勝利を得なければなりませんし、勝利の場面を想定しなければなりません。それではどうして勝利を得るかといえば、まず南方要域を占領して重要物資を確保する。そのうえで蔣介石とイギリスの屈服を図り、それによりアメリカの戦争継続意欲を喪失させるという段取りです。蔣介石政権が倒れ、イギリスが敗れたなら、アメリカに厭戦気分が起きるだろうという予測です。政府大本営連絡会議は昭和十六年十一月に「対米英蘭蔣戦争終末促進に関する腹案」を決めますが、このことが明記されています。

しかし通告が遅れたことは「騙し討ち」と取られ、「リメンバー・パールハーバー」の合言葉でアメリカ国民を団結させ、日本に対する飽くなき戦闘意欲を掻き立ててしまいました。それで大きく描いていた日本の戦略は崩れてしまいました。

杉原　私は、たとえ三十分前に「最後通告」を手交し、真珠湾攻撃が無通告でなかったとしても、アメリカ国民の怒りは大きく、「対米英蘭蔣戦争終末促進に関する腹案」通りにはいかず、腹案自体が夢物語であり、日米戦争に対する考え方がもともと甘かったと思いますが、ここでは、吉田のことを問題にするから、日米開戦の問題はこれ以上は問題にしません。そして、井口のこともここでは問題として言いませんが、やはり何といってもそのような責任ある人物を外務省の最高職の次官に就任させる吉田の責任感覚です。

真実の歴史を残そうというステイツマンとしての責任感覚はいっさいなく、単に感情的に外務省の責任問題を隠そうとする吉田の判断の仕方。普通の日本人からすれば想像できませんよね。井口はその後、昭和二十九年三月一日から約二年間、駐米大使としてワシントンの日本大使館に赴任しています。

阿羅　奥村もひどいですね。

杉原　先ほど話に出たように、自分が「騙し討ち」を起こした直接の責任者でありながら、マッカーサーに「騙し討ち」は東条がしたと通訳した。

そこまでは職務命令としていたしかたなかったと思うんですが、奥村は、井口の後任で就いた一人の次官の短い期間を除いてその次に、昭和二十七年十月十七日から外務次官になるんですよね。原爆が落ちるところまで、あれだけ悲惨な戦争にしておいて、決定的な責任を持つ奥村が、たとえこのときの首相吉田茂や外務大臣の岡崎勝男の要請があるからといって、外務次官に就任するとはどういう神経をしているのだろう。やはり通常の神経ではないですよね。

奥村が積極的に働きかけて、このようなことが起こったわけでないから、奥村をこのように責めるのは気の毒のように思うんだけど、ともかくここに吉田、及び外務省の中に異常な感覚があるんだと思う。

奥村は、第一回の天皇とマッカーサーの会談の後も、会談の通訳を続けるんだけど、昭和二十二年五月六日の第四回のときの会談の内容を漏らしたとかで、外務省を去る。だけれど、この漏洩事件は実際には白洲次郎が漏らしたらしく、奥村には責任はない。にもかかわらず外務省を辞めさせられたのは、もしかすると、外務省にいては、東京裁判に証人として出なければならなくなるので、一時的に辞めさせられたのかもしれない。

いずれにせよ、奥村はそれ以後昭和二十九年三月一日、次の次官が就任するまで約二年半、外務次官を務め、昭和三十二年六月九日以降、三年と少しの間スイス大使も務め、その後も長く外務省顧問として外務省に影響を与え続けるんですよね。

真珠湾「騙し討ち」の責任を隠したことのその歴史的意味

阿羅　吉田がとんでもない人事を行ったということは分りました。そしてそうした人事が任命する方も、受けて就任する方も、国民一般から見て通常の神経では考えられないということも分かりました。

そのことが歴史にどういう意味を持っているのか。ないし影響を持ったのか。杉原さんの言わんとしていることは、私、阿羅としてはよく分かっていますが、ここで改めて言ってください。

杉原　こうした人事、起こったことは二つの意味、または影響があります。一つは、外務省が反省の機会を失い、戦後の日本で真っ当な道を歩むように出発できなくなったことですね。外務省は戦前にあっても、さまざまに反省すべき点がありました。そうした反省をすることができなくなりました。戦前の外交で最も大きな失態である「騙し討ち」の責任者を、外務省の最高官職である外務次官にするわけですから、外務省の中において、「騙し討ち」の事務失態を批判はできなくなり、反省どころではなくなります。この失態をどのように反省すればよいのか、その議論もできなくなります。そしてその張本人が外務次官に栄達するのを見れば、外務省の職員は、国民に対する倫理感を失っていくことにもなります。

そうした結果、外務省は外部に対しては、総力を挙げてこの失態の秘密を隠さなければならない立場に立つことになります。

とすれば、国民のための外交とは何かを考えられなくなり、したがって国民のための外交も展開できなくなります。つまりは反国民的で、最も能力の劣る官庁から脱することができなくなります。

韓国の慰安婦問題でも、世界に嘘が三十二年間振り撒かれているのに何も抗議せず、沈黙を続けるという、通常では考えられない外交を展開するのも、結局は戦後の外務省のこのような出発の在り方にあると言えます。これが二つの意味の中の一つです。

阿羅　分かるような気がします。もう一つ起こった重要な意味とは？

杉原　問われるべきもののもう一つの意味は、歴史認識を歪曲するということですね。日本国民の持つ歴史認識を歪曲するということは、日本国民のあるべき歴史認識から日本国民が外されるということですから、これほど非愛国的なことはありません。これは結局見られるべき歴史の事実を日本国民をして過去の事実の通りには見えないようにするということですから、結局は歴史を偽造するということですね。

歴史の偽造というと、歴史にあったことをないことのようにして、あるいは歴史にないことをあるようにすることですね。さらに広げていえば、あったとしても、他と比較して針小なことを棒大に拡大して認識させるようにすることで、結果として見られるべき歴史の事実を歪んで認識させるということですね。

日米開戦で外務省の負うべき責任は大きい

阿羅　話が少し難しくなりましたね。

杉原　いえね、外務省の話に戻して言えば、戦前の外務省は日米戦争に焦点を当てて考えてもずいぶん責任があります。

日米開戦については、軍部に責任があることも確かですが、外務省にも軍部に勝るとも劣らない責任があります。

振り返って言えば、例えば大正四年（一九一五年）の対華二十一か条要求も、日本の孤立を招き、日米対立の原因となった。昭和八年（一九三三年）には何ゆえに、国際連盟から脱退したのですか。昭和十三年（一九三八年）、何ゆえに「国民党政府を対手とせず」と交渉の窓口を自ら閉ざす近衛声明を出させたのか。日米開戦に当たっては、何ゆえに、アメリカ国民は戦争を欲していないことを分析しそれに合わせた対応をしなかったのですか。開戦の一年前にルーズベルトはアメリカ国民に「あなた方の子供を戦場に送らない」と不戦の誓いをしており、そのためにルーズベルトは日本を挑発して戦争に入ろうとしている可能性のあることを読み取れなかったのですか。日米開戦寸前に限って言っても、何ゆえにあの苛酷なハル・ノートを突き付けられたとき、そのハル・ノートをなぜアメリカ国民に公表してルーズベルトの妥協を引き出そうとしなかったのですか。日米戦争の開戦責任は、あえて言えば軍部以上に外務省に責任があるんです。

阿羅　少し言い過ぎでしょうが、言えなくはない。

杉原　しかしね、日米開戦にあって最も日本国民の目によって見つめられなければならないのは、やはり真珠湾の「騙し討ち」ですよね。その失態に関する外務省の責任を問われないようにしている外務省。そういう状況でどういうことが起こりますか。外務省の外交は、国民の名誉のためのものではなく、単に外務省のための外交になるではないですか。ということは、外務省職員のためのみの外交ということですよね。

外務省の重大な責任を隠しているんですから、中国との戦争も含めたかの戦争について、その真実の姿を踏まえてあるべき真実の外交を展開することができなくなりますね。

外務省は戦争責任を隠したため、かの戦争は軍部が引き起こした悪い戦争だとか言えなくなった

阿羅　それでどういうことが起こりますか?

杉原　逆に言いましょう。もしこうした外務省の戦争責任が十分に批判され、日本国民の誰もが知り、そのことが教科書にも書かれるようになっておれば、それは反省すべきことをきちんと反省した外務省として、真正に、国民のための外交が展開できるんではないですか。かの戦争について日本側にあった言い分も率直に言える外務省になっていたのではありませんか。

かの戦争には外務省においてそれほどの責任があるけれども、しかし日本にもこれだけの言い分があり、そのために、戦争を起こしてしまったところがあると、かの戦争の起こったことのやむをえなかった部分、つまりは日本側から見たところの、かの戦争についての言い分を明確に表示しているのではありませんか。

阿羅　それはそうでしょう。

杉原　しかるに外務省の責任はいっさい伏せたままとすれば、日本側の言い分は国家レベル

でいっさい言うことができず、結果は、かの戦争は軍部が勝手に引き起こした悪い戦争だということだけにしかならざるをえなくなります。日本として持っていた言い分、かの戦争の起きてしまったことの、やむをえなかった部分が国家として言えなくなります。したがって、外務省としては、かの戦争は軍部が勝手に引き起こした悪い戦争だという認識にしかならなくなるんです。

とすると、かの戦争について自虐史観しか残らなくなり、自虐史観に立ってしか外交を展開させることができなくなります。

阿羅　杉原さんがよく言っていることですが、確かにそうです。

杉原　結局、外務省としては国を代表した立場で外国に向けて、かの戦争は軍部が引き起こした悪い戦争だとしか言えなくなる。

阿羅　本当にそうです。海外に向かって日本を代表する外務省がそうなら、結果として日本国全体が自虐史観になります。

杉原　だから、戦争に関わると、韓国や中国に対して正当なことがまったく言えなくなるんです。

阿羅　杉原さんの言っているように、外務省は内外に向けて自虐史観の発信機関だということになる。

杉原　そういうことです。外務省は、国民の税金を使って、自虐史観の保存、創作、発信、啓培の政府機関になっているんです。

慰安婦問題で『朝日新聞』が三十二年間にわたって嘘の記事を取り消さないできましたが、その間、日本はどれほど韓国から嘘の事実で誹謗され、名誉を汚されても、外務省はこれは外交案件ではないと言って、正しい情報を発信しようとはしなかった。外務省が自虐史観にどっぷりつかり、自虐史観の発信のための政府機関と化していることを如実に示しているんではないですか。

阿羅　昭和六十年の中曽根康弘内閣のとき、外務省の小和田恒条約局長は国会で日本は東京裁判を受諾したハンディキャップ国家だと言った。日本は自虐的でなければならないと公式に言った。

杉原　そういうことです。この小和田条約局長の発言は、外務省が自虐国家であり、犯罪国家でなければならないと言ったということです。これこそが結局、戦後の外務省の正体を現わしているのです。

阿羅　吉田の作った戦後の外務省の正体だということですね。

杉原　日本では、吉田のせいで内閣法制局もおかしくなっているから、外務省のこの見解には内閣法制局もからんでいるでしょう。時の中曽根康弘もそのころの外務省に飲み込まれて、このような回答を国会でするのを容認した。中曽根内閣も罪深いですね。

日本は国際法上ハンディキャップ国家ではない

阿羅　でも小和田局長の説明はおかしい。

杉原　だいたい、講和条約とは何かということを解していない。講和条約というのは、主権を同等に回復するための条約です。

ですから、講和条約を結んだ以上、日本はハンディキャップ国家ではありません。ハンディキャップ国家としての講和条約ならば、対等な主権を回復するためにもう一度戦争をしてくださいという論理が残ることになります。そんなことはありえません。国際連合を作ってまで平和を大切にしようとする第二次世界大戦以降の講和条約に、ハンディキャップ国家の論は入っていません。ハンディキャップ国家を前提とした講和なんてありえません。

たとえ、もし仮に講和条約を結ぶ戦勝国側にそのような期待があったとしても、あるいは、たとえ本当にそういう場合であったとしても、講和条約を結んだ以上、そのような意向は無視すればよいだけではないですか。

阿羅　でも小和田局長の説明では我々は東京裁判を受諾しているからという説明が付してありました。それはどう考えますか?

杉原　あれは、東京裁判によって刑に服している者がいるので、その刑の執行を連合国に代わってしてくれという要請を受諾したにすぎません。その執行を請け負ったからといって、東京裁判の判決そのものを受け入れたことになるわけではありません。東京裁判に対して国家として公式に異論を唱えることはできなくなりましたが、その判決をそのまま受諾させられたわけではありません。

それは、国内の刑事裁判で、刑に服しているからといって、それを言い渡した判決に同意しているとは限らない。たとえ刑に服していても、冤罪であれば、その判決に同意していると言えないのと同じです。

ましても、歴史認識を裁判で決定することはできません。歴史認識は自由な精神のもとで行うものであって、国家として持つ歴史認識を裁判によって決めることはできません。

阿羅　小和田局長の答弁はどこから見てもおかしな答弁で、真実性はないということですね。

杉原　そうです。法的にまったく成り立たない答弁です。

講和条約締結のもと憲法を改正すべきだった

杉原　講和条約の問題は大切なところだから、憲法との関係で、もう一度整理しておきますね。

講和条約とは何かについては、先ほど述べた通りですが、問題にしたいのは条約一般と憲法との関係の問題ですね。国際法の観点から言えば、国際法はまさに一国を超えた国際法ですから、一国の国内法より優先すると一般的には言ってよいでしょう。

しかし、一国の国民を直接拘束するのは、その国で定めた国内法です。そしてその国内法の最高法規は憲法です。つまり国民からすれば、最高の法規は憲法であって、国際法ではありません。国際法は一国内では、それを守るか守らないかは、まさにその国民の意思です。

阿羅　少し難しくなりました。

杉原　いいえ、それほど難しくはありません。東京裁判判決の場合、これは戦勝国が敗戦国日本に対して一方的に行ったものですから、それ自体、国際法と言えるかどうかという問題がありますが、いちおう、国際法と位置づけましょう。

その東京裁判「判決」を守るよう講和条約でいちおう規定されているわけですが、日本側からの解釈としては、当然のことながら刑の執行を意味するにすぎません。

小和田局長のように、刑の執行のみならず、判決そのものを、あるいは東京裁判そのものを受け入れたのだとすれば、説明のつかないことが占領解除後に起こっています。日本が昭和二十七年四月二十八日主権を回復して間もない五月一日、木村篤太郎法務総裁から、戦犯拘禁中の死亡者はすべて「法務死」としました。そして戦犯逮捕者は「拘留又は逮捕された者」として扱うという通達を出しました。こうした一連の措置は小和田条約事務局長の考え方にすれば、すべて講和条約違反ということになります。

「戦犯」というのは戦争に勝った連合国が勝手に言っているわけであって、日本の国内法によって戦争犯罪者になったわけではありません。「戦犯」は日本国内にあっては犯罪者ではないわけです。そのことを明らかにしたのがこのときの法務総裁通達ですね。

これが講和条約のもと有効な通達であるとすれば、小和田局長の、日本は講和条約締結の関係からハンディキャップ国家だというのは、講和条約について不当にして不法の拡大解釈だということになりますね。

阿羅　小和田局長の日本ハンディキャップ国家論がいかに成り立たないかよく分かります。

杉原　ですからね、目を転じて見れば小和田局長の言は、先ほども言いましたが、戦後、吉田によって作られた外務省の正体を現わしているんです。〈第四章　吉田茂と「九条」解釈の問題〉で話し合いましたが、外務省は日本が降伏した直後の昭和二十年の終わりには、講和条約を結ぶ研究を開始していますね。

外務省のこうした努力で講和条約と安全保障条約は切り離して調印した。もしこれが同一の条約で結ばれたら、安保条約は講和のための条件かのような印象のものになる。これを避けようとして努力し、成功した。

小和田局長の答弁は、この外務省の先輩の努力して出した成果をも台無しにしています。

報告書「日本外交の過誤」の過誤

阿羅　吉田の「歴史の偽造」問題を考えるとすれば、彼が外務省内で昭和二十六年（一九五一年）四月に作らせ提出させた報告書「日本外交の過誤」も扱わなければなりません。

杉原　あぁ、小倉和夫『吉田茂の自問―敗戦、そして報告書「日本外交の過誤」』（藤原書店二〇〇三年）に収録されている、あの報告書のことですね。

阿羅　吉田は昭和二十六年一月上旬、外務省政務局政務課長斎藤鎮男（後のインドネシア大使）を箱根の別荘に呼び出して、日本外交の失敗の拠ってきたところを調べ、研究を行い報告するようにと指示を出しました。

杉原　私も読んでみた。長いものではありませんね。

阿羅　約二万字、四〇〇詰めで約五五枚、長いものではありません。

杉原　日本外交の失敗の反省としてなるほどと思わせるところもありました。

阿羅　でも吉田自身の犯した過誤をオフ・レコにしています。

杉原　彼の中国にいたときの失敗のことでしょう?

阿羅　そうです。満州事変はある意味で吉田が奉天にいたときに主張していたことを軍部が実行したようなものです。

杉原　そうですよね。〈第一章　吉田茂の奉天時代〉で阿羅さんが詳しく話されましたね。吉田はそれを早くから主張していた。

阿羅　吉田は斎藤鎮男政務局政務課長を呼んでこう言っています。

自分が外務省に入ったのは、三国干渉事件の直後であった。当時は対支問題が紛糾していた時代でおおいに政策を考え、国の経綸を行おうと思ったからである。そのころの人びとは、そういうように政策に関心をもっていた。

ところが、外務省の中心的考え方が、政策重視から技術依存に移っていった。たとえば国際法の解釈とか外国語などの技術面を重視し、そういう面にたけたものを重用するようになった。そのため、いろいろな欠陥が生じたのだと思っている。

日本の外交は、満州事変、支那事変、第二次世界大戦というように幾多の失敗を重ねてきたが、今こそこのような失敗の拠ってきたところを調べ、後世の参考に供すべきものと思う。おれらの時代に外交に当たった先輩、同僚の諸君がまだ健在の間に、その意見を聞いておくのもよいだろう。

以上のようなことを、上司とではなく君たち若い課長の間で研究を行い、その結果を報告してもらいたい。


この吉田の命令により、斎藤は同僚たちと三か月かけて満州事変以来の日本外交の歩みを検証し、どこに誤りがあったかについて意見を取りまとめました。

研究が始まったとき、かつて総領事代理として奉天に赴任していた森島守人の『陰謀・暗殺・軍刀』（岩波書店　一九五〇年）が刊行され、満州事変が起きたときの現地外交官の動きは明らかになっていましたが、オーラル・ヒストリーで明らかにされる事実もありますから、斎藤たちの作業はそれなりに価値あるものと思います。

また吉田の後に奉天総領事となった林久治郎は外務省の役人が何を目指すべきかについて吉田と同じことを語っています。


小村侯は実に偉いステイツマンであったが、外務省はこのままで行くと二三十年後には困る時期があるかも知れないといわれたという話を伝え聞いている。（中略）吉田総理もそうだが、自分などもわれわれは外交官ではなく外交家だ、ステイツマンだというような生意気な気持ちで一向役所の仕事を覚えなかった。


このようなことから、振り返ることは意味のあることだと考えます。

そこで当時の関係者は何を語ったかですが、吉田が満州事変を挙げたことから満州事変について奉天総領事の林久治郎や亜細亜局長の有田八郎たちが語っています。

そのうち林久治郎は「日本の対満関係を困難にし、従って又満州事変の遠因ともなった一つの重要な因子は、何といっても張作霖を爆殺したことであると思う」と言っています。

一方、有田八郎は「田中総理兼外務大臣は武断政策をとったと思われているが自分は必ずしもそうは思わない。彼は支那の本部の方は蔣介石にやらせ、満州の方は張作霖にやらせる。自分はこれを両手にもって操縦して行くというような考え方であった。だから張作霖が爆殺されたのは掌中の珠の一つをとられたようなものだった」と語っています。

ともには張作霖爆殺事件に言及しています。

張作霖爆殺事件は張作霖を爆殺して終わりましたが、このときすでに満州制圧の考えがあり、何かきっかけがあれば満州事変が起きていたかもしれません。また張作霖爆殺事件の一年前に東方会議が開かれ、その会議に張作霖爆殺の責任者である河本大作大佐が随員として参加しています。

こういったことから満州事変は張作霖爆殺事件、東方会議と遡ることができると思います。東方会議が開催されたとき二等書記官として会議の書記役のようなことを務め、書類を用意したり、それらを出席者にくばったり、記録を取ってまとめたりをやっていた森喬はこう語っています（森喬『昭和史探訪1』角川書店　一九八五年）。


いまにして考えてみると、東方会議というものは、日本の第二次世界大戦の敗戦につながる、そもそもの始まりだったとも言えますね。だから恐ろしいものだと思います。東方会議というのは一種の火遊びでしたものね。そのときは、わからなかったんですが、だんだん満州事変から支那事変というふうにエスカレートしていきましたからね。

また村上兵衛はこう書いています（村上兵衛「昭和軍閥論」『別冊知性5　秘められた昭

和史』河出書房　一九五六年)。

あの太平洋全面戦争の発端を、いわゆる満州事変と見ることは、今日ではほとんど常識となっている。が、満州事変もまた「突発的に」起こったものでなく、それ以前に満州占領の武力計画が秘かに練られていたことは、すでに明らかにされている。その路線を布いたのは、言うまでもなく田中内閣による積極外交、ときに外務次官森恪の主催した「東方会議」であった。

とするなら、満州事変からとするのではなく、東方会議からとするのが適切ではないでしょうか。

杉原　満州事変から問題だとすべきでなく、東方会議から問題だとすべきですね。

阿羅　張作霖爆殺事件が起きたとき、部外犯行説が流れていましたが、陸軍の関与説が次第に深まり、田中内閣を追いつめます。昭和四年七月、とうとう田中義一は辞職し、九月に急死します。森恪は田中内閣が崩壊する三か月前に政務次官を辞任し、昭和六年に犬養毅内閣の書記官長に就きますが、翌七年十二月に亡くなります。張作霖事件爆殺事件が国内で話題になっているとき、吉田は事務次官として外務省の中枢にいて、張作霖爆殺事件の情報に接していましたし、事件の対応にも関わっていました。吉田の後に奉天総領事となった林久治郎は事件が起きると田中総理に呼び出され、翌四年三月にも上京して田中総理から政府の対応について説明を受けています。その席に吉田は森とともにいます（林久治郎『満州事変と奉天総領事』原書房　一九七八年）。

事件から数年で田中と森は亡くなり、詳細を知るのは吉田だけとなったのですが、吉田は何も話しません。張作霖について「最後には、多年款を通じていた日本軍部の手で、非業の死を遂げさせられるという、数奇な運命を辿った人物であった」と語っているだけです。まず吉田が当時のことを話すべきです。

杉原　確かにそうですよね。吉田がどのように関わったか、話すべきですね。

阿羅　この報告書が「満州事変、国際連盟脱退」から説き起こしたのは吉田の失敗に触れないためと考えざるをえません。

杉原　それから、真珠湾「騙し討ち」に関する過誤の問題がまったく触れられていない。アメリカが対独戦に介入するために、日本を挑発したということが書いてあり、そうしたアメリカの立場だけは、やはりそれとして計算に入れておかなければならなかったとは書いてあるけれど、その主語は「日本側」であって、「外務省」とは書いていない。

阿羅　「外務省」と書いてあるところもあります。例えば広田弘毅については、盧溝橋事件で事件拡大を避けるつもりでありながら内地師団派遣について閣議であっさりと賛成したと批判しています。

松岡洋右については、彼の推進した三国同盟を「有害あって一利なき業であった」と書いています。

東郷茂徳については、名指しこそしていませんが、日米開戦決意をするところで外務大臣を辞めて内閣総辞職をすべきだったと述べています。

杉原　最後の東郷の例、ハル・ノートを突き付けられたとき、吉田が東郷に勧めたんだよね。でもすでに紹介した私の『日米開戦以降の日本外交の研究』に書いてあることだけれど、東郷はアメリカ外交電報を解読して読んで、この案がアメリカとしては最終案だと思ったんです。正確にはアメリカによってそう思わされていたんだけれど、ともかく吉田の知らない情報を知っていて、開戦するとすれば一日でも早く開戦しなければならないという状況では、東郷の開戦の決断も一面、やむをえないところがある。

阿羅　後知恵で見ればこのときは吉田の方が正しかった。

杉原　東郷の問題は、アメリカ国民の意思が反戦で、ハル・ノートがそれに反するものだと見ることができなかったことです。しかし、ハル・ノートを最終案ではないとした吉田も、そこまで見破って言っていたわけではない。

阿羅　そうです。

吉田茂はなぜ報告書「日本外交の過誤」を作らせたか

杉原　でもね、この報告書はもっと大事なものを隠していますよ。先ほど、日米開戦に関してアメリカが日本から戦争をしかけられることを期待している、というアメリカの腹をよく知っておくべきだったと書いてあると私は言いましたが、しかしその指摘はその失敗の関係者の責任者の指摘を回避することにもなっている。

阿羅　杉原さんの言いたいことは、「騙し討ち」を引き起こしたことの重大な意味と、その直接の責任の張本人の奥村勝蔵と井口貞夫のことが書いてないと……。

杉原　そうなんです。私は吉田が昭和二十六年の一月にどうしてこのような報告書を作ってくれと指示を出したのか、考えてみたんです。

そうしたら符合していました。日米開戦前夜、本省から緊急態勢を敷けと指示が来ているにもかかわらず緊急態勢を敷かず、そのために「騙し討ち」の結果を引き起こした参事官井口に関係していた。彼は占領下、公職追放となっていたんだけれど、昭和二十五年十月十三日に追放解除された。その井口が昭和二十六年一月三十日、外務次官に就任している。

この頃、東京裁判はとっくに終わり、「騙し討ち」の真相の大要も省内でよく分かっていたんでしょう。井口貞夫が決定的な責任者であることは知れわたっていたでしょう。

吉田は外務省のその不祥事を隠すつもりだった。そのために、井口を積極的に活用することを思い至った。いきなり井口を外務次官に就けることによって、外務省の職員である以上、外務省の外でも、「騙し討ち」の問題を絶対に語れないものとなる。

しかし、井口を外務次官にすれば、省内に違和感が走る。省内で事実上ひそひそと語られていたでしょう。吉田は「騙し討ち」の真相とその重大性について、省内でひそひそとも語ることはできないようにする必要があった。だからそのような動揺を抑えて井口の人事を強行するとすれば、過去の外務省の在り方について、外務省内で共通認識を作り上げておかなければならないと思うに至った。

阿羅　そういう思惑があったと考えますか?

杉原　そうです。吉田の得意がるような、東郷が外務大臣を辞任して戦争を止めるべきであったとかいう話を散りばめ、しかし、「騙し討ち」の責任者井口や奥村の話にはいかないようにする。そういう共通認識を外務省内で作る必要があった。そのためにできたものが、この報告書です。

阿羅　それで東京裁判で被告となった人たちについては明解に責任に触れながら、真珠湾「騙し討ち」当時の進行している状況についてはいっさい批判らしいものがなかった。

杉原　要するに、外務省の職員でいる限り、「騙し討ち」の問題に触れてはならない、という暗黙の指示をこの報告書は出していることになります。

阿羅　なるほど、前後の関係から見て確かにそうですね。

杉原　外務省の在り方としての反省ならば、重要な情報を集め、それを分析する能力を高めるとか、あるいは、ワシントンの日本大使館で実際に起こったように、キャリア組がタイプが打てないのはおかしいとか、「騙し討ち」の際のワシントンの日本大使館に現われた外務省職員の欠陥を克服するようにも指摘されていなければならない。

阿羅　それは無理でしょう。この報告をまとめた斎藤鎮男自身がその一人でしょう。自分の立場から吉田を意識していた。国際連盟で日本の主張が四二対一で否認されても、連盟に残るというような「図太さがあって良かった」のではないかとか、「決断力と実行力の重要性ということになる」とか、聞くと、吉田が喜びそうな言葉が並んでいる。

杉原　確かにそう言えます。

阿羅　ともあれ、この報告書はさまざまな欠陥はあるものの、さして長いものではないし、平成十五年まで五十年間公表されないものであったから、国民の歴史認識にそれほど大きな影響を与えたものではない。

杉原　一面では確かにそう言ってよいと思います。でもこの報告書ができ上がった当時、吉田の全盛期、省内では回覧されたかどうかはともかく、事実上、外務省の職員のほとんどが読んだだろうと思います。

するると、結局、外務省の中で言ってよいことと言ってはならないこととが、この報告書によって分かる。外務次官になった井口のもと、「騙し討ち」の問題は外務省が省力を挙げて隠さなければならないことが分かる。

外務省の思想統制ですね。こうして、国民のことを真に考えた外交は考えられなくなる。国民のためのみではなく、外務省のための外交をひたすら展開していくことになる。

阿羅　なるほど。

『終戦秘録（上・下）』も歴史の偽造に加担している

阿羅　吉田の「歴史の偽造」ということで言えば、昭和二十七年（一九五二年）に出た外務省編纂の『終戦秘録（上・下）』（新聞月鑑社　一九五二年）も問題ではありませんか。

杉原　そうですね。これはA４版で、しかも上巻と下巻とあって、合わせて約一〇〇〇頁の大部な本です。終戦に向けて、日本のみならずアメリカでも出てきた政府関係の記録、その他手記や回想録から集めた大部な資料集です。

阿羅　私は終戦の際に見せた外務省の努力は褒めてよいと思っております。戦争継続を言い張る陸軍を抑えて、よく終戦に持ち込んだと言ってよいと思います。

杉原　私も、外務省としては相対的には、終戦時にはよく頑張ったと思います。何かの行き違いでまだ戦争が続くことになっていたら、日本国家、日本国民の被害はもっと想像もできないくらいに大きくなっていたでしょう。

阿羅　しかし不満がある？

杉原　やはり、「騙し討ち」の問題が削られていることですね。
確かに、終戦には「騙し討ち」の問題は直接には関りません。しかし、原爆投下の際、広島の際も、長崎の際も、原爆投下をした理由の第一には「騙し討ち」への報復という問題があります。アメリカ側の原爆投下の最も大きな動機は「騙し討ち」です。それに関わるものが省かれているんです。

『終戦秘録（上・下）』は原爆投下については触れている

阿羅　でも、第三章の「原子爆弾の投下」のところでは、原爆投下は陸軍長官スチムソンの「原子爆弾の使用のいきさつ」が収録されていますよ。
杉原　確かにそうです。しかしスチムソンのこの発言は、アメリカ側で原爆投下の理由に「騙し討ち」を挙げるのはよくないということになって、それ以降の歴史認識が進んでからのものです。
よくご存知だと思いますが、アメリカでは戦争が終わると直ちに真珠湾問題で議会の上院下院の合同調査委員会が開かれますね。一九四五年（昭和二十年）十一月十五日より、翌年五月三十一日まで公聴会を開き、この記録を関連資料とともに、七月二十日に二万一八三四頁にわたる報告書を公刊しましたね。
これによって、真珠湾の「騙し討ち」は日本側の計画的なものではなかったこと、そしてアメリカの中央政府が真珠湾攻撃を予知していたかどうかは不明のままに終わったものの、当時のアメリカの中央政府の対応に深刻な問題があり、そのことによって真珠湾の被害が大きくなったことが明確に判明しました。

そこで、原爆投下の時点ではあれほど非難していた真珠湾の「騙し討ち」の問題はアメリカ側で原爆投下の理由としては言わなくなるのです。言えなくなるんですね。

阿羅　でも、スチムソンの論文は原爆投下を正当化しようとするためのものでしょう。

杉原　確かにそのためのものです。このスチムソンの言ったこととした見解は一九四七年（昭和二十二年）一月に発行した『ハーバーズ』という大衆誌に載り、スチムソンの名前で発表されたものです。

結局、原爆投下の原因を真珠湾の「騙し討ち」に求められなくなったアメリカは原爆投下によって戦争が終わり、百万人の人を救ったというような説明に変わっていくわけです。ですからスチムソンのこの発言は安心して収録できるわけです。しかし、戦争中は、真珠湾の「騙し討ち」の報復という感情が明確にあって投下するわけですから、真珠湾の「騙し討ち」と原爆投下は因果関係があります。

そのことを表す原爆投下直後の、「騙し討ち」の報復であると言ったトルーマン大統領の発言などは重要であっても、排除されるわけです。

阿羅　そんなに細かな配慮がされてこの資料集はできていますか。

杉原　そうです。

阿羅　それで、この本の国民に与えた影響はどう考えますか。

杉原　この本は、終戦への過程を明らかにするもので、当時の外務省の真摯にして迫真に満ちた行動と思いがよく表されているという点ではとてもよい本です。

しかしそれでも先ほど述べたようにアメリカ側で、終戦に向けて原爆を投下したときの、真珠湾の「騙し討ち」と関係するものが意図的に省かれている。意図的削除ですね。

つまりは、この大冊の資料集では、そこのところがいっさい出ていないのです。これも結局は歴史の偽造です。

外務省関係者として「騙し討ち」のことには触れたくはないというのが、気持ちとしてはよく分かります。しかし吉田は、「騙し討ち」は東条のやったこととして昭和天皇に嘘を言わせ、そしてその後責任者を外務次官に栄達させ、それによって「歴史の偽造」を行い、外務省を反国民的な政府機関にしたのです。かの戦争の責任をすべて軍部に押し付け、かの戦争は悪い戦争であったとしか言えない外務省にしたのです。それによって、外務省は「歴史の偽造」の維持、発展、宣伝のための官庁となったんです。

阿羅　杉原さんの言うように、吉田のなした「歴史の偽造」というのは政治的犯罪と呼ぶべきものでしょう。

幻の戦争調査会

杉原　吉田の「歴史の偽造」を見てきましたが、この観点からは、阿羅さんが平成二十五年に出された『秘録・日本国防軍クーデター計画』（講談社　二〇一三年）で触れておられる「戦争調査会」のことにも触れなければなりませんね。

阿羅　そう。「戦争調査会」というのは今ではすっかり忘れられていますが、幣原内閣の幣原喜重郎の肝煎りで発足した戦争に関わる政府の正式な調査機関です。昭和二十年（一九四五年）十月三十日の閣議で設置することが決まり、当初は、「大東亜戦争調査会」と称しました。

幣原は敗戦を迎えて、首相になる前から政府は戦争及び敗戦の原因を調査しその結果を公表しなければならないと考えていました。そしてそれが新日本建設の礎になると考えていました。

紆余曲折がありますが、翌昭和二十一年三月二十七日幣原総裁のもと調査会は第一回の総会を開いた。

そうして審議は始まりますが、当然、開戦及び終戦に関する責任問題について激しい議論が始まった。

杉原　だけど、この調査会は、対日理事会でソ連代表が問題視して廃止になるんでしょう？

阿羅　そうです。ソ連代表が同年七月十日、問題視する発言をし、八月七日には、調査会には多くの軍人が関係しているとして解散を提案するんです。

そこで、問題が複雑化するのを恐れたマッカーサーによって九月末に廃止されます。このとき首相であった吉田はいっさい抵抗していない。

杉原 でも、それまでの審議の関係資料は残ったんでしょう?

阿羅 なぜ戦争は避けられなかったのか、日本はなぜ戦争に突き進んでしまったのか、注目に値いする発言がたくさん残っています。

杉原 それで幣原はどうするんですか?

阿羅 幣原喜重郎は、戦争調査会の後継としての民間財団「平和建設所」の設立を目指します。しかし占領軍はこの財団の設立も認めなかった。

そして幣原は昭和二十六年三月十日に逝去する。その後九月に幣原平和財団というのが設立されますが、「戦争調査会」の遺産をそのまま引き継ぐことはできなかった。

私が思うに、この時点で、戦争調査会が再開しておれば、多大な成果を生んだでしょう。現在の日本国民の歴史認識も変わっていたかもしれない。吉田との関係で言うと、吉田はマッカーサーといっしょになってそれほど意義のある戦争調査会を潰したと言えなくはない。

ただ、昭和二十一年の時点でマッカーサーから潰せという指示が来たときは仕方がなかったと思う。しかし占領の終わる頃の段階では、自分を引き上げてくれた幣原に対しても、そして幣原内閣から調査会を引き継いだという立場からも、この調査会の再開に尽力すべきだったと思う。

杉原　それを吉田に期待するのは無理ではありませんか。外務省の恥を隠すために、その責任者を平然と外務次官に就任させるような人物だから、国民のために正しい歴史認識を残そうとすることなど、まったく考慮の外のことではないですか？　むしろ吉田は戦争調査会と逆のことを積極的にしたと言うべきではありませんか？

阿羅　そうでしょう。

ある意味では吉田の指示でできた「日本外交の過誤」という報告書は外務省版の戦争調査会報告書ということになります。しかしそれは国民のために戦争を反省するものではない。外務省のためのものであり、吉田自身のためのものだった。

杉原　それにしても、それほど大きな影響を与える可能性のあった戦争調査会が、どうして戦後の日本の中で忘れられていったのでしょう？

阿羅　戦争調査会の資料は、平成二十七年以来、ゆまに書房から一五巻にわたって逐次公刊されました。

資料は断片的に関係する人の所蔵となっていたからまったく隠されていたとは言えませんが、一般的には、平成二十八年まで、国立公文書館、国立国会図書館憲政資料室の書庫で眠り続けたと言えます。

杉原　そこまで眠り続けたのには、外務省の意向が働いた？

阿羅　さぁ、そこまでは分りません。ともあれこの調査会の改めての研究は必要です。

杉原　研究書など、あるんですか？

阿羅　最近になって、と言っても昨年のことですが、学習院大学学長の井上寿一氏によって『戦争調査会―幻の政府文書を読み解く』（講談社　二〇一七年）が出ています。

後篇

吉田茂への評価

はじめに

阿羅　前篇が終りました。

前篇では資料を揃えながら吉田のなしてきたことを八章にわたって話し合ってきました。後篇は吉田の評価について検討するところです。つまり吉田への評価のその評価です。そして最後は、吉田によってもたらされた今日の日本に向けて我々はどう対応していくのか、どう対応していかなければならないのか、論じたいと思います。

ここで提案があります。前篇で我々は資料を持ち合ってありのままの吉田の姿を求めて話し合ってきました。ところが改めてそれらの資料を繰って見たとき、前篇ではどうしても言い足りていない、もう少し補足して言っておきたいことがたくさん出てきました。

杉原　実は私も同じような感想を抱いていたんです。

阿羅　それなら話は簡単です。前篇で話し合ったことにつき補足したいことを心おきなく喋り、それを後篇の重要な部分に繋げたいのですが、どうでしょう。

杉原　大いに賛成です。しかしどういう段取りで話し合いましょうか。話したいことはいっぱいありますが……。

阿羅　まず八つの章で話し切れなかったことを、章ごとに追って補充をしていくのはどうでしょう。この対談は吉田に関する本としては重要な本になると思うので、冗漫になってはいけませんが、言うべきことは過不足なく言っておかなければなりません。

杉原　その通りだと思います。

第九章　前篇第三章（吉田茂と安全保障の問題）の補追

吉田茂は何よりも再軍備拒否を優先した

阿羅　〈第一章　吉田茂の奉天時代〉〈第二章　吉田茂の英国時代〉について特に補充、追加することはありません。戦後の吉田茂の行動に特に強く関係したことはありませんから。そこで〈第三章　吉田茂と安全保障の問題〉の補充、追加から入りたいと思います。

ここでは杉原さんも言いたいことがおありでしょう。

杉原　結局、吉田が首相として一貫して最も強く実現しようとしたのは、再軍備を止めようということだったと思います。吉田は憲法改正の帝国議会の審議の段階でも、いずれは武装化しなければならないと思っていたようで、永遠に再軍備しない非武装国家を模索していたわけではないようです。そのことは回想録『回想十年』にも書いてある。

しかし、講和条約を結んで、日本の占領が解除され独立するに際し、徹底して再軍備を拒否した。吉田が再軍備に取り掛からなかったのは、一つには再軍備にはお金がかかるという先入観があったのかもしれません。が、もしそうならば政治家としての想像力の欠如です。何度確認してもよいことですが、警察予備隊と同じ予算と人員で軍隊は作れます。再軍備はできます。

政治というものは、政権を担っている首相がいつでも任意に何もかも自由にできるものではありません。物事には時機というものがあります。その時機にそれをしなければ事実上できなくなることは、政治の世界ではいくらでもあります。吉田は、占領終結前後の絶好で絶対の時機を活用せず、再軍備をしなかった。これだけでも政治家としては落第と言わなければなりませんね。

それに、もっと重要な言い方をすれば、吉田には、独立国家になるならば独立国家として軍隊を保持しなければならないという国家としての矜持を考慮しようとしなかった。一国の首相としては、明らかに失格。占領期という、その後の日本の骨格を作る時期の首相として明らかに失格だった。適性がなかった。阿羅さんはそう思いませんか。

阿羅　杉原さんの厳しい言い方だけれど、そうですよね。吉田は占領末期、何よりも再軍備拒否を優先したと言えますね。

杉原　彼は再軍備に国民が反対していると言ったけれど、第三章でも見たように、朝鮮戦争が続いている中で、世論調査では再軍備容認と言ってよい状況になっていた。

再軍備拒否のため不対等な日米安保条約を結ばなければならなくなった

阿羅　その点では、昭和二十五年（一九五〇年）六月、吉田とダレスとの話し合いが分岐点でした。
そのとき杉原さんが言ったように日米戦争には日本にも言い分のあったことを認めさせて、そのうえで再軍備をすべきだった。

杉原　日本が日本を守るだけの軍備をまったく持たないで、そのうえでアメリカ軍の日本駐留を望むのは、対等な集団的自衛権にならない。日本にまったく軍事力のないという前提では、アメリカ軍がアメリカにとっての世界戦略上の安全保障のために、日本にアメリカ軍を駐留するということになる。したがって、日本の防衛はアメリカ側に法的には義務はなく、日本の防衛はアメリカ軍の日本駐留の反射的効果だということになる。

第三章でも言いましたように、それは日本が自らアメリカの植民地のように位置づくということで、とうてい許されません。昭和三十四年三月に砂川事件という事件で、東京地裁で我々の虚を突いた意味深長な判決があります。従来の政府解釈では、日本は憲法前文と第九条によって戦力を持たずとして、それを正しい憲法解釈としている。だったら戦力を持ったアメリカ軍の駐留は憲法違反になるという判決です。裁判長伊達秋雄の名を取って伊達判決と言っています。そのような日本の憲法に違反する状態で、戦力を持ったアメリカ軍が日本に駐留しているとすれば、日本はアメリカの植民地以外の何物でもないということになります。

戦力のない日本に戦力のあるアメリカが駐留する。それが意図的、計画的にできたものであれば、外交評論家の加瀬英明氏がしきりに述べているように、憲法は日本とアメリカの間の不平等条約ということになる。

阿羅　戦力のない日本に、戦力のあるアメリカ軍が駐留するという矛盾、吉田はそこまで読まなかったのでしょうか？

杉原　いえ、正確に言えば吉田にとっては、そのことがはじめから少しも気にならなかったということではないですか。昭和三十五年（一九六〇年）、岸信介の内閣で、日米安保条約を改定しますね。吉田の締結した昭和二十六年の日米安保条約では、アメリカの日本に対する防衛義務も書いていないし、アメリカ軍が日本の内乱を鎮圧するというような一方的な条約ですから、平等なものに改定しようというのは当然ですよね。でも、吉田はその改定にも反対した。

吉田は訪米中の岸首相に向けて、昭和三十二年六月十日の『毎日新聞』で「〝親善〟がすべて—へたなみやげは考えるな」と題して、次のように述べています。

安保条約、行政協定の改正などについて意見が出ているようだ。しかし、私はこれに手を触れる必要な全然ないと信ずる。今までのとおりで一向差支えない。条約を結んだ以上は互いに信義をもって守ってこそ国際条約といえる。（中略）安保条約をなぜ変えなければならないか。いかなる事情があるかというとなにも変わりはしない。（中略）

条約というものは、対等のものもあるが、不対等の条約もあって、それを結ぶことによって、国の利益になるなら私は喜んでその条約を結ぶ。下宿屋の二階で法律論をたたかわしているようなことで政治はやれない。

阿羅　吉田は昭和二十六年に結んだ日米安保条約が日本をアメリカの植民地の地位に落とすという自覚もなかったということになりますね。

杉原　『毎日新聞』にこんなことを書いたくらいだから、そういう自覚はなかったんでしょうね。先ほども言いましたように、吉田は国家の矜持を考えなかったんですね。それに、吉田のことだから『毎日新聞』にこんなことを書いたのは、自分（吉田）のやったことにケチをつけるなという感情的反発もあったと思う。

昭和二十六年、この条約を結んだとき、そのうえで再軍備はしないということが国家にとってどういう意味になるか。将来の日本の国家をどう歪めることになるか。そんなことはいっさい考えようとはしなかった。考えることができなかったというべきでしょう。

阿羅　改定交渉が始まるときも吉田は変わりませんでしたね。当時外務大臣だった藤山愛一郎は回顧録にこう書いています（藤山愛一郎『政治わが道　藤山愛一郎回想録』朝日新聞社一九七六年）。

外交調査会を中心に党内の一部から出始めていた改定慎重論に油を注いだのは吉田茂さんだった。私がダレス国務長官との会談から帰国して、本交渉を始める準備に追われていたころ、吉田さんはUPIの記者に「わが国は共産主義の危険と闘うために原水爆で武装すべきだ。日本に核兵器を入れないとか、安保条約を改定して在日米軍を減らすなどということは愚かしい限りだ」と語り、それが日本の新聞にも大きく報道された。昭和三十三年九月のことである。

続けてこう書いています。

外交問題の党内とりまとめは吉田さんをさしおいてはできないと思っていたから、外相になると直ちに、私は静養先の箱根にあいさつに出向いた。安保改定交渉に入ったときにもすぐに意見を聞きに大磯の私邸を訪ねた。吉田さんは「手をつけないでいいじゃないか」といい、容易に自説を譲ろうとしない。その底流には「オレがつくったのが一番いいんだ」という感情論もあったように思われる。

さらに藤山は「吉田さんが反対だったから、池田勇人さんを中心とする自由党系の人たちもそれにならって、『アメリカは改定を急いではいない』といい、このままアメリカにオンブされている方が得策だとする改定慎重論を唱えた」「吉田さんにどうにかかわかってもらうまでには、半年以上かかった」と書いています。吉田は安保改定に大きい障害となりました。

吉田茂はなぜ非武装にこだわったのか

阿羅　とすると、吉田は何ゆえに非武装にこだわったのか。

杉原　吉田が、経済の負担や朝鮮戦争への動員を恐れたというのは、当時の彼の発言に残っているけれど、客観的に見て、根拠がない。〈第五章　吉田茂と経済成長〉で見たように、経済力からして大規模な軍隊を作ることはできない。そうだとすれば、朝鮮戦争に動員されるという恐れはなかった。当時の占領軍との雰囲気でも、朝鮮戦争に動員されそうな雰囲気はまったくなかった。問題は小規模に作らなければならない武力集団を軍隊としてではなく、警察として作ったことです。何度言ってもよいことですが、警察予備隊と同規模の軍隊を作れば、同じ予算でできることであり、軍隊を作れば金がかかるというのは、誤魔化しの言い訳であって、警察予備隊と同じ予算で軍隊を作ることができるということに気づいていないはずはないと思う。

やがては再軍備しなければならないと思っていたことは確かだから、その点からすれば、結局、この時点で軍隊を作るのは嫌だという理由しか残らなくなる。つまりね、この時点で軍隊を作らないというのは、旧内務省を可愛がり、旧軍の復活を嫌ったということでしょう。

旧陸軍、旧海軍など、戦前の日本軍の復活は認めたくなかった、と。

もしそうだったら、そのように気をつけて、新しいタイプの軍隊を作ればよかった。第三章で阿羅さんが述べられたように、旧軍人は、旧軍の欠陥を反省して、そのうえに立った新しい立派な軍隊を創設できるように準備していた。にもかかわらず、その芽を摘んだ。この時点で、国家としての日本にとって、世界の諸国と対等に自らの軍隊を持つということがいかに大切かということを平然と無視した。

第三章で述べましたが、ダレスに再軍備を促されたとき、かの戦争では日本にも言い分があったと言って、そのことをダレスに認めさせ、その言質を取れば量り知れない名誉回復となりますが、正しい歴史認識を残すということには一顧だにしなかった。

彼の単なる感情的判断、再軍備できるときに再軍備せず、一方的な方向に日本を向けていってしまい、今日も解決できないでいることについて、怒りを感じると言うよりほかはありませんね。

昭和三十五年の「安保闘争」は何だったのか

阿羅　昭和三十五年（一九六〇年）に日米安保条約が改正され、このとき安保闘争という戦後最大の反政府運動が起こりました。今ではよく言われていることですが、その時点では日米安保条約を読んだことのない学生や運動家がデモを繰り返していました。

それもアメリカが一方的に日本に駐留し、その手伝いのために自衛隊が強化されるという印象でした。そう思い込みやすい認識空間ができていて、学生や一般国民が反対運動に馳せ参じたというようなところがありました。

杉原　当時、共産主義のもとにあるマルクス思想は、私有財産制度こそが社会の不平等の根源であり、私有財産制度を前提とした市場経済を破壊しなければ、真の平等な社会は実現できないのだというのは、確かに強力に説得力を持った。

そこで、社会主義、共産主義を実現しなければならないと信じる若者、学生は多かった。情報不足もあって、実際の社会主義、共産主義の国家は、処刑、暗殺、密告という暴力によってしか築かれない社会だということに気づくことはできなかった。

阿羅　ですから安保闘争というのは、社会主義、共産主義を標榜した反米闘争でもあった。

杉原　それにしても、昭和天皇の安全保障への感覚というか、責任感というか、それはすごかった。共産主義は天皇制打倒だから、天皇が容共的になるはずはないけれど、しかし天皇の立場から見て、日本国民として二度とあのような戦禍に見舞われるようなことにしてはならないという責任感ね。昭和二十二年五月に、まだ誰もアメリカ軍の駐留を言っていないときに、昭和天皇はマッカーサーに占領後のアメリカ軍継続駐留を申し出た。

そして昭和二十六年（一九五一年）六月ダレスがやってきたとき、安全保障の問題は吉田に任せておいてはいけないとして、日本における他の有力な人たちの意見も聞くようにとダレスに申し込んだ。

いずれも、すでに現行憲法施行になって、天皇は象徴として、政治に関わってはならないと規定されていたのに、意見を明示した。たいしたものだ。

第十章　前篇第四章〈吉田茂と「九条」解釈の問題〉の補追

第九条の発案者は白鳥敏夫だった？

阿羅　〈第四章　吉田茂と「九条」解釈の問題〉の補充、追加に移りましょう。ここで補充、追加することは？

杉原　第九条の条文がどうしてできてきたかについて、細かいことはあまり知られていないと思うんだけど、楠綾子氏の『吉田茂と安全保障政策の形成—日米の構想とその相互作用1943～1952年』（ミネルヴァ書房　二〇〇九年）によると、昭和十三年（一九三八年）にイタリア大使になって三国同盟を推進したことで有名な白鳥敏夫が昭和二十年十一月下旬、戦犯となって巣鴨に収監されていたところに、吉田が会いに行って、そこで戦争放棄を白鳥が語ったらしい。そして間もなく書簡の形で吉田に送られている。この書簡は一時、総司令部に留め置かれるんですが、翌年一月二十日に吉田に届けられ、その書簡について白鳥の要望にしたがって、その写しを幣原首相に送ったらしいね。

幣原が戦争放棄についてマッカーサーに話したのは、一月二十四日の会談だったと考えられるので、結局、第九条の戦争放棄の出どころは白鳥だったということになる。

阿羅　通常、幣原の発言が起源とされていますね。

杉原　でもそのさらに元があったということだ。ただし、これは国際紛争を解釈するための戦争を放棄することであり、これに自衛戦争まで含めて戦争放棄としたのではないと思う。そこから延長して、自衛戦争も否定するものとして広げたのは、マッカーサーであるというよりほかはない。マッカーサーの示した憲法三原則では、自衛戦争も放棄すると明記してあった。しかし自衛戦争まで否定するのは法的に見て、正当性、妥当性がないとして、この部分を削ったのがケーディスですね。

そしてそれを帝国議会の審議中に、読みようによっては国際紛争を解決する手段としての戦争のみを放棄したというように読めるように条文を変更したのが、いわゆる芦田修正。

阿羅　そういう流れになりますね。

吉田茂は第九条のもとで戦力を保持できることを知っていた

杉原　第四章で少し述べたことだけど、吉田は自衛戦争は否定しておらず、自衛戦争のための戦力は持てると解釈できるということに気づいていた可能性がある。

阿羅　そう。改めて言うけれど、知っていたという可能性があるというより、知っていたのに、知らない振りをしたと言うべきですね。

杉原　確かにそうも言えるんですね。私も強くそう言いたい。

阿羅　先ほど述べた楠綾子氏の『吉田茂と安全保障政策の形成』を読むと、昭和二十年（一九四五年）の十一月ですよ、外務省の中に、将来の講和条約と安全保障問題について、「平和条約問題研究幹事会」を立ち上げます。

杉原　そうでしたね。

阿羅　外務省は、敗戦から約三か月しか経っていないときに講和条約問題の検討に入ります。外務省批判に厳しい杉原さんでもこれには敬意を表するでしょう。

杉原　そうですね（笑）。

阿羅　外務省はこうした関係の中で、憲法第九条についても検討します。憲法を押し付けられた昭和二十一年当時、外務省は、第九条は侵略戦争のみならず自衛戦争も否定するものと捉えていました。しかし昭和二十二年には第九条は自衛権を否定したものではないという解釈をするようになった。

その解釈を、この当時外務大臣も兼ねていた吉田が知らないはずはない。とすれば、占領終結の時期に自衛権をも否定したかのような解釈については、自衛権は否定していないという解釈が成り立つことを知ったうえで知らない振りをして言ったことになります。

杉原　つまり吉田は、第九条に対して戦力は保持できるという解釈が成り立つということを知っていたのに、知らない振りをして戦力は持てないと解釈したということになるということですね。

このことを裏付けるのに、実はもっとよいものがあるんです。

阿羅　何でしょうか？

杉原　実は芦田均が、この憲法が公布となった昭和二十年十一月三日、『新憲法解釈』（ダイヤモンド社　一九四六年）という本を出しているんです。占領下で、この憲法が施行ではなく公布の日ですよ。現行憲法の解釈文書として最初のものです。しかも憲法改正の真っ只中にいた人によるものです。

もっとも芦田は、帝国議会の憲法改正小委員会で「前項の目的を達するため」という文書を挿入したとき、それらしき発言はいっさいしていないのですが、と言うより、現行憲法の第六六条第二項の、軍隊の存在を前提とした「内閣総理大臣その他の国務大臣は、文民でなければならない」という条文を占領軍が追加するよう言ってきたとき、その意味が分からずその追加を見送っているんですね。したがってこの時点、つまり「前項の目的を達するため」を入れたとき、軍隊を持てるようになるとは思っていなかったということになるんですが、しかしこの挿入で、占領軍は軍隊が持てるようになったと解釈して、特に、極東委員会の強い意向を受けて文民条項を追加するように強く指示して、そうさせた。

つまりは、この憲法ができたときには、自衛戦争と認め、そのための戦力も交戦権も保持しているというものになっていたわけですね。だから芦田は、あとからそのことを十分に理解し、この憲法の公布の日に、憲法改正に携わった立場から第九条をして、自衛戦力を認め、そのための戦力と交戦権は保持していると解説したわけですね。つまりは、この憲法ができたときには、芦田の解釈のとおりだったということですね。

阿羅　そうですか。第九条の解釈に関してあまり知られていない重要な指摘ですね。

杉原　だから、先ほどの昭和二十二年の外務省の解釈も、憲法は、自衛戦争、自衛権は否定しないという見解になったんですね。当然ですようね

阿羅　そう言えますね。

杉原　だから、吉田はこの正しい解釈を知らないはずはなく、知っていながら、知らない振りをして戦力は持てないと解釈したのだと、ますます言えるわけです。

阿羅　ということは、芦田内閣ができていたわけですから、芦田内閣が倒れず、占領終結まで続いていたら、その解釈が日本政府の正式な解釈になっていたということになる。

杉原　そうです。もっとも芦田内閣が続いていたら、憲法改正もきちんと行っていたでしょうし、再軍備もきちんとやっていたでしょう。でも、もし仮に第九条がそのまま今日に残っていたとしても、その解釈は正当なものになっていた。

阿羅　そうすると、吉田は、日本国民に対して実にひどいことをしたということになりますね。

杉原　残念ながらそういうことになりますね。

阿羅　にもかかわらずと言うか、それどころかと言うか、占領末期、この誤った解釈で、第

九条を礼賛までするんですよね。〈第四章　吉田茂と「九条」解釈の問題〉で杉原さんが述べたことだけど、吉田は昭和二十五年七月二十一日の国会で再軍備について、「仮に要請が他国からあったとしても、政府は受諾したくない。憲法の戦争放棄の条項は実にいい条項だと思っており、国民ひとしく守るべきものと考えている」と述べたんですね。

要するに吉田は警察予備隊は軍隊ではないと言っており、このときの首相と警察予備隊首脳は実際の警察予備隊とはまるっきり反対のことを語っているということです。というよりこのような無理な解釈をして警察予備隊の存在を歪めていたということになります。誤った憲法の解釈との関係で警察予備隊の目的は極めて曖昧なものになった。

吉田茂は第九条の解釈を歪め警察予備隊を歪めた

杉原　ということは、吉田の第九条の解釈は、第九条の解釈をでたらめにしていると同時に、創設された警察予備隊をも歪め、不健全なものにしたということですね。

阿羅　日米開戦時に大本営の作戦参謀だった人で、岡村誠之という人がいます。杉山参謀総長が南方作戦準備を上奏するときの上奏文を起案しています。その後、陸軍大学校の教官などを務め、大佐で終戦を迎えました。戦後、機動隊が創設されると、日本軍での経験をもとに統率について警視庁幹部に講話をし、それらは単行本として刊行もされています。この人が昭和二十七年、内閣委員会で公述人として出席してくれと頼まれたとき、依頼に来た人にこう言っています。昭和六十一年に出版した『組織を生かす―体験的軍人勅諭論』（啓正社一九八六年）に出ています。

今日論争されている戦力問答の如きは、中学一年生にも笑われる愚劣幼稚なものじゃないですか。国民の税金を使う国権最高の殿堂で、あんな愚にもつかぬ論争に日を潰す政治家達は、今日「バカな奴」「けしからん奴」といって無差別爆撃を受けている僕ら軍人よりも、ずっとバカな、ケシカラン人達だと思うのです。帰ったらそう伝えて下さい。一体、銃・砲・戦車で武装された警察予備隊が戦力でないなどと考える人は、世界中一人だってありましょうか。包丁・ナイフも戦力になり得るし、婦人のぜいたくな貴金属の首飾をも、人の首を締めるのに使えば戦力でしょう。議員達が乱闘の際人を蹴る足も、人を擲る拳骨も戦力です。また、そもそも戦力の本質は、一体何だと考えているのでしょうか。

杉原　面白いですね。これは当時に語った言葉を記したのだから、当時の受け止め方ですよね。多くの国民が同じ思いをしていたんでしょうね。

阿羅　そうでしょう。

杉原　でもね阿羅さん。この岡村の言うことを、言葉通りに受け取ると日本国民はナイフやハサミを持ち、さらにその身体で腕力を持っているわけだから、日本国民の存在自体が憲法違反になる。

阿羅　（笑）。

杉原　真面目な話に戻りますが、私は思うんです。今の自衛隊を戦力のない実力組織というようにいいますね。これは明らかに言語矛盾していると思うんです。戦力があるからこそ実力組織でありうるわけでしょう。「火」があるでしょう。火は何かが酸素と結合していっているときを「燃える」と言って、燃えているからこそ火があるわけでしょう。それなのに「燃えていない火」と言っているようなわけで、言語矛盾です。「丸い四角」と言っているようなものです。

ともあれ、吉田によって、日本の軍事に関する第九条解釈は、まさに岡村が言うように、愚にもつかない、でたらめ極まるものになっていった。

阿羅　そのとおりです。

杉原　吉田はそうやって、でたらめな第九条解釈を公権解釈することによって、第九条の解釈を滅茶苦茶にすると同時に、内閣法制局をもおかしな政府機関にしてしまった、ということになる。

吉田茂のでたらめな憲法解釈でかえってよくなったものもある

阿羅　日本の国家において法というものの権威を落としてしまった。杉原さんはそう言いたいわけですね。

杉原　そうです。ですが、別のケースで、吉田のでたらめな憲法解釈のために、かえってよくなったものもある。

阿羅　えっ、何ですか？

杉原　日本国憲法第七条で、天皇が内閣の助言と承認により「衆議院を解散すること」とあります ね。これは憲法の本来の立法者意思としては、第六九条の衆議院で不信任決議が可決されたときに、衆議院を解散できるという規定に対応するもので、不信任決議がなされていないのに解散させる解散権は内閣にはない。実際に、昭和二十三年（一九四八年）十月第二次吉田内閣が成立したとき、彼の率いる自由党は、議席数約三分の一しかなかったので、解散しようとした。

しかし、これに対して時の野党は、内閣は不信任案が提出され決議されない限り解散できないと思っていた。このときの占領軍もそう考えていた。そこで、当時の占領軍が、補正予算案を成立させた後、野党が不信任案を提出して可決することによって解散を認めるというように調停をしてきた。このときは、この調停によって解散したから、第七条を勝手に用いて総理の側が衆議院を一方的に解散させることはできないという本来の立法者意思が守られた。

しかし、昭和二十七年八月に吉田は党内の鳩山一郎の勢力を追い落とすために不信任決議がなされていないのに、第七条を使って解散した。

公職追放を解除された鳩山一郎を中心とした自由党内の鳩山派にさとられないように、抜き打ち解散をしたんですね。準備をまったくしていなかった鳩山派は選挙で落選する者が多く、こうして吉田は鳩山派を弱体化させるのに成功した。

これ以降、総理は第七条を使っていつでも解散できるようになった。政治的に見るとこのように解散権が総理にある方が政治は安定する

もし、この第七条解散権が総理になければ、解散権は議会（衆議院）に専属するものとなる。そうすれば、その行使を衆議院がコントロールできるものとなる。そうすると議会の都合のよいときにのみ解散できることになる。そうすれば政府の弱点を揃えて並べて政府が弱体化したときに、解散するようになる。

そうなれば、安定した内閣は生まれなくなり、日本の政治は極めて不安定なものとなる。戦前は別の理由によるけれど、戦前と同様に内閣が弱体化し、日本の政治が進まなくなった。

阿羅　吉田のこのときの解散は憲法の本来の立法者意思からすれば正当性のない解散ではあったけれど、戦後政治の安定に繋がった？

杉原　そう言えなくはないですね。吉田が初めて第七条を適用して一度解散して、鳩山派の勢力を弱めたというのは、その政治的な適否は別にして政府を安定させる効果は途方もなくあった。阿羅さんはどう思われますか？

阿羅　変な話だけれど、そういうことになりますかね。

吉田茂は集団的自衛権は保持するけれども行使できないと解釈した

阿羅　この第十章でもう一つ言っておきたいことがあります。

集団的自衛権は保持するけれども行使はできないという安倍内閣で解釈を変える少し前までの公権解釈について、杉原さんは〈第四章　吉田茂と「九条」解釈の問題〉で、いつからその解釈が行われるようになったのか知らないと言っておられました。

そこで調べてみました。すると昭和二十九年（一九五四年）六月三日、まだ吉田内閣のもとですが、衆議院外務委員会の政府答弁で出てきます。下田武三外務省条約局長が自衛権について「憲法で認められた範囲というものは、日本自身に対する直接の攻撃あるいは急迫した攻撃の危険がない以上は、自衛権の名において発動し得ない」と答えています。そして「特別の集団的自衛権までも憲法は禁止していないから持ち得るのだという結論は、これは出し得ない」と答えているんです。

杉原　そうしたら、集団的自衛権があるゆえに日米安保条約を結ぶとしたところの、日米安保条約はどうなるんですか。

阿羅　この回答はすべての集団的自衛権はないというものではないのです。集団的自衛権はあるゆえに日米安保条約を結びうるが、それは日本の自衛のための範囲内のもので、自分の国が攻撃されていないのに他国の防衛のために武力行使をすることは認められない、というものです。

杉原　しかし、そこから、アメリカ軍が日本を守るために軍事行動をしていて、そのときアメリカ軍が他国から攻撃を受けているだけの段階では、日本が直接攻撃を受けているわけではないから自衛権の発動はできないということになりますね。

阿羅　そこらが問題なんです。

杉原　これでは、アメリカ軍は、一方的に日本に駐留し、日本はアメリカの軍事行動の反射効果として、防衛が図られるという不対等な関係が原理的に残り、日本は原理的にはアメリカの植民地的地位にあるということになりますね。

阿羅　それで、安倍晋三内閣が平成二十六年七月一日、集団的自衛権を認める憲法解釈を閣議決定したのではないですか。

杉原　この昭和二十九年の回答は、吉田内閣が十二月七日総辞職をするちょうど半年前ぐらいに当たりますね。それに旧内閣法制局ではなく、外務省の条約局長の回答ですよね。でも、内閣法制局の了解なくしてはこの回答はありえないからまさに、吉田の息のかかった内閣法制局の回答だと言えますね。

とすると、吉田は、安倍内閣の閣議決定による変更まで、歴代の内閣をも苦しめ続けたということになりますね。

阿羅　「けしからん」と杉原さんは言いたいのでしょう。

杉原　そうです（笑）。

第十一章　前篇第五章（吉田茂と経済発展）の補追

吉田茂が経済成長に寄与したというのは、吉田茂の軽武装を擁護するための言い訳

阿羅　〈第五章　吉田茂と経済成長〉につけ加えることですが、経済政策に絞れば、第一次吉田内閣の眼目は国民に何とか食べさせ、餓死者を出さないようにすることでした。第二次吉田内閣が発足してから朝鮮戦争が始まるまでは、餓死者が出る心配はなくなりましたが、インフレとデフレにどう対処するかです。朝鮮戦争で特需が起きて以降はその景気をいかに持続させことに変わってきたといえるでしょう。

朝鮮戦争が始まる頃までは、経済復興が第一であったうえ、占領軍は絶対的な力を持っており、総理大臣が誰でも経済政策にそう変わりはありません。

杉原　食糧については、吉田がマッカーサーに交渉したことはよく知られていますね。

阿羅　吉田がマッカーサーに要請して七〇万トンを移入し、どうにか餓死者を出さずにすんだことですね。食糧の要請は前年の幣原内閣のときから問題となっており、松村謙三農林大臣、幣原喜重郎総理大臣、吉田外務大臣たちが要請しますが、承諾がもらえませんでした。日本

は生糸を何万梱もアメリカに送りましたが、敵愾心が残っていたアメリカ婦人は生糸の靴下を使用しようとせず、送り返されています。食糧を要請するための代償がないと聞いた昭和天皇は、皇室の御物の中から国際的に価値あるものの目録を作成させ、それを渡して食糧を求めようとします。それを知った幣原首相はマッカーサーに会いに行き、そのことを聞いたマッカーサーは目録を返し、必ず本国から移入する方法を講ずると返事をします。こういう経緯があって最初の移入が行われたので、吉田だけが要請したわけでありません。

こんな例もあります。占領軍は日本の軍需産業を撤去し産業施設を賠償に使うことにしました。日本の産業施設は壊滅状態に陥っており、そのうえ賠償のため撤去されたのでは経済復興ができません。政府はただちに行動に移します。

このときのことを吉田は『回想十年』に「関係各省が協同して（ポーレー）報告の具体的内容を検討し、そのうちの若干については、方針緩和の要望も行った」と書いています。

経済界もこのとき緩和を求めて動き、経団連の石川一郎会長以下はＧＨＱに日参しますが、要請と日参とでは熱意が違います。

このときのことについて経団連事務局の千賀鉄也と経済評論家の間でこんなやりとりが行われています（千賀鉄也『戦後産業史への証言３』毎日新聞社　一九七八年）。

経済評論家　当時の吉田内閣はあまりあてになりませんでしたか。

千賀　もちろん吉田総理もやってましたよ。だけど、吉田総理と石川（一郎、経団連）会長とは、肩をポンとたたけば通ずるという仲ではなかった。それは事実です。

政府と経済界の熱意の違いを言っているんです。経団連が吉田にどの程度期待していたか、それが分かろうというものです。

杉原　吉田の経済政策という場合、朝鮮戦争による特需景気以降に注目すべきですね。

阿羅　そうです。特需の日本経済への影響力を改めて見る必要があります。小山弘健は『日本軍事工業の史的分析』（お茶の水書房　一九七二年）で次のように述べています。

「動乱ブーム」で莫大な利益をあげた諸企業は、その利益を債務返済でなく、旧式化した設備の更新と近代化、生産拡大に必要な原材料の購入にあてた。こうして、基幹産業を中心とする設備投資や在庫投資の活発化は、市中銀行に資金需要の増大をひきおこし、消費の増大・物価の上昇とあいまって、急げきに国内市場を拡大させた。これによって、のちの高度経済成長の基盤をつくりあげたのである。

こういった分析が一般的ではないでしょうか。経済成長のきっかけを掴めたのは朝鮮戦争の特需によってであり、それを経済成長まで持っていったのは経済界ということです。

吉田が経済成長に寄与したというのは、吉田の軽武装を擁護するための言い訳か、憲法第九条を守ろうとするため言い出されたか、どちらかでしょう。

杉原　阿羅さんは、吉田が経済成長に寄与したというのはフィクションだと言われるわけですね。

阿羅　そうです。

杉原　賛成です。

ただですね、実際は占領軍の主導によって、そして経済界の努力によって経済回復がなったとしても、それを後世の者が、日本の努力で経済復興をしたのだと思い込もうとして、吉田の指導がよかったと思い込むのはある程度仕方のないことではないかと思うんです。

阿羅　それはそうです。自国の歴史を自国愛、愛国心を持って見るということは、健全な歴史観として許されるというか、許されなければなりませんから。講和条約締結を吉田の業績とするのもそれはそれで認めなければなりません。

杉原　しかし、それを軽武装によって経済成長をしたと、軽武装を合理化し、正当化するために言ったのが許せない。

あれだけの戦争を行い、日本国憲法で言われるまでもなく、平和国家になっていこうということが国民のコンセンサスになっているとき、誰が首相になっても、軍事大国の道を歩むはずはないでしょう。

問題は、「再軍備」といえば巨大な軍事力を持つことだという誤ったイメージを振り撒いて、同じ予算と規模でできるのに、軍隊ではない警察の組織である警察予備隊を作ったことです。

「吉田ドクトリン」とは何だったのか

阿羅　軽装備によって経済が発展したという言い方は、軍隊ではない警察予備隊を作ったことの言い訳にしている。そうして吉田は日本の独立国家の道を閉ざした。

杉原　そうです。軽武装で経済成長に成功したという言い方は、吉田の死後、「吉田ドクトリン」といって神聖化される。

阿羅　そう、「吉田ドクトリン」。

青山学院大学助教授であった永井陽之助は『現代と戦略』（文芸春秋　一九八五年）でこう記述しています。

一九五一年、アメリカのＭＳＡの支援のもとで、日本が自前の軍需産業と武器輸出の方向へ乗りだしていたら、こんにちの日本経済の奇跡はなかったにちがいない。この甘い誘惑を水ぎわでせきとめた功績は、吉田＝池田＝宮沢の保守本流の経済合理主義であり、大蔵省および財界主流、特に銀行、金融界の均衡予算優先主義であり、それを背後でささえていたものが、社会党はじめ野党諸勢力、そしてなによりも反軍・平和主義の国民感情であった。

これが「吉田ドクトリン」といわれるものですが、事実は、軍需産業が日本の経済を支え、吉田たちが防衛力増強を拒否したのは宮沢喜一の発言で分かるように国内政治によるものです。永井陽之助氏の分析が誤っているのは明らかです。

永井氏を最初に批判したのは学習院大学の高根正昭教授で、永井氏を批判した人は何人もいますが、徹底的に批判したのは外交評論家の田久保忠衛氏です。ワックから出ている『歴史通』(二〇一一年　七月号)で「『吉田ドクトリン』への死亡宣告」として明確に述べています。

吉田の経済政策を語るとき、憲法第九条を守ろうとするため事実の歪曲が行われてきた、ということが言えると思います。

杉原　話は少し逸れますが、現在の世界を覆うハゲ鷹のような資本主義経済を見てみたとき、日本が経済成長をする国だと分かったとき、なぜアメリカの資本は日本に乗り込んでこなかったのか。日本の資本の支配を企てなかったのか。日本から見ても短期的に見れば、アメリカの資本が入ってくれれば経済復興は早くなる。

アメリカの経済支配を恐れた誰か日本人が、何か画策して阻止したのか。もちろん吉田がそんなことをするはずはありません。

実は、占領期に、アメリカの資本を阻止したのは占領軍自身だったんです。第一次世界大戦後に敗戦国ドイツに他国の資本が乗り込んで摩擦の原因になったのを忘れていなかったんですね。

アメリカ軍の占領といえば、憲法の押し付けだとか東京裁判などで、その悪いところをクローズアップされやすいですが、こうして日本経済に対して、日本の資本の自立を考慮してくれた占領政策は善意で善良なところがあったことを忘れてはならない。特にソ連に占領された場合との比較で、その善意で善良なところはもっと高く評価されてよい。

阿羅　そう言えるでしょうね。

日本人は占領に卑屈であり過ぎた

杉原　ついでながら言いますが、ポツダム宣言を構想し実現してくれた人は、日米開戦時に駐日大使をしていたグルーですね。このグルーについては、この対談のどこかでもっと詳しく述べようと思っていますが、このポツダム宣言は軍隊の無条件降伏は言ってありますが、他は日本が降伏するための降伏条件の明示です。

だから、契約的な宣言ということになるんですが、日本がいったん降伏すると、トルーマン大統領は一九四五年（昭和二十年）九月六日、マッカーサーに通達を出して、アメリカと日本との関係は契約的基礎のうえに立っているのではなく、無条件降伏を基礎としているものであると指示しているんですね。これだけ見ると、けしからんということになるんですが、この年の十二月いわゆる神道指令があります。このとき、国家神道は廃止するけれど、私的生活における神道はこれを弾圧しないという姿勢を貫きます。これはやはり、ポツダム宣言で、信教の自由を保障したという意識のもとで指令を出したからです。

また、いわゆる東京裁判は文明の名に値いしない復讐のための裁判であることは言うまでもありませんが、少なくとも公開の裁判であり、文明の名に値いする裁判でありたいという願望だけは示していた。

先ほど言った、これは教育に関するものですが、昭和二十年（一九四五年）十一月十二日、占領軍は、「美術品、記念建造物及ビ文化的、宗教的遺跡並ニ施設ノ保護ニ関スル方針及ビ措置ノ件」なる指令を出している。これは占領下、世相の混乱の中で、文化財が破壊されたり、散逸したりするのを防ごうとした指令です。

阿羅　そういう指令がありましたか。杉原さんは占領期の教育政策について詳しいから知っているわけですね。

杉原　ともあれ、アメリカ軍の占領は全体的には契約的であり、文明的であり、つまり文明の名に値いする占領であろうとしたといえる面がありますね。

これに対して、日本側の方が自ら卑屈であったと言えるところがある、といえます。結局、また吉田批判になりますが、吉田個人は陽気な人で、卑屈であったとは言えませんが、彼の進めた政策は卑屈なものだった。ダレスが再軍備をしろと言ったのに、再軍備はせず、日本の安全をすっかりアメリカ軍の駐留に頼ろうとしたのは、考えてみれば、最たる卑屈というよりほかはないですね。吉田だけではありませんが、再軍備の問題はともあれ、一般的に日本人全体としての矜持がなかった。

第十二章　前篇第六章〈吉田茂と憲法改正〉の補追

吉田茂には憲法を改正する意図は端からなかった

阿羅　それでは、〈六章　吉田茂と憲法改正〉の補充をしていきましょう。

杉原　憲法草案が占領軍から、突き付けられたときのことはいろいろな本に書いてあるけれど、そのときの吉田の様子ね。

場所は外相公邸で、吉田茂が外務大臣として日本を代表していた。草案を受け取ったときの吉田の様子は第六章で話し合った通りです。

そうして、マッカーサーは、これを自分が作った憲法として恒久化させようとした。徹底した非武装の憲法として、誇りにしたかったんだね。そこで、占領末期、吉田はマッカーサーに妥協してこの憲法を改正せず、再軍備拒否の政策を取るようになる。

阿羅　マッカーサーに「妥協」と表現するのは適切ではないと思います。私、阿羅は思いますが、吉田は占領末期、端から、憲法改正をする意図はなかった。単なる妥協ではなかった。

宮沢喜一『東京―ワシントンの定説』（実業之日本社　一九五六年）によれば、講和条約締結後、憲法改正論がにぎわっていたときに、「この憲法を改正しようと考える政治家は馬鹿野郎だ」とつねに嘯いていました。

非武装で平和を維持していけるのであれば理想だが、そんなことはできるはずはない。そこでアメリカ軍の駐留の継続を望むわけでしょう。そして自らの解釈としては軍隊を持つことはできないと解釈しているその憲法を変えようとしない。日本をアメリカの植民地のようにしてそれでも構わないとしたのだから、日本国民に対する裏切りだと言ってよい。

杉原　〈第十章　吉田茂と「九条」解釈〉で話し合ったように、吉田はこの憲法で軍隊を保持することは許されるということは気がついていたのかもしれない。しかし、この憲法では戦力を持つことはできない、つまり軍備を備えることはできないと解釈した。戦力を持った軍隊は保持できないと解釈するのだったら、憲法を改正して、軍隊を保持できるようにすべきだった。

そうであるのに、憲法改正をしようとはしなかった。その結果、日本は論理上においては自らは戦力を持った自衛、防衛できない状況にあり、そのために戦力を持ったアメリカ軍が日本の防衛力を補うという立場になり、日本の防衛はそのアメリカ軍駐留の反射的効果のようなものにした。つまり、何度も言うことになるけれど、日本をして、恒久的にアメリカの植民地にするということですよね。

こうしたことすべて総合して考えたとき、すべてに優先したのは、再軍備拒否です。そのことを一番重要視するならば、憲法改正は絶対にやってはならないことになる。なぜならば、憲法改正というのは、非武装を規定しているいると言えなくはないこの第九条の改正なくしてはありえない。改正するとすれば、再軍備できるようにすることだ。だとすれば軍隊を作らなければならなくなる。吉田はこの第九条でも軍隊を持つことができるという解釈が成り立つことを無視して、持てないという解釈に固執して、それを再軍備しないことの口実にし、そしてそれゆえに憲法を改正しようとしなかった。

そう見れば、すべてに優先したのは再軍備拒否で、そのために憲法改正も拒否した。そういうことになりますね。

日本国憲法は憲法という形を装った不平等条約

阿羅　言われてみればそうかもしれません。田久保忠衛氏と加瀬英明氏との『日本国憲法と吉田茂―「護憲」が招いた日本の危機』（自由社　二〇一六年）で、加瀬氏が、この憲法は、日本がアメリカに縋らなければ生きていくことのできないようにする、憲法の形を装った不平等条約だと言っていますが、まさに、その通りです。吉田はその憲法を護持しようとした。

吉田は我々から見るとオソマツな外交官ですが、本人は外交官として自負していた。でも、このような不平等条約たる憲法をありがたく崇めるのだから、外交官としては、さらには日本の政治の最高責任者として端から失格ということです。

杉原　それが、今では戦後の大宰相ということになっている。吉田は、昭和二十年（一九四五年）九月十五日、重光葵の後を受けて戦後の事実上の最初の外務大臣になった。日本の不幸を予感させる彼の外務大臣就任です。彼は、戦争に負けて外交で勝った国があると豪語したことで有名だけど、戦争に負けて、外交でさらに負けて、自らが日本を植民地としてアメリカに差し出したと言うべきでしょうね。

阿羅　あんまり吉田さんをけなす言葉を連ねると、吉田さんは賢いと思っている人たちから嫌われますね。それに今は憲法を改正する必要はないと思っている人たちはまだ大勢いて、その人たちは吉田が憲法改正してくれていなくてよかったと思っていますから。

占領軍は憲法を再検討するよう命じていた

杉原　でもね、吉田茂は、確かに昭和三十二年（一九五七年）に書いた回想録でも、どちらかというと、改正の必要はないと述べているんだけど、これに関わっててね、戦後これまでの憲法論議であまり議論されていないことで、絶対に知っておかなければならないことがあるんです。マッカーサーが一九四七年（昭和二十二年）一月三日付で、憲法改正を検討しろと言っているんです。吉田に書簡を送った。そのことを少し触れておいた方がよいと思います。その本文を示しておきますね。

昨年一年間の日本における政治的発展を考慮に入れ、新憲法の現実の運用から得た経験に照らして、日本人民がそれに再検討を加え、審査し、必要と考えるならば改正する、全面的にしてかつ永続的な自由を保障するために、施行後の初年度と第二年度の間で、憲法は日本の人民ならびに国会の正式な審査に再度付されるべきであることを、連合国は決定した。もし日本人民がその時点で憲法改正を必要と考えるならば、彼らはこの点に関する自らの意見を直接に確認するため、国民投票もしくはなんらかの適切な手段をさらに必要とするであろう。換言すれば、将来における日本人民の自由の擁護者として、連合国は憲法が日本人民の自由にして熟慮された意思の表明であることに将来疑念が持たれてはならないと考えている。

憲法にたいする審査の権利はもちろん本来的に与えられているものであるが、私はやはり貴下がそのことを熟知されるよう、連合国のとった立場をお知らせするものである。

これは同年三月二十日で、新聞では三月三十日に報じられている。法政大学教授だった袖井林二郎の労作『吉田茂＝マッカーサー往復書簡集』（法政大学出版局　二〇〇〇年）にも収録されている。

要点は、新憲法が公布されてはいるけれどまだ施行には至っていないこの時点で、この憲法施行後、初年度と二年度目の間に、国会の再審査に付されるべきだと言っていることですね。

最も重要な一文は「連合国は憲法が日本人民の自由にして熟慮された意思の表明であることに将来疑念が持たれてはならないと考えている」です。つまり、憲法が真に国民の自由な意思に基づくものであるように再検討を命じていることですね。

「連合国の立場」と言っているというのは、極東委員会の決定だということで、形のうえではマッカーサーよりさらにうえの決定です。だから、マッカーサー自身の考えではないようですが、このことによって、日本はマッカーサーによって押し付けられた憲法を再検討しなければならない責任を負っていた。

阿羅　日本は憲法再検討の重要な責任を負っていたということですね。

杉原　そうです。制定してすぐの一年以内とか二年以内の検討はマッカーサーの手前、事実上難しかったと思いますが、しかし、この憲法を押し付けられたものではなくするために、再検討することは占領軍より義務づけられていたと言えなくはありませんね。

憲法改正の帝国議会での審議において首相を務め、その首相の立場で、この書簡を渡され、しかもマッカーサーより上の極東委員会からの指示を受けていたとすれば、占領の最終時期か、占領が終わり独立した最初に、日本はこの憲法の再検討をする責任が占領軍に対してあった。

形式的に言えば、この書簡を渡されて二年以内の内閣といえば、片山哲内閣と芦田均内閣です。しかし、この二つの内閣は政争続きでそれどころではありませんでした。だとすれば、占領が終結する前の内閣の責任です。つまりそのときの首相です。

その再検討の責任を負っていた首相は誰か。この憲法案を帝国議会に上程し、そしてこの書簡を受け取っていた人物と同じ吉田です。そして占領が終結するときにも首相として立ち合った吉田です。

ということは、吉田は憲法再検討、必要なところの改正を義務づけられていたのです。しかしその責任を果たさなかったのです。そのために、この憲法は占領軍によって押し付けられたものだという、日本国民の怨嗟の的になっているのです。アメリカからすれば、そのような再検討をしないで怨嗟をぶっつけられるのは迷惑だということになるかもしれませんね。

吉田は、忘れたのではない。忘れたとしても許されることではないけれど、意図的に確信的にこの義務を果たさず、憲法改正に着手しなかったんですね。

この憲法を押し付けて、改正を好まなかったマッカーサーは、すでに解任されてアメリカに帰っていたのだから、いともたやすくそれをできた。世論も十分に憲法改正を容認している状況だった。

そのようなことを一顧だにしなかった吉田を、どうして大宰相として崇められますか?

阿羅　よく分かります。

杉原　この憲法のよいところを生かすためにも、占領末期か占領解除後に憲法改正の手続きを取るべきだった。そしてそうすれば、現在の押し付け憲法だという論争、つまり、押し付けられた憲法を崇めて守らなければならないという日本国民の心底にある屈辱も生まれるはずはなかった。

国民も、再軍備についてもやむなしと思っており、この時点の憲法改正は明らかに可能だった。だから、吉田への批判の言葉はいくら連ねてもよい。

阿羅　杉原さん、繰り返しですね（笑）。

杉原　日本国憲法は押し付けられたものだと言い張る人も、占領軍が将来、押し付けられたという疑念が生じないように再検討を命じていたということの件は、あまり言いませんよね。憲法押し付け論には、吉田を初めとする日本側の責任のあることをもっと言ってよいはずです。

第十三章　前篇第七章〈吉田茂と韓国の悲劇〉の補追

帝国陸軍教育を受けた金錫源将軍は強かった

阿羅　〈第七章　吉田茂と韓国の悲劇〉で補充、追加しておきたいことがありますか。

杉原　あります。沖縄に『八重山日報』という日刊紙があります。平成二十九年八月三十日のこの新聞に『産經新聞』の野口裕之氏が「帝国陸軍教育を受けた英雄の像は撤去」という記事を書いています。

韓国は日本が第二次世界大戦で敗戦国となったために、その結果として独立を回復して誕生した国です。日本と戦って独立してできた国ではありません。

しかし、北朝鮮では、金日成がかすかな独立運動の痕跡を元に、日本軍と戦って独立したと言うものですから、韓国も「対日戦で勝利して独立を勝ち取った」ということにしなければならなかった。

そのために、日本との関係のある英雄を徹底的に歴史から消す必要があった。野口氏は「例えば」として次のように書いている。少し長いけれど、紹介しておきましょう。

韓国陸軍の金錫源少将（一八九三～一九七八年）

金錫源氏は帝国陸軍の幼年学校から士官学校と進み、韓国成立後に師団長（准将）に任官する。

折しも、朝鮮戦争（一九五〇～五三年休戦）が起きる。米陸軍のダグラス・マッカーサー元帥（一八八〇～一九六四年）の「国連軍」総司令官就任後の軍議で、金錫源氏は愉快そうにこう言い放ち、日本刀を仕込んだ軍刀の柄を叩いた。

「帝国陸軍を破った男が帝国陸軍を指揮するのか。よろしい。帝国陸軍が味方にまわればどれほど頼もしいか、存分にみせつけてやりましょう」

時あたかも、「国連軍」は朝鮮半島南端・釜山に追い詰められ、敗戦濃厚。首都ソウルを見捨て、いち早く逃亡した日本嫌いの李承晩・大統領（一八七五～一九六五年）はようやく、禁じていた帝国陸軍の教育を受けた韓国人のみの部隊編成を裁可した。

金錫源将軍の指揮する帝国陸軍得意の突貫に、北朝鮮・朝鮮人民軍は後退する。なのに、金錫源将軍は退却を命ずる。当然、敵は追撃に転じた。朝鮮人民軍は重装甲のソ連製戦車を多数有しており、火力がまるで劣る韓国軍にとり絶体絶命の危機。と、朝鮮人民軍戦車部隊に突如、沖合より米海軍艦隊の猛烈な艦砲射撃が加えられ、戦車部隊を粉砕した。

前夜、金錫源将軍は米艦隊に連絡将校を派遣。自らが囮になる作戦への協力を要請していた。ただ、訓練・経験不足の上、部隊を置き去りにして敵前逃亡する韓国軍将校を見てきた米軍は作戦成就を信じなかった。が、帝国陸軍の大佐だった軍歴に加え、支那事変（一九三七～四五年）で二個中隊の寡兵をもって一個師団を撃破し、朝鮮人初の功三級金鵄勲章を贈られたと知るや、作戦参加を決心する。

あわや朝鮮半島が赤化される巨大な危機・朝鮮戦争に際し、身を挺して祖国を守った紛う事なき救国の士に対し、韓国の仕打ちは酷かった。

「親日」を理由に「親日反民族行為者ブラックリスト」に載せ、予備役編入後に理事長を務めた高校の敷地に在った将軍の像を撤去する。

金錫源将軍に限らず、大日本帝国陸軍などの教育を受けた多くの英雄が「ブラックリスト」に提せられ、国史よりデリートされてしまった。

この引用で、私が言いたいのは、日本の軍人教育を受けて、そこで育った軍人であるゆえに、自らが囮になって、韓国を救ったというその事実ですね。そしてこのような一身を犠牲にした貢献があるのにもかかわらず、当時彼を称えて建てた像をも今では撤去する。こうしたことから考えてみて、韓国は国の歩むべき道を誤った。国の選択として反日教育を行う国になるべきではなかった。ひょっとして世界一の親日国になる可能性もあり、韓国はその道を選択すべきだった。

阿羅　韓国の歴史、文化から考えれば、韓国が親日国家になるというのは無理じゃありませんか。

杉原さんも知っておられるように朝鮮半島では仏教が消えて長く儒教、しかもそれは朱子の説いた朱子学が浸透した国です。

杉原　一三九二年に成立した李朝がそうですね。一九一〇年（明治四十三年）の日韓併合まで続いた。この王朝が仏教を弾圧して朱子学の国にした。

阿羅　朱子学は優劣の秩序を強調します。朱子学に染まった韓国からは、日本は下位に位置づいていなければならない。

その日本が豊かであったり、強かったりすると、大変な反感を抱く。そうしたことを考えれば韓国が親日国家になるというのは無理じゃありませんか。

杉原　でも、韓国の反日感情は政府が一貫して行ってきた反日教育によるところが大きいと言えますよ。

もし韓国政府が理性的に、国民感情を抑えて、国家として親日政策を取り続けていたら、戦後約七十年以上経った今日、大変、変わっていたんではないっでしょうか。その点では、日本嫌いの初代大統領の李承晩が来日したとき、この機会を生かせず、むしろ李承晩の反日感情をさらに高めさせた、吉田の罪は重い。

李承晩は、やはり韓国を統治する大統領として、日本と友好関係を築かなければならないと思って日本を訪ねたんですね。だからその対応に万全を尽くしていたら、ひょっとして反日教育は止めている関係になっていたかもしれない。そうすれば、今ほどの反日国家にはなっていなかった可能性がある。

阿羅 杉原さんの強調するところですね。

杉原 野口裕之氏の言っていることでもう一点言っておきたいことがある。

野口氏の言うところでは、金錫源は像が建てられ、そして撤去されたとありますね。つまり、これは金の像を一時は建てていたということで、一時は金を賞賛し、その功績を称えていたことですね。にもかかわらず今では像も撤去し敵視したということですね。

時おり聞くんですが、日本と韓国の合邦状態が一世代に当たるもう二十年続き、そのうえで独立国家となっていたら、韓国人に日本人の生き方やものの考え方が十分に伝わり、反日教育などしなかったのではないかという話。したとしても効果はなく、続かなかったのではないかという話ですね。二十年ほど短かったために恨の情緒が蘇り、反日教育が蘇った。その挙句、現在は自らの反日教育の自家中毒に陥って、歴史の事実を事実として見るということもまったくできなくなった。そして結局、今は国家の病となっている。

阿羅 韓国の長い歴史から見て難しいでしょうけれど、もう二十年、日本の統治が続いていたら、もしかして変わっていたかもしれませんね。

日韓和解の機会を生かそうとしなかった吉田茂の責任は重い

杉原　私は、外務省の中の吉田の側近とも思われる人たちが、特に外務大臣の岡崎勝男が、この機会を生かして、日韓の親和的関係を築かなければならないと思って、吉田に韓国に返礼の訪問をするよう進言したと思う。そういう史料はないけど。
　しかし、吉田は李承晩が嫌いだから、返礼訪問をするのなら、外務大臣のお前が行け、ということになったのだと思う。

阿羅　自分の感情からは公人の立場をあっさり捨てる。やはり罪は深い。この非礼は泉下の吉田は韓国に向けても詫びなければならないことだと思う。

杉原　第七章で言ったことの繰り返しになるけれど、李承晩の大統領として拠って立つところは、反共主義の闘士ということだった。吉田も反共主義者だった。だったら、もしかすると、蔣介石、李承晩、吉田茂と、反共のリーダーとして連携することができたかもしれない。本来友好関係を築かなければならない日本と韓国は、この時点で強い結束関係を築けたかもしれない。そうすれば、今日のような厳しい反日教育をする韓国ではなくなっていたかもしれない。

阿羅　そんなにうまくいきましたかね。

杉原　難しいでしょうけれどね。私は今日の反日に狂う韓国を見たとき、韓国とよりを戻す機会を無視した吉田はもっと責められるべきだと思う。日韓問題解決のために努力しなければならないのに、その努力は一切しなかった。

こうやってできた戦後の外務省は吉田のせいでまったく責任感のない官庁になった。慰安婦問題で韓国が荒れていっているのに、正しい情報を発信しようとしなかった戦後の外務省、これらに関する吉田の責任は大きいと思う。慰安婦問題を作って韓国に提供した反日日本人も悪いけれど、国民の税金を使っている外務省が三十二年間にもわたって何もしなかったことの罪はもっと大きく、その背後に吉田の背後霊がいるように思う。慰安婦問題は韓国にとっても、負の遺産となった。その点では、この対談本の日本の読者からは反感を買うかもしれないんですが、日本にも責任があり、いささかは韓国に同情し、吉田の責任を問いたいと思っているんです。

もともと反日感情が燃えさかっているところに、慰安婦の「強制連行」というような、怒っても仕方がないような材料を日本側が与えたようなものですからね。そして外務省は間違った情報や知識によって怒っているのに、それを三十二年間にわたって正そうとはしなかったのだから、吉田の作った戦後の外務省は慰安婦問題を提供して韓国社会を狂わしたことになりますね。

第十四章　前篇第八章〈吉田茂と歴史の偽造〉の補追

歴史偽造の結果、かの戦争の大義を言えない外務省となる

阿羅　それでは〈第八章　吉田茂と歴史の偽造〉の補充の話に入りましょう。まず吉田によってなされた歴史の偽造の結果、戦後の歴史認識がどのような影響を受けて今日に至っているかということが問題になるでしょう。

杉原　そうです。外務省は、かの戦争に関して重大な責任があるのに、その責任を国民は見てはならない、考えてはならない、発言してはならない、というように国民を誘導していくことになります。外務省としてはそのための作用を出し続けていくことになります。

そのような、あってはならない作用を出し続ける反国民的政府機関となったわけですね。第八章でも述べましたが、そのことによってかの戦争の日本側の抱いていた大義は海外に向けて発信するのが役割なのに発信できない外交機関となるわけですね。

そうすると、海外からかは、戦争について、日本が引き起こした悪い戦争だとばかりに解して、あることないことで日本がどのように非難されてもいっさい抗弁しない外交機関となるわけですね。

外国に向かって、かの戦争について日本の言い分をいっさい言えない、言わない外交機関を持つことによって日本はどうなりますか。

第十二章で紹介した外交評論家の加瀬英明氏が、先日面白いことを言っていました。今戦後七十三年目になっていますが、歴史認識の歪みについて、日本はいまだもって占領軍や占領下の東京裁判のせいにするんですか、と。このままいけば、百年目になっても、日本人の歴史認識は占領軍によって歪められたと言い続けるんですか、と。それは日本人として恥ずかしいことではないですか、と。加瀬氏はそう言いました。

確かにそうですよね。今の歴史認識の歪みを占領軍が仕組んだものだと言い続けることはできませんよね。歴史認識の歪みは実は外務省によって作られ続けているものなんです。

そこで私は考えるんです。やはり外務省の問題は吉田の問題だと。いつまでも歴史認識の問題を占領軍の問題にしておくのはおかしい、と。吉田によって作られた外務省がおかしいから、日本人の歴史認識はいつまでもおかしいのだ、と。だとすれば、やはり外務省を変えなければならない。吉田によって作られた戦後の外務省は、税金を使ってなす自虐史観の、温存、啓培、発信の政府機関になっていた。その外務省を、吉田の作ったものから脱皮させ、真に愛国的な外務省に生まれ変わらしていかなければならない。

阿羅　そうですね。

戦争を仕掛けた中国になぜ謝らなければならないのか

杉原　よい例が「南京事件」や慰安婦問題ですよ。

「南京事件」については、日本の名誉に関わることですから、本来ならば政府の力で真実を精査して言うべきことは言うべきでしょう。曖昧な態度に終始しているうちに、中国が世界記憶遺産にでたらめな資料を登録したではありませんか。慰安婦問題については、慰安婦の強制連行などはないことは、とっくに分かっていたのに、『朝日新聞』が誤報を続けていた三十二年間に、何ら正しい情報を発信しなかったというのはどういうことですか。今では世界中で、慰安婦像が建てられ続けているではありませんか。

結局、外務省は自己の戦争責任を隠し、それが清算されていないから、日本をして、自虐国家、東京裁判から言えば犯罪国家として位置づけるよりほかはなく、そのことを前提に、世界に向けて外交をしている状況になっている。

かの戦争については日本にも大義があります。日米戦に限れば、日米戦争はアメリカに引きずり込まれた戦争だと言ってよいのです。日中戦争は、中国によって解決不可能にされて引きずり込まれた戦争です。少なくともそういう側面があります。「史実を世界に発信する会」の茂木弘道氏が書いた『戦争を仕掛けた中国になぜ謝らなければならないのだ！―「日中戦争」は中国が起こした』（自由社　二〇一五年）に極めて明解にまとめてある。確かに日本は戦争に引きずりこまれた側面があります。

さらに言っておくべきは、日米戦争開始以降東南アジアへの進出は、最初からの目的ではなかったといえ、第一次世界大戦後に、アメリカの大統領ウィルソンが、白人国家に限って民族自決を唱えていたのを東南アジアの黄色人種の間にも広げ、東南アジアをヨーロッパの支配から解放したことは偉業ではないのか。

しかるに外務省はこうした日本側の言い分は外国に向かっては絶対に言わず、こうした言い分は言論界で、一部の人が私人の立場で愚痴としてしか言えない国になっているのです。

阿羅　国民はそのことを発言し指摘しています。しかし、政府にはなかなか伝わりません。外国に向けて発言する外務省がそのことを言わないのですから……。

中曽根康弘内閣のとき日本はハンディキャップ国家だった

杉原　外国に向けて日本の立場を表明するのは外務省ですよね。その外務省が日本の名誉に関することには沈黙するんですから、国民の言うことはあくまでも私的な発言にしかならないのではありませんか。

〈第八章　吉田茂と歴史の偽造〉で、外務省が日本はハンディキャップ国家だと言ったと言いましたが、日本が外務省によって自虐国家になっていたことをはっきりさせる事件がまさに事件として中曽根康弘内閣のとき起きたんです。正真正銘、日本をして自虐国家、犯罪国家であり続けさせようとしている外務省の姿がはっきりと形を取って現れたんですよ。

これは第八章でも述べたことですが、だけどもう一度繰り返して言いますね。中曽根康弘は、その前の鈴木善幸内閣を引き継いで昭和五十七年（一九八二年）十一月二十七日、第一次中曽根内閣を成立させますよね。そして第三次まで含めて、昭和六十二年（一九八七年）十一月六日、竹下登内閣が成立するまで続きましたね。

中曽根は、「自他ともに認める憲法改正論者ですよね。そしてこの中曽根は、この内閣で「戦後政治の総決算」ということを言い出した総理ですね。

しかし、彼の内閣において、戦後になって仕組まれた、それは我々の今のテーマに合わせて言い換えれば、吉田によって仕組まれた、と言ってもよいのですが、ともかく、この中曽根内閣で、戦後の日本は、外務省によって日本の名誉になることをいっさい言えない、東京裁判による犯罪国家であり続けさせられていることがはっきり分かることが起こったんです。

順序立てて言いますね。第二次中曽根内閣のときのことだけど、昭和六十年、中曽根首相は中国の圧力に屈して靖国神社を参拝しなくなりましたよね。日本の戦争犠牲者を祀る靖国神社を、日本の首相が中国の圧力を受けて何ゆえに中止しなければならないのでしょうか？

そして同じ年に、外務省の小和田恒条約局長は、国会で政府の正式な見解だとして日本はハンディキャップ国家だと言いましたよね。この問題は第八章で詳しく述べた通りです。外務省がそういう観点、そういう方針を持っていることが明確に姿を取って現れたのだと言えます。

そしてそれが実際に日本の外交として実行されたんです。昭和六十一年『新編日本史』という高校歴史教科書の検定で、いったん合格させた教科書を中国の指示に従って、書き換えさせたという「新編日本史事件」という事件を外務省は引き起こしました。

一度合格していた教科書を、中国の圧力によって書き換えさせるとは、これは我が国の主権の一つである教科書検定権を中国に譲り渡したようなものでしょう。

以上の三点のうち、第一点と第三点、両方とも主権国家としてはありえない政府の行為ではないですか。

戦後政治の総決算どころか戦後政治の総結晶、吉田によって作られた戦後自虐国家の完成した姿ではないですか。これがすべて外務省によってなされたんです。

阿羅 看過できない問題ですね。

杉原 中曽根首相に不満だと言えば、これで戦後の政治の総決算とどうして言えますか、ということ。

阿羅 言えませんね。あえて言えば、中曽根首相の変節ということでしょうね。

杉原 そうですよね。中曽根は、戦後政治の総決算と言いながら、外務省をして自虐的戦後政治の完成した姿を現しめたのです。

阿羅　中曽根はけしからんということになる。

杉原　そうです。しかし私がここで言いたいのは、これらはすべて外務省が演出していることです。そしてそれに飼い馴らされた戦後の政治家は、それがけしからないことだとは思わなかったんです。

阿羅　確かにそう言われればそうです。

杉原　私が大学を出たときの専門は教育行政学だから関心が続いたんですが、この中曽根内閣での教科書問題は、昭和五十七年、鈴木善幸内閣のとき、前哨戦があるんです。

阿羅　例の教科書誤報事件？

杉原　そうです。

阿羅　高校歴史教科書検定で「侵略」を「進出」と書き換えた例はないのに、このように書き換えさせられたと、マスコミが誤報した。

杉原　そうです。このとき、政府はこれは誤報であることを知っておりながら「政府の責任において是正する」と、このときの官房長官宮沢喜一は「官房長官談話」を発表した。誤報だということを知っておりながら、そのことを指摘しないで「政府の責任において是正する」。考えられませんよね。

これも、外務省がそうさせたのです。

阿羅　まるで日本は中国より下位の国です。

杉原　そうです。日本は完全には主権国家ではないということです。半主権国家だということです。

外務省は、自虐的でない教科書に対して検定不合格にしようとした

阿羅　それで、教科書問題は終わりですか。

杉原　いえ、まだ続くんです。三度目の最終決戦があるんです。「新しい歴史教科書をつくる会」については、ご存知ですよね。この会が平成十二年（二〇〇〇年）、初めて文部省に中学校歴史教科書の『新しい歴史教科書』の検定申請をするんです。その検定過程で、外務省出身の審議委員が不当な手続きで、この教科書を不合格にしようとしたんです。新聞にも少し出ましたから、ご存知でしょう?

「新しい歴史教科書をつくる会」というのは、平成八年の検定合格のすべての中学校歴史教科書にありもしない「従軍慰安婦」の「強制連行」の記述が載ったので、これに憤激した国民が平成九年初頭に立ち上げた会です。自ら自虐的でない教科書を制作発行しようということになったのです。

設立趣意書に次のようなところがあります。

私たちのつくる教科書は、世界史的視野の中で、日本国と日本人の自画像を、品格と

バランスをもって活写します。私たちの祖先の活躍に心躍らせ、失敗の歴史にも目を向け、その苦楽を追体験できる、日本人の物語です。教室で使われるだけでなく、親子で読んで歴史を語りあえる教科書です。子どもたちが、日本人としての自信と責任を持ち、世界の平和と繁栄に献身できるようになる教科書です。

自虐教科書から脱却して、まさに正当な教科書を作ろうということですね。

こうして初めて作ったのが、『新しい歴史教科書』という中学校歴史教科書です。これを平成十二年（二〇〇〇年）四月に文部省の検定申請に出しました。そして検定の過程で事件は起こりました。審議会があって、審議委員がいます。その委員の中に外務省出身で元インド大使の野田英二郎という委員がいた。この人が検定審議会として結論が出ていないこの教科書に対して「日本の戦争犯罪の記述が足りず、おかしい」「元中国大使もこの教科書を憂慮している」として、他の委員に不合格にするよう、不当な働きかけをしたんですね。

そのことが十月十三日付『産經新聞』で報じられ、発覚した。

この教科書は平成十三年四月文部科学省（この年より文部省の名称が変わった）より、無事に検定合格となった。

阿羅　自虐的な教科書でなければいけないということですね、その審議委員にとっては。途方もなく自虐的な外交官だった、その審議委員は。

杉原　いえ、この事件は、一外交官経験者の問題ではなかった。外務省の中で、課長級の人たちが集まって、不合格にするための方策を検討していたというんです。

この野田氏の不当な不合格工作は外務省の組織的犯罪に等しいことです。外務省は税金を使って自虐的な教科書しか制作されないように働きかけていたということです。外務省が組織的に日本をして自虐国家であり続けさせようとしているということですね。

先ほどの「つくる会」の設立趣意書の一文をもう一度読んでみてください。日本国民として当然のことを言っているんではありませんか。そうしてできた教科書を外務省が組織として、しかも国民の税金を使って、日本を犯罪国家のままにあり続けさせるようにするために、自虐的でない教科書を検定不合格にする、これが外務省なんですよ。吉田によって作られた戦後の外務省の姿なんですよ。

結局、最後の教科書をめぐる決戦は「つくる会」側、つまり国民の側が完勝することになりました。その後、「つくる会」の威力は強く、外務省はこのような試みをしようとしても、絶対に成功しない状況になりました。その点ではこれは「つくる会」の功績です。

阿羅　要するに、吉田に導かれて自己の戦争責任を隠し歴史の偽造をした外務省は日本国家をいつまでも自虐国家、犯罪国家であり続けさせようとする政府機関になっていた、ということですね。

杉原　そうです。許せますか?

阿羅　許せません。

杉原　日本国民はもっと怒らなければなりませんね。

阿羅　それにしても中曽根内閣のときはひどかった。小和田条約局長の答弁など、よく許しましたね。そして靖国問題は今なお解決していない。

杉原　私は、結局、戦後の外務省をこのようにした犯人は吉田だと思う。外務省は戦後一貫してその通りの外交をし続けたことになる。

それに私が不思議に思うのは、そのころ、自民党議員は何をしていたんだろうと。教科書を中国の指示によって書き換えさせるのも異常だし、小和田局長が、日本はハンディキャップ国家だと答弁するのを黙って聞いているのもおかしい。

阿羅　中曽根内閣のときはそうした外務省でも仕方がないんだと自民党議員の多くは受け取っていたと思います。でも最近は必ずしもそうではなくなっている。

平成二十七年（二〇一五年）に中国が申請した「南京大虐殺」に関わる資料が世界記憶遺産に登録されるという事件がありました。このとき自民党の外交部会、文部科学部会、外交・経済連携本部、国際情報検討委員会、日本の名誉と信頼を回復するための特命委員会が合同で会議を開き、外務省の関係者を呼び出して責め立てていました。私も杉原さんもこの会議に呼ばれた。

外務省がここまで非力、無気力、無能力の外交を展開してきて、自民党としても堪忍袋の緒が切れたということです。

それで、安倍政権になって外務省は少しずつ積極的な外交を展開するようになってきています。慰安婦問題でも平成二十八年二月十六日、杉山晋輔審議官が国連女子差別撤廃委員会で、慰安婦は「性奴隷」ではないとはっきり答弁しました。

「慰安婦の真実国民運動」の目覚ましい活躍

杉原　このところで、この対談本としては特に指摘しておきたいことがあるんです。平成二十五年に結成された「慰安婦の真実国民運動」の目覚ましい活躍ですね。この運動団体は、平成二十七年（二〇一五年）七月二十七日、日本の民間団体として、国連に出かけていって初めて「慰安婦は性奴隷」ではないと発言した。

そしてそれが、杉山審議官の「慰安婦は性奴隷ではない」という答弁に繋がった。

阿羅　民間が取り組んできたということですね。平成二十四年まで韓国大使を務めた武藤正敏氏の書いた『日韓対立の真相』（悟空出版　二〇一五年）を読むと、慰安婦問題に対する外務省の姿勢が分かります。こう書いています。

日本が注意すべきポイントは、「狭義の強制性はなかった」という主張は決してしないことです。なぜならその主張は、かえって国際社会に「過去の非人道行為を反省していない」との不信感を植えつけ、ますます韓国側に同情を集めてしまいかねないからです。

強制性の有無を論じるよりも重要なことは、日本が国際社会に「強制性はなかった」と主張し続けることの無意味さです。

これはいったいどういうことでしょう。何もしないで韓国の言うままにしておいたから、世界的に誤解が広がったわけです。にもかかわらず、その誤解を正す行為はしない方がよいと言う。考えられませんね。第一、間違った情報で日本が責められているときなぜ怒りが出てこないのかと思います。

外務省の組織の中では優秀な素質を持っていてもダメになる

杉原　この点、私の書いた『外務省の罪を問う—やはり外務省が日本をダメにしている』（自由社　二〇一三年）で言ったことなのだけれど、この武藤氏の話は外交官の無能力を表しているんですね。外交官は潜在的には優秀な素質を持っていても、そのような能力を発揮するよう養成教育を受けていないのです。能力があっても育たず、ダメになるのね。

武藤氏の言ったことを見てください。こんな外交ならば最も能力の劣る外交官でもできる外交ですよ。なぜって、このような外交でよいなら、情報を取る必要はないし、それを分析する必要はないし、打開する戦術、戦略を考える必要がない。ただ、相手国の外交官の喜ぶように言われるままにしておけばよい。つまり、外務省のすべての外交官は、最も能力の劣る外交官に足並みを揃えておればよいということになる。

私の書いたこの本を読んでほしいけれど、原爆まで落とされることになった日米戦争の開戦前のアメリカ大使館では、キャリア組でタイプを打てるのは一人しかいなかったというんですよ。それも一本指打法で速く打てなかったというんですよ。外交官としての職務教育がまるでできていない。

それに前の日にタイプの打てる奥村勝蔵一等書記官が遊びに行ったのも許しがたいけれど、「最後通告」を手渡す十二月七日（アメリカ暦）の指定時刻にタイプが間に合わないと分かったとき、現地のタイピストに打たせれば時間に間に合うのに、なぜその機転が利かなかったのか。「最後通告」は重要な文書だから現地のタイピストに打たせてはならないという本省からの指示が来ていたから使えなかったと言うんだけれど、その秘密文書を現地のタイピストに打たせて、それを国務長官ハルに手交するまで部屋に閉じ込めておけばよいわけでしょう。手交が終われば、その文書は秘密でも何でもなくなるから、その手交時刻が過ぎたら、その文書をタイプした現地のタイピストを解放できる。こうした中学生でも分かるような機転がなぜ利かなかったのか。外務省は明治以来外交官の養成教育に失敗しているのです。

そこで吉田の話になるんですけれどね、吉田のしなければならなかったのは、外務省の総反省をして、そうした省内の養成教育とか養成のための研修ですね。そうしたものを改め、そのうえで日本の名誉を守りながら、平和外交に徹することだったんですね。だけど、この失態の二人の責任者を外務次官に栄達させたのだから、それどころではない。

いかがわしい「吉田茂賞」

阿羅　〈第八章　吉田茂と歴史の偽造〉については、この辺りでいいんですか？

杉原　まだあります。これは直接、吉田がしたことではありませんが、結果としては吉田がしたことになります。「吉田茂賞」のことです。

阿羅　それで歴史の研究、特に外交史の研究を歪めたことですか？

杉原　そうです。「吉田茂賞」というのを聞いたことがあるでしょう。ウィキペディアで見れば、「吉田茂賞」は、財団法人吉田茂基金が、前身に当たる吉田茂記念事業財団（昭和四十六年～平成七年）を継承し、国際的教養の豊かな前途有望の学者に授与する学術賞だと言っている。

そして昭和四十六年（一九七一年）より平成二十二年（二〇一〇年）度まで毎年一回、計四〇回授与している。

吉田が亡くなったのが、昭和四十二年だから、死後四年目から「吉田茂賞」の授与が始まっていることになる。これまで授与された授与内容を見ると、圧倒的に外交史に関する研究が多い。
これまでは四十年間、外交史に関する若い研究者は「吉田茂賞」をぐって研究生活を始めたことになるではありませんか。これでは吉田批判の外交史研究などはできないではないですか。そうではありませんか？

阿羅　四十年間続けば確かに影響はあるでしょう。

杉原　まともにかの戦争に至る外交から戦後の外交を考えたとき、吉田への批判は瞬時に出てくるはずのものでしょう。
しかし、若いとき、吉田茂賞を授与されて、外交史研究を始めれば、吉田の批判はできなくなる。

阿羅　そうですね。

杉原　口が酸っぱくなるけれど、吉田は日米開戦の際の日本海軍の真珠湾攻撃も形のうえで「騙し討ち」にし、日米戦争を途方もなく凄惨なものにした事務失態の責任者二名を占領解除前後に外務次官に就任させ、この失態の問題を議論することのできないようにした。
そのことをひた隠しにしなければならなくなった外務省は、かの戦争の責任を旧軍部にすべて押し付け、外務省としては、かの戦争は侵略戦争だったと言うよりほかはないようにした。

つまりね、国民をして、かの戦争をしてありのままに実像を見れないようにしたんですね。そのうえ、外交史の研究で若い育ち始めた研究者に吉田茂賞を授与するんですよ。吉田を批判することはできず、さらには外務省を批判する研究はできなくなるではありませんか。見てください。戦後発表された歴とした外交研究者の研究で、外務省と懇意にした人の研究で、吉田を批判した論文、図書、外務省を批判した顕著な論文、図書はありますか。

阿羅　あまり聞きませんね。あるとしても歴とした研究者ではなく、どちらかというと研究者であっても外野の人です。例えば杉原さんなどがそうでしょう（笑）。

杉原　阿羅さんも研究者として無視されるでしょう。阿羅さんも吉田には厳しいから、阿羅さんの研究も無視されやすくなっているんではありませんか？

阿羅　そうですかね（笑）。

吉田茂を批判する研究書が政府主催の展示で削除される

杉原　私は無視されていることを実証的に示すことができるんです。

阿羅　実証的に？

杉原　明確な証拠を持って指摘できるんです。

インターネットで、国立公文書館で〈インターネット展「公文書に見る日米交渉：開戦への経路」〉を検索してみてください。これは、平成十七年（二〇〇五年）に展示され始めたものです。その「参考文献」のところを出してください。研究書がたくさん並んでいます。しかしこの対談で何度も紹介した私の研究書『日米開戦以降の日本外交の研究』が載っていません。書名に「日米開戦」とあるのにですよ。

阿羅　大変な問題ですね。

杉原　そうです。実はですね、日米開戦への経緯では、日本側もアメリカの外交電報をある程度、暗号を解いて読んでいたんです。

私のこの本は、日本がアメリカの外交電報を読んでいたという事実を取り入れて書いた、事実上唯一の研究書です。アメリカが日本にハル・ノートを突き付けたとき、東郷外相は、国務長官ハルから駐日アメリカ大使に送られた電報を読んでいた。そこには、暫定協定案は日本に提示しないことにしたと書いてあった。だったらハル・ノートは、アメリカ政府の最終案だと受け取らざるをえない。絶望した東郷は、日米開戦を認めてしまうんですよね。

このこと、知っていました？

阿羅　私は読んで知っているけれど、一般には知られていない。

杉原　実はそれだけで驚いてはならない。アメリカ政府、つまりルーズベルトやハルは、日本がアメリカの外交電報を読んでいること、そのことを知っていた。

だから、暫定協定案を提示しないということをグルーに知らせ、その電報を解読させて東郷にあえて読ませたんですね。

阿羅　日米交渉にあってアメリカは普通に思われている以上に狡猾だった。

杉原　狡猾です。しかし今はそのことが問題ではありません。なぜそこまで追究してあることの本を政府のインターネット展の「日米交渉」の並みいる研究書の中で脱落するんですか。私の本は、私の努力もあって、英語本も、中国語本も、韓国語本もあるんですよ。それがどうして脱落させられるんですか？

阿羅　杉原さん、興奮していますよ。

杉原　いえ、興奮はしていません。事実をそのまま指摘しているだけです。

阿羅　そうですか（笑）。

杉原　そしてね、このように吉田への批判を起こさせないように一つの社会的装置となっているわけですね。そして吉田批判が起こらないように多勢の人が連んでいるんです。

阿羅　その人たちにとっては、この私たちの対談本は都合が悪いでしょうね。

杉原　それはそうです。

阿羅　そうでしょうね（笑）。

日本もアメリカの外交電報を解読していることをアメリカ政府はどうして知ったか

杉原　実はね、ここで言いたいもう一つのことがあるんです。それは日本がアメリカの外交電報を読んでいることを、アメリカの政府がどうして知ったかということですね。

これがまた実に興味深い。昭和十六年（一九四一年）八月六日の時点だけど、近衛文麿の秘書の牛場友彦がグルーの配下のジョン・エマーソンにそのことをあえて知らせるんですよね。

牛場はどうしてこんなことをしたのか、不思議ですよね。それにはいろいろなことが考えられるんだけど、ともかく、エマーソンに知らせ、エマーソンは急遽、アメリカに帰って、ハルやルーズベルトにそのことを知らせる。

平成三年（一九九一年）、真珠湾五十周年の年にね、あらゆるマスコミが真珠湾五十周年に熱くなるほど熱心に報道した。このとき、NHKが牛場友彦を日米交渉に関わる人物としてインタビューした。

しかし、牛場はこのインタビューで何度請われても喋らないことが一つあった。それが何か、このNHKの取材班もこの時点では分からなかった。

それは、結局、日本がアメリカの外交電報を読んでいることをエマーソンに知らせ、アメリカ政府に知らせたということだったんだよね。牛場は当然、この日米交渉の過程で漏らさなかった。だから東郷が暫定協定案を日本政府に提示しないことにしたという、ハルからグルーへの電報を読んだとき、読まされていることには気がつかなかった。

阿羅　極めて重要な経緯ですね。

杉原　私が思うのは、こうした史実が人口に膾炙していないのは、明らかに日米交渉史の研究が正当な状態になく歪んでいるということです。外務省の外交電報がアメリカに解読されていたなど、外務省が弱体であったという研究はなかなか進まない。研究者自身が外務省を擁護していると言ってもいいんですね。

阿羅　言われてみればまさにその通りで、けしからぬ話ですね。

杉原　牛場がエマーソンにこの重大な事実を知らせたという事実はね、実は、エマーソン自身が一九七八年（昭和五十三年）に書いた回想録に書いてあるんです（John k, Emmerson, *The Japanese Thread:A Life in the U.S. Foregin Sevice,* New York:Holt, Rinehart and winston,1978）。そしてそれが翌年の昭和五十四年に日本で翻訳されていたんですね（ジョン・K・エマーソン（宮地健次郎訳）『嵐のなかの外交官―ジョン・エマーソン回想録』朝日新聞社　一九七九年）。

私は、そのことを後になって知ったんですが、平成三年の真珠湾五十周年のとき、牛場友彦をインタビューしたＮＨＫ取材班も、そのことをこの時点では知らなかったことになる。

阿羅　そういうことになりますね。

杉原　なぜこのような重要な史実が誰もが知るところにならないのか。これは、繰り返しとなりますが、研究者による外交史の研究がいかに偏っているかを明らかにしている。

そういう観点からは私の研究は、外務省の恥部を記述してはならないという、黙契破りの外交の研究だから、先のインターネット展の参考文献からも抹殺しなければならなかった。

阿羅　なるほど。

杉原　私のこのインターネット展で無視された研究書は、外務省がひた隠ししている占領が始まった時点での天皇とマッカーサーの第一回目の会見で、天皇が戦争責任を認め、謝罪したというところを明白に描き出しています。そして吉田が真珠湾「騙し討ち」の責任者を外務次官に就任させたことを痛烈に批判している。だから、インターネット展の参考資料で、私の本を収録することはできなかったということですね。

「昭和天皇実録」でも明かされなかった昭和天皇のマッカーサーへの謝罪

杉原　ついでですが、〈第八章　吉田茂と歴史の偽造〉でも少し触れましたが、昭和天皇とマッカーサーの第一回会見で謝罪したという発言の部分は、この度、宮内庁より出た「昭和天皇実録」でも抜けている。

この「昭和天皇実録」（宮内庁『昭和天皇実録（第一～第一八）』東京書籍　二〇一五～

二〇一八年、別巻索引は二〇一九年）に関しては、作成に当たっては宮内庁の担当者によって焼却された文書もあるといわれている。宮内庁には外務省から来ている人も多いから、これも国民の知ってはならない、外務省の秘密として、そうした人たちによって焼却されたのかもしれない。いちおう断定は避けますけれど。

阿羅　宮内庁には外務省上がりの人がたくさん詰めているからそういうことが起こるということはありうるでしょう。

杉原　そうですね。

阿羅　杉原さんの本がそれほど並みいる参考文献の中から抜け落ちるのか、国立公文書館に問い合わせてみたら？　やってみる価値はありますよ。

杉原　あぁ、そうですね。そうしてみましょうか。この対談本ができあがったら、この対談本をつけて。

阿羅　そうです。今私たちがしているこの対談の本は、日本国内で恐らく大きな反響を呼ぶでしょうから、これをつけて国立公文書館に問い合わせるとよいですね。

杉原　そうしましょう。

恥ずべき「吉田茂賞」

杉原　ともあれ、このインターネット展で、私の本を脱落させたのは、先の「吉田茂賞」に関わっている人の中にいますね、必ずや。武士の情けで、人名への追及はしませんが、研究者としては「恥を知れ！」と言いたいですね。吉田批判を起こさせないその装置とその装置を働かせている人たちね。

阿羅　研究者は公正、公平であるべきです。

杉原　この「吉田茂賞」は、平成二十二年（二〇一〇年）四〇回の受賞をもって終わるんですね。さすがに良心の呵責を得てのことなのか、資金が尽きてか、あるいは目的を達成したと思ってか、この平成二十二年の受賞が最後になるんですね。

受賞をしていた吉田茂国際基金も翌年平成二十三年に解散するんですね。

阿羅　その基金の解散の正確な理由は分からないんですか？

杉原　私は知りません。知っても仕方がありません。それより重要なのは、この賞が戦後の外交史の研究を歪めてきたことです。

阿羅　おっしゃる通りです。

杉原　そこまでして、吉田への批判は、外務省や研究者によって抑えられているのに、安易に吉田を称賛する人がいる。滑稽ですよね。

阿羅　そういうことになりますね。

日本学術会議は学界のトラブルを解決せよ

杉原　ついでながら、私は、こうした研究上の苦情や問題は、政府の特例の機関、日本学術会議で処理したらどうかと思っています。

研究者の身勝手さをそのまま放置して何もできないというのは、社会的に見てもよくないと思うんです。

日本学術会議は政府の公金で運営されている、学術促進のための内閣総理大臣が管轄する政府の特別機関です。学界で生じた不祥事を審議する役割を果たす責任があると思う。

阿羅　「南京事件」でも存在しないことが実証されているのに、今なお大虐殺があったと言って間違った学説を取り下げない研究者がいます。

杉原　学界は卑怯な人たちだらけ。

阿羅　そうした破綻した説を取り下げない人たちがいるために外務省は今なお「南京事件」はあったという立場を崩さない。

「南京事件」があったかなかったかは日本の名誉に関わる問題だし、なかったという実証はしきりに民間で唱えられていますから、関係者を呼んで討論させて公正な結論を見つけるようにすべきだと思う。

杉原さんの言う日本学術会議で審議できるようにしておくべきだというのも大いに賛成です。

杉原　最近、歴史戦で日本を貶める研究に、大量の科学研究費が提供されていると、問題になってきていますね。

この科学研究費、短く言って科研費は、少し前までは、この日本学術会議で審議し、事実上ここで決定されていたんです。そうするとどうしても偏る。国民のための公正な審査になっていないということで問題になりました。そこで今は、文部科学省の外郭団体である日本学術振興会で審査され決定される仕組みに変ったんです。でも今、言われているような問題が出ているというのは、結局、改善されなかったということですね。特に人文科学研究、社会科学研究では変わらなかったと言えるのでしょう。

阿羅　そういうことになりますね。

杉原　私は、科研費というのは、結局は国民の税金を使っているわけですから、日本の名誉を高めるための研究はある程度優遇されてよいと思うんです。そうするとこの日本学術振興会の審査分野の一つに、日本の名誉を尊重するというような項目があってよいと思うんですね。あるいは、他の省庁でも、その行政目的に合わせ、科研費を提供する例はあるから、そのような別の窓口を設けて提供されてよい。要するに、科学研究費支給の窓口の多元化ね。

そう思いませんか、阿羅さん。

阿羅　そうですよね。私たちが日本のために一生懸命研究を続けていても、例えば徴用工の問題などで、韓国の市民団体とともに、日本を貶めるような研究に、元は税金である科研費が支給されているのでは、たまりませんね。

事件と人事に関することは研究の対象とならない

杉原　ところでね、これは吉田茂賞に半ば関係し、半ば関係しないことだけど、戦後の外交史や外交問題に言及する研究者や評論家には、事件と言ってよい真珠湾「騙し討ち」問題や、それに伴う吉田の不当な人事の問題については、外務省との間で言及しないという黙契ができていると思うんです。これも吉田批判を起こさせない社会的装置の一種です。

阿羅　黙契ねぇ？

杉原　真珠湾の「騙し討ち」の問題は、あまりに巨大な事件だし、いまさらこれに触れて困って沈黙する人は大勢いても、喜ぶ立場の人はいません。それに「事件」であって、もう取り返しのつかないものです。人事もそうです。人事の行われた当時には喜んだり、憤慨したりする人は周辺にいますが、それが遠い過去の歴史になったとき、それを再論しても、人々の関心の的にはなりません。人事は組織にとってとても大切なことですが、しかし人事と外交はいちおうまったく別個のことです。それに人事は記録に残りません。なぜそのような人事が行われたのか、史料研究をしようにも、人事に関する限り記録というものは原則的に残らないのですね。

外交史や外交問題で対象となるのは、主に外交政策ですよね。ある外交政策がどのように考案され、実施されたか、実施されなかったか。外務省の本来の仕事は政策に関わることであり、そしてそれはふんだんに記録に残り、研究や議論の対象になりやすい。
考えてみてください。真珠湾「騙し討ち」の問題は、それをひた隠しにし、触れられないように持っていくための努力が、外務省内でたえず行われますが、そのための重大なる悪しき努力の一環が人事です。正常な外交行政が行えなくなるほどに、人事は影響を与えていくものです。
吉田によって不当に行われた人事は、その後はそれを前提に人事異動が行われるわけですから、その後の外務省の在り方、外交政策、外交行政に計り知れない影響を与えます。今日の外務省の劣化した状況はこのような悪しき人事のうえに、その後に長く影響を与えて形成されたものです。しかるに、人事は研究や議論の対象にならない。

阿羅　確かに杉原さんの言われる通りですね。

杉原　さらにそのうえで研究者や評論家と外務省との間に、こうした問題には触れない、言及しないという黙契が成り立つのです。そしてその黙契を守ることを前提に、研究者の養成が行われていくことになる。

阿羅　でも、私たちはこの今行っている対談で黙契を破壊しようとしている。

杉原　そうです。だから私たちのこの対談の本は、何か圧力を受けて、世間的には話題にならない本になるかもしれませんね、ひょっとして。

阿羅　杉原さんの今指摘したことは大切な指摘です。研究者、評論家、ジャーナリスト、そして国民一般はよくこのことを認識しなければなりませんね。黙契がそのまま残って、私たちのこの対談本が無視されるようなことがあってはなりません。

杉原　そう思います。

第十五章　吉田茂の人物像からの評価

現代を正しく理解するために吉田茂を正しく知る

阿羅　戦後日本に対し、杉原さんの言い方になりますが、吉田の外交官や政治家としてなしてはならないのになしたこと、なさなければならないのになさなかったことをよりよく理解するために、吉田の人格、パーソナリティーについても話し合っておいた方がよいと思いますが、どうですか？

杉原　それも大事でしょうね。吉田だからこそできた政策、吉田だからこそできなかった政策、そしてそうした政策、そうしなかった政策が吉田という同一人物によって繋がり、一つのまとまりを持って大きな結果を生み出すことになるということが、多々ありますからね。

阿羅　ただし対談を始めるときに確認し合ったように、私たちは吉田の生涯を語ろうというものではないし、吉田を非難することと、そのことを目的としてはならない。吉田のしたこと、しなかったことをまんべんなく精確に取り上げ、現代を正しく知るために戦後の日本の歴史研究に貢献するものでなければなりません。

杉原　私と阿羅さんとが、吉田の人物像を語るわけですから、結果として彼を非難するような印象になるだろうけれど、彼を非難することが目的として語り合っているわけではない、ということですね。

阿羅　そうです。吉田の政治家としてなしたことなさなかったことを理解するために、その人格、パーソナリティーから見ておくということです。

杉原　分かりました。

責任感覚が先天的に欠如していた

阿羅　杉原さんに聞きます。結果としては非難することになる吉田の人間としての特色は何かということになるかと思いますが、吉田の政治家、または外交官と言ってよいでしょうか。吉田の政治家、外交官としての特色を一言で言うとどういうことになりますか。

杉原　難しいですね。

阿羅　私が真っ先に言いたいのは、第一章で杉原さんが言っていたことだけど吉田には先天的に責任感覚が欠如しているということです。

杉原　責任感覚の欠如ですね。

阿羅　〈第一章　吉田茂の奉天時代〉で話し合ったように張作霖に対する態度、責任を気に留めず病気と称し総領事の職を投げ出して日本に帰った行動。〈第七章　吉田茂と韓国の悲劇〉で話し合ったように李承晩が嫌いだからということで取った行動。先天的責任感覚の欠如と言えます。

杉原　似た話で言えば、吉田の最後の総辞職の仕方もひどかった。

阿羅　〈第六章　吉田茂と憲法改正〉で触れましたが、昭和二十九年（一九五四年）十一月、首相の座を引き渡そうとしない吉田に対して、二十二日、鳩山一郎を総裁とする日本民主党が誕生した。追い詰められた吉田は総裁を緒方竹虎副総裁に譲り、首相の座のみを務めると党内に向けて言った。しかるに国会では不信任決議案が圧倒的多数で通りそうな状況の中で「今のところ総辞職は考えていない」と断言した。

不信任案が決議されれば解散をするということですが、この時点ですでに自由党内も解散権を行使することは不当であるという意見が大勢を占めていた。吉田をたえず支え続けてきた松野鶴平も「この時点で解散をやれなどと言うなら、そんな総裁は除名してしまえ」と言い放った。

杉原　あの松野鶴平ですね。昭和二十七年、党内の鳩山一郎派を弱体化させるため、戦後初めて行った憲法第七条による解散で、この抜き打ち解散の知恵を吉田に授けた人物。吉田の政治顧問といわれた人ですね。

阿羅　そう、その人もこのときは吉田を見限っていた。

それでも吉田は解散を試みようと副総裁の緒方竹虎を説得しようとした。しかしあまりに非常識なので緒方も応じなかった。憤怒の極点に達した吉田は「緒方君を罷免してしまえ」

と叫んで緒方を罷免しようとした。

杉原　それで、自由党の幹事長だった池田勇人が、吉田自身が後継者として選んだ緒方を罷免したのでは吉田の沽券にかかわると言って、総辞職するよう説得したんですよね。

阿羅　でも今言いたいのはそのことではありません。第六章でも触れたように、この総辞職のとき書斎に閉じこもって最後の総辞職を決定する閣議に出なかったことです。

感情が激したらこのような許されない行動を何の逡巡もなくする。そこに私は彼の生まれながらのものがあると言ってよいと思う。責任感の欠如、責任感覚の欠如があると思うんです。

杉原　確かにね。

感情的判断と感情的行動ばかり

阿羅　彼の生まれながらの責任感覚の欠如の、その裏腹に言えることが、彼がつねに出してくる感情的な判断と行動です。

杉原　吉田は、感情的に判断し、感情的に行動する。結果は激越であり奇矯であり、責任感覚のまったくない激越奇矯ということになりますね。

阿羅　吉田が占領期に総理として一番こだわったのは再軍備をしないということだと思います。少なくとも再軍備はできるだけ先に延ばしてやろうということだったと思います。杉原さんはどう考えますか?

杉原 そうです。そのうえで吉田の功績と言えるのは、講和条約締結に導いたことだと思いますが、これは誰が首相であっても、第一の課題ですから、考慮の外に置くとして、彼が彼ならではのことで、すべきなのにしなかったことの最大のものは憲法改正をしなかったことでしょう。そしてもう一つ、固執したのは再軍備をしなかったということでしょうね。

阿羅 〈第三章 吉田茂と安全保障の問題〉でも明らかにしましたが、それは必ずしも論理的に静かに考えたうえでのものではなかった。再軍備をしないことが日本国家において、どういう意味を持つか。それを冷静に考えたうえでの判断と行動ではなかった。

旧軍部の復活は絶対に許さない

杉原 確かにそうですね。歴として再軍備をしないということが、日本の国家にとって、どういう意味を持つか、考えた様子は見当たりませんね。

ただ、ここで巨大な軍隊を作ると韓国に連れていかれて、朝鮮戦争に協力させられるという警戒感はあったみたいですよ。

阿羅 警察予備隊は朝鮮に向かって抜けた米軍の穴埋めであって治安維持でしょう。それに朝鮮戦争当時、李承晩自身がもし日本軍が朝鮮半島に上陸するようなことがあれば北朝鮮軍といっしょになって日本軍と戦うというようなことを言っていたくらいですから、再建された日本軍が朝鮮半島に動員されるということは考えられません。

吉田としては朝鮮戦争も急激な再軍備をしないことの理由にしたということでしょう。経済発展の問題も、〈第三章　吉田茂と安全保障の問題〉で語り合ったように、経済力が弱いゆえに警察予備隊程度の小規模のものしか創設できないということであって、そのことは軍隊ではなく、組織的には警察である警察予備隊を創設するという問題とはまったく別です。

しかし、改めて言いますが、吉田がアメリカの要請を断りつづけて平和日本を護ったというのは間違いです。

朝鮮戦争が起きたとき、北朝鮮の奇襲に韓国・アメリカ軍は敗北を重ね、朝鮮半島から叩き落とされそうになりました。まもなく米軍は反攻に移り、仁川上陸作戦を成功させ、引き続き元山上陸作戦を計画しました。元山には機雷が敷設されており、成功させるためには機雷を除去しなければなりませんが、米海軍の力では不十分でした。十月二日、突然、海上保安庁の大久保武雄長官が米海軍から呼び出しを受けます。出向いた大久保長官は海上保安庁の掃海隊を元山に派遣して機雷を除去するよう命令されます。

敗戦となったとき、日本近海には多くの機雷が敷設されており、解体される日本海軍は一部を残して機雷の除去に従事させました。それにより船は安全に航海できるようになり、掃海の技術は世界一と評価されていました。その組織が残っていたんです。その組織を元山に派遣するということは朝鮮戦争に参加することであり、大久保長官一人で決められることではありません。すぐ吉田首相の下へ向かい報告しました。すると吉田は、「わかった。出しましょう」と答えました。日本は朝鮮戦争に参加すると決めたのです。しかもこのとき吉田は大久保長官にこうも語っています。「ただし、掃海隊の派遣とその行動については、いっさい秘密にするように」と。つまり、国民に秘密で行ったのです。

十月十日、二十隻の掃海艇が元山に向かいただちに掃海の任務に就きました。極めて危険な任務であり、十七日には一隻が触雷爆発して瞬く間に沈没、二十歳の若者が死亡、負傷者十八名を出しました。米軍の命令ということしか知らされず従事していましたから、日本側はやり方を変えることを提案します。すると「従来通りに掃海を続けよ。それがいやならば今から十五分以内に抜錨して内地に帰れ」と米軍から返ってきます。掃海は軍事行動ですから命令に従うだけです。米軍がそう返すのも当然です。その命令に対して一部の掃海艇は帰り、一部が残って十二月六日まで続けました。

掃海で若者が死亡したことは国民に秘密にされ、戦没者叙勲を受けたのは昭和五十四年のことでした（読売新聞戦後史班『「再軍備」の軌跡―昭和戦後史』読売新聞社　一九八一年）。

吉田茂は「情況思考の達人」？

杉原　阿羅さんもご存知でしょうが、吉田のことを「情況思考の達人」と言う人がおり、そういう書名の本を書いている人がいます。これも、吉田が感情的判断と感情的な行動をする人ということの裏返しの表現ですよね。

阿羅　そういう本のあることは知っています。

杉原　つまり、吉田の感情的な判断と行動を褒める立場から言った言葉。私に言わせれば、何事も感情で判断し、行動する吉田に対して、褒めようがなく、言ったように聞こえますね。

阿羅　でもね、よい方向から見ればそのように見えるということは言えるでしょう。ただね、それならば、そのことによって何がなされたのか。何かよい成果がなければなりません。吉田のやったことはすべてと言ってよいでしょうけれど、今日の日本の国民を呻吟させていますす。

杉原　ついでですが、状況思考の達人として見た場合、よい意味で言える例を一つ知っています。

阿羅　何でしょうか?

杉原　他ならない第一次吉田内閣誕生のときのことです。

昭和二十一年（一九四六年）四月十日に行われた総選挙で、結果は自由党一三九、進歩党九三、社会党九二、協同党一四、共産党五、その他となりますね。そこで吉田は、自由党総裁の鳩山一郎が公職追放になったのを受けて、進歩党と連立内閣を作りますね。

このとき、吉田は組閣を急ぎませんでした。五月十九日、有名な食糧メーデーがあり、二五万人の人が皇居に押しかけた。このとき、先に組閣すれば、首相として、マッカーサー元帥に食糧を援助してくれるように頼みに行かなければならなくなります。しかし今少し動かなければマッカーサーの方が先に食糧援助を言い出すことになる。案の定、二日後の二十一日、マッカーサーは吉田に、自分が占領軍最高司令官である限り、日本国民一人も餓死させることはしないと約束した。この場合はまさに「状況思考の達人」ですよね。

吉田茂には論理性がない

阿羅 その例はそうです。状況思考の達人と言うのであれば、その結果どういうよいことが起きたのか言われなければならない。こうした感情的にしか判断せず、行動をしない吉田について、外交評論家の岡崎久彦が『吉田茂とその時代』（ＰＨＰ研究所　二〇〇二年）で適切に総括して次のように言っています。

歴史のイフとして、占領中の日本政治を指導したのが、権威主義的な固定観念の持主であるマッカーサーと、論理性のない吉田でなく、アイケルバーガー（一時はマッカーサーの後任に擬せられた）と芦田であったならば、戦後半世紀における日本の思想言論の混迷は間違いなく避けられたであろう。

そのうえで、次のように言っています。

おそらく、日本の軍部はその伝統と栄光を回復し、日本とアメリカは対等で尊敬し合う同盟国として、冷戦の半世紀間、真に信頼し合えるパートナーの関係を確立しえたのではないかと思う。つまり、アメリカと西ドイツ、あるいはアメリカとイギリスのような関係となっていたであろう。

さらに次のように言っている。炯眼です。

一つの戦争の影響は次の戦争で消える。事実上は、日本はアメリカとともに冷戦を戦い抜いて勝ったのだから、すでに敗戦は清算されてよいはずなのに、いまだに敗戦と占領を引きずっているのは、正式なパートナーとして冷戦を戦ったとは自他ともに認めていないという背景があるからである。

占領期にあって、もしアメリカでマッカーサーの人気が続き大統領選挙に出馬するため司令官を辞任すれば、序列からいえばアイケルバーガーがその跡を継いだはずです。アイケルバーガーと芦田の間で物事が進められれば、日本は全く変わっていたでしょう。

杉原　そうですね。

権力の魅力にとらわれてしまった

阿羅　総じて言えば、吉田は首相として政治を担う人物として適任であったかどうか。人物像から見て、政治家として、当時どのように見られていたのか見てみたい。

杉原　どういうことですか？

阿羅　人間としての吉田が政治家として当時どのように描かれたかということです。話が難しくならないよう手っ取り早く言いましょう。吉田の首相としての人物像に関することで戸川猪佐武の書いた本から引用します。『昭和現代史―激動する戦後期の記録』（光文社　一九五九年）という本で、当時広く読まれました。戸川猪佐武は吉田の内閣の推移を最初から最後まで詳しく追った読売新聞政治部の記者です。

昭和二十六年（一九五一年）九月に講和条約を結び、政界ではこれを花道に引退をするのではないかといわれていましたが、吉田にそんな気はさらさらなかった。十二月二十六日の日に内閣改造を断行して辞める意思のないことを内外に表明します。そこのところの記述です。

　およそ五年をさかのぼる二十一年の五月、組閣を前にして追放になった鳩山のあとをうけ、自由党総裁をひきうけるときには、吉田は鳩山に向かって「キミがもどってきたら、いつでも党をかえす。」とことさら約束したにもかかわらず、約三年にわたって政権を担当してみると、そのあいだに吉田は権力の魅力に強くとらわれてしまって、そういった過去のことなど、少しも記憶のうちによみがえらそうとはしなかった。だから鳩山は、「あの約束を書きものにしてとっておけばよかった。」と〝坊ちゃん〟じみたくやしがりかたをしていた。それをつたえ聞いた吉田は、「私ごとと公けのこととはわけが違う。」と言い、「病人には政治はまかせられん。」とも言った。

とにかく吉田は、昭和二十六年十一月サンフランシスコ平和条約の批准国会がおわると、その十二月二十五日、だしぬけに内閣改造を断行し、あくまで鳩山一郎たち解除組の勢力を除外した体制で、独立以降もなおひきつづき、長期にわたって政権を担当しようという構えをみせた。この改造の日は、たまたまクリスマスにあたっていたので、政界ではみなクリスマス改造と呼んだ。クリスマス改造のねらいは、平和条約の発効――それは翌二十七年四月になった――までのあいだに、いわゆる、〝独立体制〟を確立しようということであった。

鳩山は昭和二十一年（一九四六年）に総選挙で勝ちますが、組閣する寸前に公職追放となり、それが昭和二十六年八月六日に追放解除されます。しかし解除直後、脳溢血で倒れます。ですから鳩山が病気だったことは確か。

しかしそれは不十分な理由で、任せられる人は他にもたくさんいました。吉田は何は何であれ首相であり続けようとした。次の年の四月二十八日に日本は独立しますから、通常であればそこで退任し、占領解除後は別の新たな首相によって日本の新しい道を切り拓いていくと考えるのが常識です。

しかも吉田でなければできないことや何か実現すべき信念があったわけではありません。単にそれまでの占領政策の延長である独立後の体制を整えるということだった。戸川猪佐武も先ほど引用したところの次にこう述べている。

ところで彼のいうところの独立体制とは、一言にしていえばアメリカの占領政策の継承といっそうの拡大とにほかならなかった。具体的には、それは対外的には日米行政協定の締結、外交権の復元にともなう外交形式の確立、内部的には再軍備の促進と労働運動の取締まり強化——反共対策とであった。

杉原　つまりは憲法改正などには見向きもしない。

阿羅　確かに吉田には憲法改正の意図はなかった。にもかかわらず単に独立体制の整備として首相であり続けようとした。結局、占領解除後、主権回復後の吉田の首相としての居坐りは憲法改正の機会を失わせることにだけ機能した。大変な問題です。

戸川が言うように首相の椅子の坐り心地のよさだけに、つまり、自由に人を動かす心地よさだけに、その椅子を譲ろうとはしなかった。

杉原　第一次吉田内閣を組閣するときの鳩山との約束を反故にするのは、政治の世界ではよくあることで、それに人格的非難をしても仕方がない。そうでしょう?

阿羅　そう言ってよいでしょう。しかしそのためには政治的に何かしようとしなければならない。自分でしかできない何か使命感の対象となるものがなければならない。吉田にはそういうものが見当たらない。

杉原　ただ、自分の政権を維持するためだけに工夫する。阿羅さんもよくご存知だと思うけれど、鳩山一郎が公職追放解除になると都合が悪いので、鳩山の追放解除にはずいぶん妨害したようですね。

阿羅　そうです。

コワルスキーの言葉を借りれば「純然たる詭弁」

杉原　吉田の政治家としての能力を問うとすれば、国会での彼の様子を指摘しなければなりませんね。

阿羅　この時期の主要なテーマは再軍備の問題です。ですが、吉田は日本国民に向かって再軍備はしていないと言う。しかし占領軍やアメリカ政府に向かっては、再軍備の要求に基づいて警察予備隊を作り、保安隊を作っていますから、再軍備を着実に行っていると言う。対日本と対アメリカで言うことが違います。しかしそれを心理的には少しも困惑しない。極端に言えばその場限りの言い方を平然と続けていきます。〈第二章　吉田茂の英国時代〉で紹介したジョン・ダワーが『吉田茂とその時代』で、警察予備隊の創設に関わったコワルスキーの言を借りて次のように言っています。

この準軍隊は「小型アメリカ陸軍」になっていた。これを、吉田がはじめに不戦条項と解釈した憲法第九条と、また彼が次第に論理をまげながらなお主張しようと努めたことと矛盾しないと説明するのは、コワルスキーの言葉をかりれば「純然たる詭弁」であった。日本の国民も多かれ少なかれこれに同意する傾向にあった。一九五二年二月に行なわれた世論調査では、四八パーセントが日本は再軍備していないという吉田の言明は嘘であると回答し、四〇パーセントがどうともいえないと答え、首相の言葉を信じると回答したのは一二パーセントにすぎなかった。

こうして憲法第九条の解釈もでたらめ極まるものになってしまいました。ともかくその場限りのでたらめな答弁をしている。

人を激しく憎悪する感情

杉原　そして政治家として見れば、特定の人を異常に憎悪するのも問題だった。

阿羅　先に語り合った責任感覚の欠如と重なりますが、憎悪の感情は尋常でありませんでした。

吉田は東久邇宮内閣の途中で外務大臣となり、次の幣原内閣でも外務大臣となって外務省に影響力を持ちますが、振るった権力は尋常でありませんでした。吉田の個性によるものですが、総理大臣となって兼任しますから、権力は比べようがないほど大きいものでした。

占領軍が来ると日本の外交はすべて停止されました。外務省に終戦連絡事務局が設けられ、占領軍との窓口を務めることになります。日本に外交はなくなりましたから、外交といえるのは終戦連絡事務局の仕事だけで、そこの政治部長が外務省でもっとも重要な地位となります。昭和二十年（一九四五年）九月、曽祢益が政治部長に就きました。

翌二十一年四月に戦後初となる総選挙が行われます。立候補締切日の朝、総司令部から曽祢益に松本治一郎の立候補を認めよという命令が来ます。命令というので曽祢益は関係者に伝えます。このとき幣原総理大臣が「どうしましょう」と言うと、吉田は「命令というものはメモランダムで、書きものでよこすものだ、口頭で曽祢のところへいってきたのなんか、放っとけ」と答え、翌日、吉田は曽祢を「よけいなことをするな」と叱ります。そのため松本治一郎は立候補できず、総司令部は激怒し、曽祢は辞表を提出しました。

選挙の結果、自由党が勝って鳩山一郎が組閣することになりましたが、組閣の直前、総司令部は鳩山一郎を追放することを決めます。松本治一郎のことがありましたので総司令部は書き物を出すことにしますが、突然、書き物を出して鳩山が追放だといえば日本政府の面子が丸つぶれとなるので、その前に何とかするようにと、辞表を提出したままになっていた曽祢益に知らせます。曽祢は関係者に連絡をしますが、吉田のほうはウィロビーからの情報によって楽観視していました。いよいよ最後という段階になって吉田が総司令部に取り消しを求めますが、総司令部の方針は変わりません（江藤淳『もう一つの戦後史』講談社一九七八年）。

面子を失くした吉田は曽祢に怒りをぶつけ、まだ曾祢はあのポストにいたのかと烈火のごとく怒ります。こんなことが続き曽祢は外務省を辞めようとしますが、外務省の計らいで八月に九州の終戦連絡地方事務局に都落ちします。曽祢を助けるにはこれしか方法がなかったのです。昭和二十二年五月、第二回総選挙で社会党が第一党となり、曽祢は片山哲内閣の官房次長となり外務省を辞めます。

昭和二十一年七月、曽祢の後空白となっていた政治部長に山田久就が就きました。この年の一月、公職追放令が出されて企業の専務以上が追放され、その頃はさらに平取締役まで広げられようとしていました。山田久就にとっての任務は平取締役追放を阻止することで、民政局のケーディス次長と交渉し、昭和二十二年一月にホイットニー民政局長がマッカーサーへ相談に行くところまでこぎつけます。マッカーサーの部屋から戻ってきたホイットニーは「ミスター・ヤマダ、君の考えているプランで進んでさしつかえない」と言って握手を求めてきました。山田の交渉が成功したのです。

このとき吉田はウィロビーと交渉していましたが、ウィロビーとホイットニーは犬猿の仲ということから、山田と吉田の仲はしっくりといかなくなります。吉田がやっかんだのでしょうね。十月に吉田内閣が成立すると山田は外務省審議室に左遷されてしまいます。

公職追放（パージ）にはA項、B項、C項などがありました。吉田は嫌った人を左遷したり、登用しませんでしたが、あまりにも多く、ひどかったため、吉田の頭文字を取ってY項パージという言葉が生まれたほどです。外務省審議室は「Y 項パージ室」という名がつき、吉田から睨まれた有能な外交官がさびしく配所の月を見ているところとなりました。

その後、山田は鳩山の追放解除に努め、あとは吉田から民政局に正式申し入れをするばかりとしましたが、その頃吉田は総理の座に満足して鳩山の復帰を嫌うようになっていましたから、握り潰すとともに、山田への悪感情は決定的となりました。そのため山田は外務省を辞めて東京都に移って外務室長になります。

山田がイラン大使となり外務省に戻るのは鳩山内閣になってからで、やがて事務次官となります（山田久就『べらんめえ外交官』金剛出版社　一九六六年）。

曽祢や山田のような目に遭ったのは二人に限りません。杉原荒太（後に参議院議員、防衛庁長官）、松本俊一（後に日ソ交渉全権）、大野勝巳（後に外務次官、イギリス大使）、萩原徹（後にフランス大使）、黄田多喜夫（後に事務次官）など高官が次々と左遷され、まともに登用されることがありませんでした。あまりの権力行使に若手の間にも吉田に対する恐怖感が蔓延するようになったほどです。

吉田の行動は外務省の歴史において類を見ないものですが、日本の歴史においてもこのような人物を探すのは至難です。そしてそうした異常人事が外務省そのものにどのような影響を与えたか、という研究はありません。

杉原　東条英機に対する憎悪も尋常ではなかったが、そのことは別として、吉田の鳩山憎しのことでは、鳩山が日ソ交渉をするときの吉田の行動がすごい。

阿羅　どういうことですか？

杉原　これは、吉田の評伝を書いた猪木正道が言っていたことだけど、昭和三十年（一九五五年）六月一日、鳩山政権のもとで開始されて、そこでは歯舞、色丹のみ返還で解決することに一時なっていた。

それに対して、外務省本省は国後、択捉の返還もなければだめだという方針を示し、この日ソ交渉は挫折し、今日に至っているという。

筋としては、国後、択捉も返せという方が正しい。しかしこのときの経緯はそんなものではなかったということなんですね。この時点で、外務省本省はポツダム宣言受諾によって、国後、択捉は日本の領土ではなくなったと解釈していたというんですね。

このときの外務大臣は重光葵だけど、そのもとで日ソ交渉を妥結させては鳩山や重光の功績になります。それを恐れた吉田が外務省内の息のかかった元部下を総動員して、日ソ交渉妥結に反対したというんですね。その理由として、国後、択捉も日本の領土だということを言い出したというんですね。

筋としては、本省の言う通りだけど、その動機は吉田の憎悪と嫉妬の感情に弄された醜悪の過程だったというんです。

阿羅　そうですか。それだけ憎悪の感情に走る人ですから、責任感覚のありようはずありません。やはり首相としては失格の人物だということですね。

吉田茂には外交能力もなかった

杉原　そこでね、首相としての人物像としての続きですが、外交官に限定して外交官としてはどうですか?

阿羅　外交官としてですか。

杉原　私はですね、すでに出た話で繰り返しとなりますが、吉田が「戦争で負けて、外交で勝った国がある」と豪語したと言われています。日本の場合、戦争で負けて、さらに極端な言い方ですが、アメリカの植民地のような国にしてしまった。とすれば、日本は「戦争で負けて、さらに外交で負けた」ということになるんではないかと思うんです。

吉田の場合は、単に外交に負けたというよりも、自らが日本をアメリカに売り渡したようなものです。アメリカの植民地に自らなっていったんですから、吉田のもとでの外交は、とても「外交で勝った」とは言えない。

阿羅　まったくその通りです。

もともと「負けっぷりもよくしないといけない」というのは鈴木貫太郎首相が吉田に言った言葉で、吉田はその言葉を使って自分はうまくアメリカと交渉したと思っていました。

杉原　豊下楢彦氏が『安保条約の成立―吉田外交と天皇外交』（岩波書店　一九九六年）で、吉田の再軍備政策に関することで次のように述べています。

再軍備問題については、吉田はマッカーサーというカードを駆使したかのようである。しかし、これは吉田自身がつくりだした〝神話〟というべきであろう。上記の著作『世界と日本』（吉田茂著　番町書房　一九六三年）において吉田は「朝鮮戦争の直前」にダレスが来日し再軍備を要求した際に、「私（吉田）はマッカーサー総司令官のところへ行って話そうと提案し、ダレス氏も同行してくれた」と指摘し、そこでマッカーサーが吉田の「言分に対しての理解の態度」を示しダレスへの説得をおこなってくれたと述べ、ここからマッカーサーと「神聖同盟」を結んでダレスの再軍備要求を阻止した、という〝神話〟が生まれたのである。

豊下氏によれば、この吉田の記述には〝思い違いと偽造〟があるといいます。豊下氏は次のように言っています。

右の叙述はおおげさにいえば、歴史事実の〝思い違いと偽造〟そのものである。まず、これらのメンバーによる三者会談が開かれたのは五一年一月末のことであって、「朝鮮戦争の直前」に行われた事実はない。さらに、三者会談は、基地問題をクリアーにするためにダレスが設定したのであって、吉田が「提案」したものではない。

そして豊下氏は、この交渉過程で吉田は極めて凡庸だったと次のように記している。

およそ吉田はいかなるカードをもって交渉にのぞもうとしていたのか、根本的な疑問が生じざるをえない。（国務省から派遣されていた）シーボルトでさえ、「重要な基地の代価」を〝つり上げる〟ことによって「パワー・ポリティクスを演じる」であろうと予測していたにもかかわらず、吉田はその〝素振り〟さえみせなかった。このような交渉ならば、〝凡庸な政治家〟でも十分になしえた、という結論が出ても不思議ではない。いったい、自他ともに認める吉田の「外交センス」はどこにいったのであろうか。結局のところ吉田は、ダレスの「反共十字軍」の強烈な信念には抵抗できなかったのであろうか。

吉田は、日本の実質的な再軍備はしないという心底の強い方針のもとに交渉していたから、アメリカ側に、アメリカ軍の基地を提供するということについて代価を求める気がなかった。だからこのように馬鹿げた交渉になったと思われ、その限りですでに外交官失格と言わなければならない、ということになります。だから、吉田は最初から代価を求める気がなかったのにもかかわらず、豊下氏は吉田が代価を求めようとしなかったと批判しているわけで、半分勘違いをしていることになると思われます。それにしても高く売りつけられるのに、高く売りつけようとしないということだから、吉田の交渉能力はこの程度のものだったとは言ってよいでしょう。

吉田と交渉したダレスは、後に吉田のことを「小者だ」と国務省に報告しているようですね。このダレスの言は、単に吉田の交渉能力という意味だけでなく、国家を背負った宰相としての識見に見劣りするものがあるという意味が入っているでしょうね。

阿羅　杉原さん、相変わらず厳しいですね。

杉原　厳しいついでに言っておきますが、吉田の英語能力は不完全であり、マッカーサーが彼に話したことを完全に理解しているわけではないらしい、というアメリカ側の記録があります。

阿羅　そうですか。

杉原　吉田の外交官としての交渉能力に厳しいのは、私だけではありませんよ。吉田のことを綿密に調べて書いたジョン・ダワーの『吉田茂とその時代』という前述の本で、この辺りの吉田の行動を「吉田の『外交感覚』の実践と彼の『反対』のスタイルは茶番劇の雰囲気を伝えていた」と言っています。何でもすぐに衝動的に反対する吉田の行動には茶番劇の雰囲気があったということでしょう。

そして、占領後半の吉田の中国に関する主張については、ロンドンの駐英大使のときのとっぴな提案や、日本の敗戦の前の反東条工作に見られたような実効性のない空言や見当違いに満ちていたと批判している。やはり、外交官としても落第だったということですね。

だが吉田茂の陽気さは占領期の日本を明るくした

阿羅　占領期に首相が吉田でよかったというところがあるはずです。私たちから見て言えることを挙げておきましょう。吉田を批判した以上、吉田のよかったところも言っておくべきでしょう。

杉原　阿羅さんがそう言われるならば、そうしましょう。私も、長く吉田のことを考え続けてきていて、吉田のよいところも指摘できるんです。もっとも私に言わせれば彼の人間としての欠陥の裏返しですけどね。

阿羅 よいところもあるが、欠陥の裏返し？　どういうことですか？

杉原 私はね、彼が占領期の首相でよかったのは、明るかったことです。つまり陽気だったことです。そしてそれは先ほどから阿羅さんが指摘されたように、責任感覚の欠如、そして見境なく増大する憎悪心。

そういう人には反省というような思いは心に到来しませんよね。極端に言えば、良心の呵責というような心の動きがない。その分だけ、陽気になる。明るくなる。そしてそれが先ほど出たように、状況思考の達人だとすれば、その限りで占領期にあっては適任の首相ということになる。

阿羅 なるほど。

杉原 吉田が総司令部に四五〇万トンの食糧支援を要請したとき、マッカーサーが調べたら、実際は七〇万トンだった。日本の統計はずさんだとマッカーサーが怒ったとき、マッカーサーに言った言葉が面白い。「もしも戦前に我が国の統計が完備していたならば、あんな無謀な戦争はやらなかっただろうし、またやっていれば戦争に勝っていたかもしれない」と切り返した。

こうした当意即妙な切り返しは吉田でなければできない。マッカーサーも思わず笑ったという。
阿羅　そういうエピソードで言えば、マッカーサーの執務室で二人が対したときの吉田の言葉。
杉原　知っている。その部屋、皇居の前の第一生命ビルね。その会話のあった部屋は、マッカーサーの使ったままに、今でも保存されている。
阿羅　執務室で吉田は思わず笑った。そこでマッカーサーに何がおかしいのかと問い詰められた。吉田は「あなたがあんまり歩き回るから、ライオンの檻の中にいるみたいな気がしておかしくなったのです」と答えた。そうしたらマッカーサーも大笑いしたということ。
　この情景も吉田でなければありえない情景です。
杉原　彼は常に、最高級の葉巻しか喫わなかった。これも平時では単なる彼の個人の贅沢だけど、占領下では、占領軍と対等な感じがして周囲を明るくした。

吉田茂はステッキでＭＰの口をピシャッと打った

杉原　もう一つ、あまり知られていないエピソードがあるんです。
　すでに紹介しましたが、田久保忠衛氏と加瀬英明氏との対談本『日本国憲法と吉田茂』で、加瀬氏が紹介しているんです。「あるとき、昭和天皇が皇居の外へ出られた時に、吉田が首相としておともした。すると、天皇を警護していたＭＰ（憲兵）が、タバコを取り出して、くわえたんですね。すると、吉田がそれを見て、やにわに持っていたステッキで、MPの口をピシャッと打った。MPの唇から、血が流れた。MPが形相を変えて、吉田を睨みつけたが、首相ではいたしかたない」と。

加瀬氏も言っていたけれど、胸がすく名場面ですよ。加瀬氏は、歴史のないアメリカから来たアメリカ人を吉田は馬鹿にしていたと言うんですね。そして彼の生来の横柄なところが占領下の日本の首相として適役だったと言っています。

阿羅　普通の人ならできませんね。吉田自身が深く考えない人だからこそ、アメリカ人を馬鹿にできたのでしょう。

杉原　阿羅さんの言われる通りですね。同じこの本から、田久保氏と加瀬氏の台詞を三つ紹介しておきますね。いずれも吉田の本質を突いています。

加瀬　吉田さんは「負けっぷりをよくしよう」と言ったせいか、東京裁判について憤ることがなかった。だから、独立を回復した直後に、A級、B級、C級戦犯として監獄につながれていた、同胞の釈放をすぐに求めることもしなかった。

政府が全国的な民間の運動によって突き上げられて、戦勝国と交渉した結果、戦犯の汚名を着せられ、囚人服を着せられて、刑務所の中で呻吟しいていた人々が、解放されたのでした。

こんなところにも、吉田さんに政治家としての限界がありましたね。

田久保　吉田さんが最後に大磯でまとめたのを見ると、一人前に国際社会の信用を得るには、やはり再軍備はいやだということに、しなければならない。それでなければ、国内的にも信用を得られない。要するに信用をつけたうえで、講和によって独立というところに持っていって、経済の力がついてゆくうちに、再軍備を強化すればいいじゃないか。こういう筋道なんですね。

加瀬　吉田さんの詭弁ですね。国際社会を構成していた、どの国も軍隊を持っていた。独立を回復しようとしていた日本が軍を持つことになったからといって、信頼をえることができないというのは、国際感覚を欠いています。

加瀬　吉田さんには、岸、重光のような国家観がなかったんです。たしかに、吉田さんの尊王、皇室を尊ぶ精神は、見上げるべきものがありました。しかし、本来、国家がどのようなものであるべきなのか、わかっていなかった。世界の歴史についても、十分に学んでいなかったと思うんです。

吉田茂の幸運は「事実は小説より奇なり」ほど

阿羅　そろそろ吉田の人物像についての探索は終わることにしたいのですが、吉田の生涯を見るとつくづく幸運な人ですね。

杉原　私もそう思います。

阿羅　私たちが子供の頃NHKで「私の秘密」という番組がありました。誰か知らない人が出て、その人が何をした人か当てていく番組でした。この番組の冒頭でいつも司会者の高橋圭三が「事実は小説より奇なり」と言っていましたが、この言葉はイギリスの詩人バイロンが言った言葉らしいですね。小説は奇想天外のものですが、それより事実の方がもっと奇だという意味で、吉田の幸運の物語はまさに「事実は小説より奇なり」です。

杉原　まず、言えるのは吉田は三歳のとき、大変な財をなしていた吉田健三という人の養子になる。明治四十二年三十一歳のとき、大久保利通の次男で枢密顧問官だった牧野伸顕の長女雪子と結婚する。吉田の伝記を読むと、この結婚は吉田が自分を売り込んだわけではないようだけど、背景には彼が資産家だったからでしょうね。

阿羅　しかし先ほども出ましたが、浪費家ですから自分の稼いだお金でもないのに養父の遺産を湯水のように使います。養父が遺した遺産は当時のお金で五〇万円あったというものすごいものです。しかし昭和十一年（一九三六年）、駐イギリス大使の頃はもう使い尽くしていたようです。

しかし、三女の和子が昭和十三年、吉田が六十歳のとき、麻生太賀吉と結婚。この麻生太賀吉も資産家で、吉田の銀行口座にはいくら使っても残金が残っていたということです。

その吉田が終戦間近、近衛文麿と終戦工作に関わったとして、四月十五日逮捕され、四十日間拘留されるけれど、それがそれまでの吉田に対する免罪となり、首相への門が大きく開くことになりました。

杉原　念のため言っておきますが、この拘留中も彼は宮中にも関わる人物として丁重に扱われたようですね。このころは、やはり身分社会の雰囲気があって、宮中に出入りできる人は丁重に扱われた。本人はノミやシラミで大変だったと言っているようだけど。

吉田茂はもう少しで公職追放になるところだった

阿羅　この不幸が幸いした。実は吉田内閣を組閣しようとしたとき、鳩山一郎と同様に、公職追放になりかけるんです。

杉原　えっ、本当ですか？　あまり知られていませんね。

阿羅　春名幹男『秘密のファイル―ＣＩＡの対日工作（下）』（新潮社　二〇一三年）に出ています。吉田が昭和天皇から組閣の大命を拝したのは昭和二十一年（一九四六年）五月十六日です。この日、参謀第二部は吉田は連合国軍最高司令官の公職追放指令の追放事由に当たっているという旨の秘密メモを作成していた。

吉田の場合、問題にされたのはやはり奉天総領事時代のことや、昭和二年中国政策をめぐって開かれた東方会議のリーダーの一人だったということ。「吉田は日本の首相になるのは不適切な人物」とそのメモには書いてあるということです。

このとき、恐らく戦争末期の終戦工作に関わり憲兵隊に逮捕された経歴によって免罪になったのであろうと、この本には書いてありますが、私もそう思います。

吉田の奉天時代はまさに帝国主義政策への加担ですから、ここのところだけを見れば公職追放は免れませんでした。

杉原　確かにそうですよね。吉田は帝国主義政策の片棒をかついでいた。

阿羅　その吉田が、占領期だけでなく、昭和二十九年まで首相を務めた。

吉田は大正元年（一九一二年）安東領事に任じられています。そのとき寺内正毅朝鮮総督の秘書を兼任します。それが縁で大正五年寺内正毅内閣が成立したとき挨拶のため首相官邸に行きます。そのとき総理大臣秘書官をやらないかと誘われましたが、吉田は「総理大臣なら務まるかもしれませんが、秘書官はとても務まりません」と言って断ったというエピソードがあります。

しかし幸運にも晩年本当に総理大臣になります。幸運の極地です。

杉原　この点を暗喩することで、ジョン・ダワーがなかなか穿ったことを言っています。

昭和二十五年五月、マッカーサーに内密で池田勇人をアメリカに派遣しますよね。これについて、ダワーは独断で秘密外交好みの吉田の「ワンマン的」行動だったと言い、それはそれより十三年前のロンドンで演じた吉田の「秘密提案」を想起させるもので、大使としては無視され笑い者になるだけだった。だが、同じような行為でも、総理大臣の行為としては、誰も無視することはできないから、それなりに無視されず、アメリカ側に受け取られ、政治的効果を持ったというように言っています。私もダワーの言うのは当たっていると思います。

首相ならば、でたらめなことを言ってもそれなりに効力が出てくるわけですね。

阿羅　その通りですね。杉原さんがそのように言われるのなら、それに合わせて、もっと言っておいた方がよいのではないかと思うことがあります。

杉原　何ですか？

阿羅　〈第一章　吉田茂の奉天時代〉で話し合ったように、吉田は大正十四年（一九二五年）、奉天総領事になって、張作霖の接待を受けて、彼がもてなして出した中華料理に一口も口をつけなかったという話がありましたね。張作霖を嫌ったことが根本の理由でした。外交官としては許されない行動だと話しましたよね。

これと昭和二十八年（一九五三年）、李承晩が日本を訪ねてきたときの対応ですね。このときの感情本位の冷淡な対応が、その後の韓国が反日国家になるのに、決定的な影響を与えました。

考えてみると、この二つの行動は吉田の感情本位の行動で、行動のパターンとしては同じですね。しかし前者は総領事として行ったものだから、その後にそれほど大きな影響は与えなかった。第一章で話し合ったように、この吉田の行動がすべてだというようには言えないのだけれど、しかし後者は首相として行ったものだから、その後の韓国の反日化に多大な影響を与えた。ある意味では、決定的な影響を与えた。そう言えますね。

杉原　言われれば、阿羅さんの言われる通りですね。首相としての冷淡な行動だから、決定的な影響を生み出す。

最後は国葬でもって終わった

阿羅　ともあれ、吉田茂は幸運な人でした。占領末期また幸いなことが起こります。吉田は鳩山一郎の公職追放が解除されたら政権を返すということになっていた。首相の座を譲るつもりがなくなった吉田は執拗に彼の公職追放解除を妨害する。それでも鳩山一郎は昭和二十六年（一九五一年）八月六日に解除される。こうなると九月の講和条約締結、翌年四月の主権回復で政権を鳩山に移譲しなければならない状況になる。そんな気はさらさらない吉田にとって幸いなことに追放解除の寸前の六月十一日に鳩山は脳溢血になり、自由に動けなくなった。吉田にとって政権移譲拒否の格好の理由ができた。

杉原　結局、その吉田が、昭和二十九年（一九五四年）まで首相を務める。最後の総辞職の段階ではあれだけ醜態をさらし、あれだけ国民の顰蹙を買った首相なのに、昭和四十二年に亡くなったときには、武道館で戦後ただ一人の国葬となる。

阿羅　そうですね。

杉原　葬儀委員長は佐藤栄作。このとき佐藤は佐藤内閣を率いており、佐藤政権の絶頂期にあった。

阿羅　佐藤は昭和二十三年第二次吉田内閣で内閣官房長官として入閣し、池田勇人とともにいわゆる「吉田学校」の代表格となりました。昭和二十九年、造船疑獄事件を引き起こし逮捕寸前になる。しかし吉田の指示で法務大臣の指揮権が発動され、逮捕を免れる。そしてその後に首相になった。もしこのとき逮捕されておれば佐藤も首相となることはなかった。佐藤は吉田に救ってもらった。吉田は佐藤の全盛時代に死を迎え、佐藤が昭和天皇に申し出て国葬となり、国家的に大宰相ということになった。

まさに「事実は小説より奇なり」と言えるほどに幸運の連続の生涯を送った。不思議な人です。

第十六章　吉田茂への評価の評価

吉田茂の評価は不可避的に政治性を帯びる

阿羅　吉田に対する評価にはどんなものがあるのか、あるいは吉田への評価はどのように変遷したのか、そんなことをここで話し合いたいと思いますが。

杉原　阿羅さんの言われる通り、それも重要ですね。

阿羅　ただ、吉田への評価というのは、私たちの対談もそうですが、どうしても政治性を持ちます。戦後の日本の最も基礎を作る時期の首相として吉田がおり、その吉田を評価すればその時点の日本の在り方を問題にすることになり、どうしても政治性を帯びてくる。というより政治性を帯びなければ迫力ある評価とはならない。

そこで私は読者に分かりやすいという意味で時系列的に「吉田の評価の変遷」という筋を通して見ていきたいと思いますがどうですか。

杉原　そうですね。私たちも吉田の評価自体に課題があるのではなく、吉田への評価の持つ政治的意味に関心があるわけですから、吉田への評価の時系列的変遷という一つの筋をたどりながら吉田の評価について考えていくのがよいと思います。

吉田内閣最後のときの評価

阿羅　いずれにせよ吉田への評価の変遷ということであれば、彼が昭和二十九年（一九五四年）十二月、首相を辞めたときの世間の受け止め方から言わなければなりません。

杉原　そうですね。吉田は〈第十五章　吉田茂の人物像からの評価〉で、阿羅さんが話されたことだけれど、昭和二十七年の「七条解散」を彼に知恵づけて、つまり憲法第七条の条文を使って抜き打ち解散をさせて、吉田を支えた松野鶴平からも、昭和二十九年の時点ではそこまで追い詰められているのに、それでも辞任せず解散に打って出ようとするので、「そんな総裁は除名してしまえ」とまで言われて、それでやっと辞任するんですよね。最後は醜態の極みだった。

再軍備はしないと言いながら、警察予備隊、保安隊、自衛隊と、外からは着実に再軍備を進めてきている。その場しのぎでころころ変わる発言、ワンマンといわれた独善的行動、それに何よりもいつまでも首相を辞めようとしない、いさぎよさのなさ。当然世間の評判は最低だった。

『回想十年』での自己評価

阿羅　その吉田が昭和三十二年（一九五七年）七月から翌年三月にかけて四巻にわたる『回

想十年』という回想録を出します。回想録というものは自己の業績を称えるもので、何事にものの怖じしない吉田らしくこの回想録も堂々としたものでした。吉田の立場から行ってきたことを堂々と話すのですから、それなりに迫力がありました。それに、政治のレベルでは主権を回復した吉田を軽蔑したままにしておくことはできませんでした。

昭和三十五年五月、岸信介内閣のもとで日米修好通商親善使節団団長を任じられ、アメリカに派遣されます。昭和三十九年五月には寵愛した池田勇人の率いる池田内閣のもとで大勲位菊花大綬章を受賞します。昭和四十二年、八十九歳で死去しますが、この死去にともなって従一位大勲位菊花章を授与されます。そして昭和天皇の承諾を得て戦後には例のない国葬を挙行する。こうしたことによって吉田は国家的には偉人となっていくわけです。

吉田茂の負の遺産の修正に追われたその後の内閣

杉原　だが、客観的には、彼が占領期になすべくしてなさなかったことを、なすべからざるをしてなしたこととの負の遺産を克服することが、その後の内閣の大きな課題となった。

阿羅　鳩山内閣での憲法調査会の憲法改正に向けての動きもそうです。憲法調査会が実際に活動を始めたのは岸信介の内閣下での昭和三十二年（一九五七年）八月十三日の第一回会合ですが、昭和三十一年六月に鳩山内閣のもと憲法調査会法が公布されます。これも吉田が占領解除前後に憲法改正をしておればしなくてすんだ仕事です。

杉原　それに岸内閣の安保条約改正。日米安保条約も、吉田が再軍備をしないことにこだわって、そのために押し付けられた明らかに不平等条約です。日本から見て屈辱的な条約を改正するということだから、本来吉田がきちんとした対等な条約を結んでおれば、しなくてすんだ仕事だった。

阿羅　その改正すらすでに〈第十五章　吉田茂の人物像からの評価〉で話し合いましたが、昭和三十二年六月十四日、『毎日新聞』に記事を寄せて、彼の締結した安保条約について変える必要はまったくないと反対しました。この行動、どう見ても尊敬できません。

杉原　ここで、吉田と憲法に関係して、憲法調査会について、一論しておきますね。

阿羅　そうですか。杉原さんは憲法にも詳しい研究者だから、この憲法調査会についても、一論あるでしょうね。どうぞ。

杉原　憲法調査会というのは、今、阿羅さんの言われたように、岸内閣のもとで第一回会合を開きますが、もともとは、昭和三十一年（一九五六年）六月十一日、鳩山内閣のもとで設置された調査会です。

憲法改正に着手するために設置された調査会で、国会議員三〇人、学識研究者二〇人、会長は元東京帝国大学法学部教授の高柳賢三。そして、昭和三十九年七月三日に内閣と国会に報告書を提出して翌年解散した。

この調査会は憲法改正を前提として設置されたものだけど、会長の高柳がどちらかというと護憲派。最終的に憲法改正を必要とするという結論に持っていかなかった。

改憲派の主張する改憲論の根拠は、何といっても、この憲法は占領軍によって押し付けられたものだということだった。当時は、アメリカの占領文書もまだ公開されていない時期で、そこで制定過程を詳しく知るためアメリカに調査に行かなければならなかった。そうして調べたところ、第九条の戦争放棄の条文も、もとは幣原喜重郎がマッカーサーに言い出したものだと知らされ、また〈第六章　吉田茂と憲法改正〉で話した、アメリカ本国からの憲法改正を要請した文書SWNCC－228も初めて知った。この文書では天皇制の維持を否定してはいないけれど、明確に保証する文言もなかった。そこに、マッカーサーが日本の事情を察して天皇制の維持を明確に打ち出して、憲法改正の草案を作らせたということが分かった。ということで、この憲法は必ずしも占領軍から強烈に押し付けられたとばかりは言えないではないかという結論に向かうことになった。そして、憲法改正の問題と、制定過程の問題は別々に考えようということになった。だから、強烈な憲法改正論には与しなかったのです。

高柳自身は、英米法研究の出身で、しゃちこばった法理論より、運用の実態を重んじる傾向の学者であり、初めから改憲ありきという態度を採らなかったといえるんですが、私はこの憲法調査会に、憲法改正の結論を出さなかったということより、もっと大きな問題があると不満を抱いているんです。

高柳は、世論が護憲に傾きつつあることも考慮して、そのことも改憲の結論に走らなかった理由の一つといわれるんですが、それならばなお解釈のことを言わなければならないのに言わなかったのは、私の不満です。

阿羅　憲法改正のためにできた調査会で、憲法改正の結論を出さなかったということは大きな問題だと思いますが、それよりももっと大きな問題？　それは何ですか？

杉原　それは吉田によって先鞭をつけられた現行憲法のでたらめな解釈の問題です。

制定過程がより具体的に分かり、芦田修正の意味も分かった。芦田修正を行った帝国議会の審議の過程では、日本側は十分に理解していなかったが、アメリカ側は、この修正で日本は軍隊を持つことができるようになり、戦力も交戦権も自衛戦争の限り、持つことができるようになったと解し、その修正を許した。そしてその解釈が第十章で私が言ったように、昭和二十二年十一月三日の芦田均の『新憲法解釈』の解釈となる。そのことが分かってきている。状況の中で、通常の憲法学では許されないようなでたらめな解釈が政府において行われているわけですね。自衛隊をして、戦力を持たない実力組織というでたらめ極まりない解釈が現実に、日本の政府において行われているわけですね。これは芦田修正を経て、占領軍の解した第九条解釈から離れて、劣悪極まりない歪んだ解釈ですよね。

だとすれば、憲法調査会は、憲法改正の結論を出さないならば、憲法改正をしない場合にあっては、憲法解釈を正しておかなければならないと提言しておくべきだった。

憲法改正の提言もせず、時代の推移に任せるというのであれば、憲法改正をしないままに、日本が進んでいくということもあると考えて、それに備えて吉田が先鞭をつけた劣悪な憲法解釈を正しておかなければならないと提言しなければならなかったはずです。にもかかわらず、その解釈を正せという提言をしなかった。そうすれば、結果としてその劣悪な解釈を肯定し、定着させることになるではないですか。それをしないでそのまま憲法改正の必要を提言しなかった。そうすれば、憲法調査会は設置されない方がまだよかった。

阿羅 なるほどね。杉原さんの不満はよく分かる。

杉原 現行の憲法に対して、日本政府の行っている解釈は、この憲法を押し付けた占領軍の解釈よりも、歪んだ劣悪な解釈をしている。すでに話しましたが、回想録などを見ても、吉田自身は、天皇は元首だと言っている。しかし今の日本政府の解釈は、つまり今の内閣法制局は、天皇は元首であるということを明確に打ち出していない。天皇は「象徴」であるから元首といえるかどうかははっきりとは言えないという曖昧な立場を採っています。そして公民教科書の検定では天皇は「象徴」にすぎないという解釈で検定を行っています。公民教科書では、内閣法制局長官の国会答弁の中で天皇は元首として解釈できなくもないという回答があったというその事実すら書かせない。日本の共和国化を目指した検定と言わざるをえません。

つまり、公民教科書検定では「象徴」だから元首ではないという論を採っています。でも、それは間違っています。天皇は「象徴」であるからこそ、日本の元首なんです。

今の法制局の解釈では、「国民主権」を重んじて、それゆえに象徴である天皇は、元首とは必ずしも言えないという解釈の態度を採っているんですが、明治憲法の制定にも影響を与えた一八三一年に制定されたベルギーの憲法では、「すべて権力は、国民に由来する」と謳いながら、国王が「元首」であることを明確にしているんですよ。

阿羅　杉原さん、少し興奮してきていますよ。

杉原　そうですか（笑）。でもね、考えてください、マッカーサーが、憲法草案を作るとき示したいわゆる「マッカーサー原則」の中では、天皇は「元首」であると明記しているわけですよ。憲法制定過程が分かってきたのに、日本政府は、つまり内閣法制局は天皇について何ゆえに正当な憲法解釈をしないんですか。

今の憲法は確かに押し付け憲法、押し付けられ憲法ですけれど、今の日本政府の、つまり内閣法制局の憲法解釈は、この憲法を押し付けた占領軍よりもはるかに劣悪な解釈をしているんです。

阿羅　先ほど出た憲法第九条の戦争放棄の条文は、第十章で杉原さんが言ったように、最初の出どころは、白鳥敏夫だった。そしてそれをマッカーサーに伝えた幣原喜重郎も、杉原さんが言ったように、自衛戦争も否定するものとして言ったわけではないと思う。それを自衛戦争まで否定するようにしたのはマッカーサーだとすれば、やはり第九条の根幹は占領軍が日本に押し付けたことになる。

もっともですね、何度も話してきたことですが、いわゆる芦田修正があり、自衛戦争は可能となり、そのための戦力と交戦権は保持できるようになり、そのことを占領軍も明確に受け入れてくれた。だから、ここでの押し付け論も、強烈な押し付け論としてはいえなくなる。でもね、条文まで揃えて草案を作り、これで日本側の憲法改正の原案にしろと言ったのですから、やはり日本国憲法は押し付けられた、というよりほかはないですね。

杉原　問題はやはり、吉田のでたらめな「九条」解釈です。憲法調査会は、その問題をいっこうに解決しようとせず、むしろ、この問題に対して何も言わなかったのだから、このでたらめな解釈にお墨付きを与えたようなものです。そのことにおいて、憲法調査会は罪深いのです。

阿羅　そう言われれば、そうですね。

杉原　高柳は、保身のために憲法学を売った宮沢俊義よりはるかにましな法学者ですが、憲法調査会をこのように動かしていったことで宮沢俊義の、大日本帝国憲法から断絶して解釈した、日本国憲法への劣悪な解釈が世間に広がり、定着するのを助けたことになった。

阿羅　結局、そういうことになりますね。

負の遺産の象徴の「安保闘争」

杉原　そして、その条約改正をめぐって昭和三十五年の「安保闘争」。あれは何ですか。

阿羅　安保闘争とは何だったのか、吉田の評価に関わることとして考えなければならないと思います。

杉原　そう、あのとき、阿羅さんは高校生、私は大学浪人中だった。あのとき、デモに参加した学生の多くは、日米安保条約を読んだことがなかったようですね。私もデモには行かなかったが、読みもしなかった。

ただ、日米安保条約改正は、日米の軍事同盟を強化し、中国やソ連に対抗するものとして見られて、そのためにデモが盛り上がった。

阿羅　当時、冷戦の真っ只中でしたからね。

杉原　その冷戦ということだけど、冷戦には社会主義、共産主義をめぐるイデオロギー闘争があったと言えますね。多くの若い人が社会主義や共産主義の根幹にあるマルクス主義に傾倒した。

後篇第九章で述べたことだけど、確かに私有財産を廃止しなければ、経済的な平等は達成できないというのには説得力があった。それに資本家がいなくて労働者だけの社会主義国家は戦争への動機がないと。資本主義の国家では、戦争によって若者が死んでいるときにも、利潤で稼ぐ資本家がおり、資本主義制度を続ける限り、利潤を求めて戦争はなくならないというのも説得的だった。

そうしたイデオロギー対立の中で、アメリカと日米安保条約を強化するということは、日本は正しくない戦争に巻き込まれるということになる。

当時、資本主義経済を採用する理論的根拠はなく、既成事実以外には何もなかった。社会主義の経済制度に対抗しうるだけの歴とした経済理論はなかった。言い換えると多くの若者を中心とする大衆に提供されている社会主義経済制度に対抗するだけの経済理論はなかった。

そうした中で、日米安保条約の整備ということになると、日本がアメリカの下請けになって、問題のある資本主義を補強するというような印象になって、安保闘争のような闘争となったんだよね。

だが、もし吉田が最初から対等な関係の日米安保条約を結んでおれば、岸内閣の日米安保条約改正という政策自体が必要なかった。とすれば、安保闘争もなかったということになる。

阿羅　おっしゃる通りです。
第十五章で紹介しましたが、戸川猪佐武の『昭和現代史』のカバーは直角三角形が描いてあって、その三辺に三平方の定理に模して、それぞれ正方形が縁取りしてあって直角の隣の短い辺の四角に吉田の写真、長い辺の四角にはマッカーサーの写真、斜辺の一番大きな四角の中にはデモを空から写した写真でした。つまり、より小さな作用を及ぼした吉田とより大きな作用を及ぼしたマッカーサーの作用とを足すと、デモに明け暮れる日本になるという意味ですね。安保闘争の一年前の本ですが当時の状況をよく表していた。つまり吉田とマッカーサーによって作られた戦後の日本は毎日デモに明け暮れる分裂した日本になったという意味です。

杉原　面白いですね。

衝撃を与えた高坂正尭の『宰相吉田茂』

阿羅　そんなところに昭和四十三年（一九六八年）吉田を真正面から高く評価する高坂正尭の『宰相吉田茂』（中央公論社　一九六七年）が出ます。当時大変評判になり、大きな影響を与えました。この評価には杉原さんは早くから批判しておられる。

杉原　この本の中心となる「宰相吉田茂論」を高坂が書いたのは昭和三十八年です。まだ、吉田が元気に余生を送っているときですね。そして安保闘争の熱がまだ冷めやらぬときです。

阿羅　杉原さんは高坂の吉田茂論に厳しく批判されたが、その要点をもう一度。

杉原　私が高坂の吉田茂論を批判したのは平成六年です。今からすればずいぶん前ですが、高坂の本が出てからはずっと後です。「吉田茂は本当に大宰相だったのか」と題して雑誌『正論』の平成六年の九月号に発表しました。

高坂は要するに、吉田は知識人によって恐ろしく不当に扱われてきたと指摘して、「彼の外交は日本のめざとい計算とともに、第二次世界大戦後の国際政治の構造の鋭い認識に根ざすもの」と評価したんですね。そして、高坂は、吉田が講和条約を結ぶとき、多数講和方式を断固として選択し、そして「商人的政治観」で経済復興を第一に揚げ、結果としては、日本は経済成長を成し遂げた、と言うのです。

だが、多数講和を選択したというのは誰が見ても違うでしょう。冷戦が厳しくなった占領下で、連合国全部が揃う全面講和などはもともとできるはずはない。誰が首相を務めていたとしても、多数講和しか成り立たなかった。

再軍備を抑えてそれゆえに、経済復興をなしえたというのもはっきりした嘘ですね。同じ規模と予算で、警察ではなく、軍隊を創ることができるのにそれをしなかったというところに問題があるのですから。再軍備と経済復興はまったく関係ないことは、この対談でも阿羅さんと何度も強調してきたことです。

それに〈第五章　吉田茂と経済成長〉で話し合ったように、経済復興の成功の要因は別のことによることが証明されています。

高坂正尭は吉田茂の選択は正しかったのだと言って国民を説得した

阿羅　つまり高坂の吉田への賞賛はまったく間違っていたと?

杉原　そうです。

阿羅　ということはこの本はまったく価値がなかった?

杉原　いいえ、あるんです。高坂のこの本の出版の価値は確実にあるんです。

阿羅　どういうことですか？

杉原　自衛隊、警察予備隊によるものですが、事実上の再軍備も、そしてアメリカを中心とする自由主義陣営に属するようにしたことも、アメリカと戦争をし、アメリカ軍の占領を経た以上、それ以外の日本の選択はなかった。そういうことを世間に向けて明らかにしたことです。それをこのときの国民に説得する役割があったのです。

そしてそれを吉田によって「選択」したのだと言えば、日本が自らの判断で自主的に選択をしたように聞こえます。そうすれば日本人の誇りをくすぐることにもなります。

実際には選択でも何でもなく、厳しい冷戦が行われている国際状況の中で、アメリカ軍の占領を経て主権を回復するとすれば、それ以外の主権の回復の仕方はありえないではないですか。

それ以外ありえないのに、日本のその在り方を吉田によって選択したものなのだと言えば、日本人の誇りは高揚しますね。それによって日本は豊かになったのだと思えば、安保闘争のような国論の分裂を少しでも穏やかなものにできるではありませんか。

阿羅　そう言われれば、言われる通りです。

杉原　考えてみれば、占領下では、日本の政治は、何事もすべて占領軍の許可を得なければできなかったのです。ということは、誰が首相をやっていても、結果は同じということです。それ以外はないということです。高坂は、それ以外は日本の歩む道はないのだということを国民に説得して納得させると同時に、それを日本は「選択」したのだと日本人の誇りに訴えたのです。

寛大な講和条約も当時の厳しい国際情勢によったもの

阿羅　でも、吉田の業績として講和条約を結び日本の主権を回復させたということはやはり認めなければならないのでは？

杉原　公式にはそうです。ですが、アメリカの占領軍の満足を得る形にしなければ、講和が延びるだけで、アメリカの満足する形でしか日本の主権は回復できなかった。そういう状況の中では、相対的にわりかし早く主権回復を実現した。そういうように言えることは間違いないのではありませんか。

阿羅　そういえば、そういうことになります。

杉原　誰が首相であっても、マッカーサーとの関係から、歴史にある昭和二十七年（一九五二年）の主権回復より早く主権回復ができたということはないでしょうけれど……。ともあれ、主権回復後の日本の在り方は、高坂の言うように選択ではないのです。それ以外にはない在り方が現れていただけです。

阿羅　極論すればそういうことですね。

杉原　吉田の功績と言える講和条約は寛大なもので、形式的には吉田の功績です。しかしこれも、当時の厳しい冷戦下で、アメリカの深謀遠慮によるものです。吉田の努力の成果ではありません。そのことは、ジョン・ダワーの『吉田茂とその時代』で、ダワーが言っています。

吉田茂は日本がアメリカの植民地状態になることに意を介さなかった

杉原　ところでですね、そう言いながらも、吉田でなければなしえなかったことをしている、と言えるところもある。そしてしなければならないのに、吉田ゆえにしなかったと言えるところもあります。つまり、占領下で、他の首相ならするであろうことはしなかったとか、他の首相ならばしないであろうことをしたとか、そういうことによって占領軍の必ずしも言いなりにはならなかったところがあるんではないですか。そのことによって、主権回復後の日本の在り方を変えたところですね。

阿羅　杉原さんの言おうとしていることは、私には分かります（笑）。でも、読者のために分かりやすく言ってください。

杉原　お分かりですね。いちばん大きなのは、やはり憲法改正をしなかったこと。そしてアメリカが再軍備をしろと言ったのに、再軍備をしなかったことです。再軍備については、交渉に当たったダレスに軽蔑されて、日本にとって屈辱的なまさに日本をアメリカに売り渡したような、日米安保条約を結んだことです。再軍備から逃げ回ろうとしていた吉田は、その逆に日本が文言からも、アメリカの従属的な地位に位置づくことに意を介さなかった。吉田以外の人が首相であれば絶対にこのようなことにはならなかった。

阿羅　言えますね。

高坂正尭の評価は現実から遊離しているが当時においては一定の政治的意義を持った

杉原　ところでですね、この吉田をめぐる私たちの対談を始めるに当たって、私はもう一度高坂正尭の『宰相吉田茂』を読み返してみました。そうしたら吉田への評価の本としてずいぶん考えさせられるところがあったんです。

高坂のこの本には、高坂は吉田の言葉に惹かれたと言って、吉田の奉天時代に書いたものやイギリス大使時代に書いた文書を褒めるところがあるんですね。

これを見て、私は驚いた。彼の奉天時代の言動は、後の満州事変を先導するものです。イギリス大使時代に、彼が提案のために書いた文書は、イギリスの外交当局から軽蔑されたものなんですよね。

にもかかわらず、知的には私より優秀なはずの高坂が、これらの文書に感動するとはどういうことなのかと思うわけです。吉田は切れのよい文章で書いているかもしれません。しかし書いてある中身は、明らかに笑うべきものです。これに感動するとは何事か、と思うわけです。

しかし高坂のこの本を細かく見てみると、しきりに「吉田茂の業績を『吉田体制』にまで高めてはならない」と言っている。そして「彼から学ぶべきであるのは、彼の作った体制ではなくて、彼が体制を作ったということである」と述べている。

つまりは、日本の戦後の在り方を必ずしもアメリカから押し付けられたものではなく、吉田が占領期に選び取ったものなのだ、ということを認識し、併せてそれを乗り越えていかなければならないものだと、高坂は言っているのです。

それは吉田によって作られたこの時点の在り方をひとまずは肯定しなければならないが、永久の在り方にするかどうかは別の問題である、ということですね。日本の経済の発展と、親米的日本の在り方は、吉田を通して日本が選んだのであり、その限りで吉田は偉人である、と言おうとしたのであると考えられるんです。

そのことによって、国論の分裂を避けようという政治的意味があった。そして、吉田を偉人として扱うことは、日本国家として正しいことになのだ、ということを、吉田が逝去した一年後のこの時点で国民を説得しようとしたものだと思います。

阿羅　そういうことになりますね。

杉原　私はやはり、吉田の評価というものは政治的意味を持つと思うんです。高坂の評価は、占領期の吉田の実際の在り方から見たとき遊離していると思いますが、昭和四十年（一九六五年）前後のこの時点で、このような評価が必要だったと思うんですね。

猪木正道の『評伝吉田茂』は吉田茂を礼賛するためのものだったが途中で書けなくなった

阿羅　高坂の本が魁となって吉田の評価は言論界でも高まってきます。そうして吉田を持ち上げる人たちが自信を持ってきて試み出したのが昭和五十三年から五十六年にかけて出た猪木正道の『評伝吉田茂（上・中・下）』（読売新聞社　一九七八～一九八一年）の三巻本です。猪木は昭和四十五年防衛大学校長の辞令を受けますが、このとき吉田に親しい者から吉田の伝記を書いてくれないかと要請されます。

というのは『朝日新聞』（大阪版）で、昭和二十九年（一九五四年）十二月八日、吉田への評判が最低に落ちていたとき、吉田をさんざんこきおろすための座談会で猪木は吉田をいささか弁護しました。それが縁で吉田の伝記を大々的に書くことになりました。そこで『月刊読売』などに長く連載され、昭和五十三年から五十六年にかけて出版されるわけです。そしていかにも偉大な足跡を残したかのように書いた。

杉原　でもね、猪木さんは吉田を批判していましたよ。すでに〈第十五章　吉田茂の人物像からの評価〉で紹介したことだけれど、昭和三十年の鳩山の日ソ交渉を妨害したと批判していましたよね。

阿羅　私も猪木は最後には吉田を批判していたのではないかと思うのです。というのは『評伝吉田茂』は吉田の生まれたときのことから書き起こしながら、最後は昭和二十七年のサンフランシスコの講和会議の記述で終わります。吉田が昭和二十九年まで首相をやり、そして昭和四十二年逝去するまでのことは書いていない。

疲れたから休ませてくれということを言っていたようですが、吉田の生涯を書き進むにつれていろいろなことが分かってくる。そうすると吉田を批判せざるをえなくなる。そう思えるんです。

杉原　良心的に書き進めていけば、批判せざるをえないところにぶつかりますよね。

阿羅　猪木は吉田を中心とした吉田の見方からしか描いていません。後ほど指摘することになると思いますが、猪木のこの本はジョン・ダワーやリチャード・フィンの研究（Richard B, Finn, ***Winners in Peace:Mac Arthur, Yoshida, and Postwar Japan,*** Berkeley:University of California Press,1922）を十分に取り入れていません。リチャード・フィンなどを挙げて、交渉した向う側の資料と突き合わせてみなければ、吉田の英国時代の交渉の本当の姿は分りません。

杉原　そうですよね。彼のイギリス大使時代にやったことは、イギリスの外交当局からは根っから馬鹿にされていたし、占領末期の講和条約作成の過程ではダレスに完全に軽蔑されていた。

阿羅　結局、『評伝吉田茂』は、原告と被告がいたとき、原告だけを取材して原告の言い分だけで記述して、新聞記事にしたようなものです。

杉原　吉田を持ち上げようという社会的雰囲気の結晶ということになりますね、猪木の『評伝吉田茂』は。社会的には、この時点では吉田を高く評価することになり、吉田を持ち上げようとする試みは成功することになる。しかし猪木自身は、書いているうちに嫌気が差して筆を折っちゃう。

阿羅　そうだと思います。吉田内閣最後の崩壊のシーンなどはまともに描けるものではありませんからね。

杉原　繰り返しになるけれど、猪木が吉田を高く評価するのは、吉田が第一次吉田内閣で憲法を改正し、それが施行になった後の、昭和二十二年六月一日に実施された総選挙で、吉田の率いる自由党が社会党に超されて第二党になったとき、あっさりと下野したこと。そこで、片山哲内閣、芦田均内閣と続くんだけれど、その芦田内閣のとき、戦後最大ともいわれる昭和電工疑獄事件という疑獄事件が起きて、昭和二十三年十月七日、総辞職をする。そのため占領軍の斡旋を経て三分の一の少数政党ながら内閣を組織する。そして組閣の際占領軍の協力で解散の段取りができていた。そしてその段取りの通りに解散して昭和二十四年一月二十三日に総選挙をし、そして彼の率いる民主自由党が第一党となり、吉田時代を築くことになるわけです。

ともあれ、昭和二十二年の総選挙であっさり下野したことを猪木は、先を見こした優れた行為だったと高く評価するんですね。

阿羅　でも、杉原さんは、それは吉田の深慮遠謀によるものではないというようなことを、『日米開戦以降の日本外交の研究』で述べておられますね。

杉原　そうです。深慮遠謀によるものではないと思います。社会党が第一党になったとき、社会党左派が共産党につながっているから、うまくいくはずはないと思ったとしても、吉田が責任感に満ち、日本のことを考えたら、共産党の影響を阻止するためにむしろ逆に協力して政権の中に入っていくという選択もあったはずですが、責任感のない吉田はそこで逡巡した気配がない。

阿羅　それに芦田内閣が崩壊した昭和電工疑獄事件というのは、戦後最大の疑獄事件だといわれることもありますが、占領軍もからんだ事件だったから、法務大臣の指揮権を発動して捜査を一部止めても、指揮権発動について占領軍によって否認されるということはなかったかもしれませんね。

杉原　そうかもしれませんね。

それに、第十章で詳しく述べたことなんだけれど、この第二次吉田内閣のときは、総理大臣の衆議院解散権は、第六九条に基づく不信任決議が行われたときにのみしかないと考えられていた。何度も繰り返しになるけれども、第七条に基づく総理が一方的に行使する解散権は合憲と考えられていなかった。それで昭和二十三年十月十九日、第二次吉田内閣が成立したときには、占領軍の斡旋で、成立後、補正予算を成立させたら、野党が不信任案を提出して決議させて、それによって内閣に解散の機会を与えるという〝協定〟ができて、それによって吉田は衆議院を解散することができた。それで昭和二十四年二月十六日、総選挙が行われて、吉田の率いる民主自由党が圧勝して、吉田の時代が幕開けするんですね。

阿羅　その点では昭和電工疑獄事件は、吉田に幸いした。やはり吉田は幸運なんですね。

杉原　そういえますね。

吉田内閣でも、大きな疑獄事件があった。昭和二十九年ですね。第五次吉田内閣で起きた造船疑獄事件も大きかった。吉田の率いる自由党の幹事長だった佐藤栄作は逮捕されそうになった。政調会長をしていた池田勇人も取調を受けた。

しかし吉田は法務大臣の犬養健を使って指揮権を発動させ、佐藤を逮捕させなかった。そのことと比較して考えれば、昭和電工疑獄事件のとき、芦田は指揮権を発動して逃げることができたのではないか。もしこのとき、吉田が総理大臣であれば恐らく躊躇なくそうしたと思う。

阿羅　芦田が法務大臣を使って指揮権を発効すれば、芦田内閣は崩壊しなかった。芦田内閣はそのまま続いて、日本の占領時代はまったく違ったものになり、日本の戦後もまったく変わったものになっていた。

杉原　そうですよね（笑）。芦田は総辞職すべきではなかった。そうすれば、阿羅さんの言われる通り、日本の戦後はまったく変わったものになっていた。

「吉田ドクトリン」は虚妄の説

阿羅　ともあれ、吉田に対する高坂や猪木の評価は、今では研究が進んで占領期の史実からも根拠のないものであることは分るようになりましたが、当時としてのこの頃は違います。そうするうち高坂の吉田への評価を活用して、さらに発展的に拡大していったものが出てきます。高坂の商人国家論の延長として出てくる永井陽之助の「吉田ドクトリン」です。永井は昭和六十年（一九八五年）、『現代と戦略』（文芸春秋　一九八五年）という本で「吉田ドクトリンは永遠なり」と言うんだよね。

片岡鉄哉が平成四年（一九九二年）『さらば吉田茂』（文芸春秋　一九九二年）を出して、吉田ドクトリンとか何とか言っているうちに「日本は萎縮した。矮小化した。卑俗化した。気品を失った。大きなこと。美しいこと。善いこと。勇敢なこと。ノーブルなこと。これらのすべてを日本は拒否するようになったのである」と述べています。吉田ドクトリンの徹底的な否定ですよね。

杉原　片岡鉄哉氏の言う通りだと思います。そのうえ、占領期の吉田の行動は、そのようなドクトリンに基づいて、再軍備を拒否したのではなく、要するに旧軍隊の復活を許さないという感情的判断に基づいたものです。吉田ドクトリンを構想してそれゆえの、再軍備拒否ではありません。

阿羅　片岡氏の言うように日本がこのような状態であることを放置することはできません。とすればこのような日本になったことについての責任の所在を追い求めることになります。そうしたらそこに吉田がいるということになります。

杉原　そうです。

評価は時間を経て豊富な資料に基づいて行われなければならない

阿羅　先ほどの高坂や猪木が吉田にした評価についてこうも思うんです。つまり吉田の占領期の行動はその結果の集積を経てある程度時間を経たうえでないと意味が分からないということを明らかにしていると思うんです。状況にまみれて時々刻々と行動しているその時点では、その行動の意味は本人にも分からないことがあるということです。吉田が昭和二十九年、非難囂囂の中で首相を辞めたときには見えなかったものが、約十年経った昭和四十年頃に見えるということで、高坂の評価は一つの評価の在り方だと思います。それなりに歴史的意味を果たします。

杉原　「評価」が歴史性を持っているということですね。阿羅さんの言われる通りだと思います。

阿羅　さらに「研究」ということがあると思います。歴史研究として過去に遡って研究するということは、過去に行動した本人すらも知らなかった事情があり、その事情を明らかにする過去の歴史史料を使って歴史的意味を探ります。そこに過去の真実に、より近くなる新たな意味が発見されます。

私は日中戦争や「南京戦」を研究してきましたが、研究は時間の経過とともに新しい史料に接することになり、歴史の史実についてもより正確になっていきます。

杉原　そうです。歴史研究というものはそういうものですね。

特に吉田の評価に関わっては、占領期の史料が有効です。アメリカでは、すべての行政資料が保管され、国務省関係は二十五年、陸、海軍の資料も、原則として三十年後に公開されます。占領が昭和二十七年で終わったとすれば昭和五十年後半には公開されます。そこで、吉田が占領軍にどのように発言しどのようなやり取りをしたか分かります。

そんなことから見ると、高坂の吉田への評価をするための『宰相吉田茂』は、歴史研究という点では、一般の人がアメリカ側からではなく、日本側からでのみ見たこと、聞いたこと、読んだことと同じことを元にしていると言えます。

先ほど、高坂が吉田のイギリス大使の時代の文書を感激して読んだのには驚いたと話しましたが、現在の私たちは、ジョン・ダワーの和訳本『吉田茂とその時代』が昭和五十六年（一九八一年）に出て、吉田がイギリスで顰蹙を買っていたことを知っているわけですね。そこから私たちは彼が外交能力においても劣った人物であることを知っているわけです。占領文書を使った吉田に関する本で、リチャード・B・フィンも一九九二年（平成四年）にアメリカで出版した本が、平成五年に内田健三監訳で『マッカーサーと吉田茂（上・下）』（同文書院　一九九三年）として出版されています。

安全保障の問題についても豊下楢彦氏の『安保条約の成立』は、平成八年、占領文書を十分に精査したうえで出版されています。そこで豊下氏は、吉田の外交能力に厳しく疑問を呈するわけですね。

そしてさらに、私たちの研究では、吉田の再軍備拒否は旧軍の復活を許さないという感情的判断が核となっていることを突き止め、少し言い過ぎになるかもしれないけれど、彼には政治家としての資格はないという判断に至るわけですね。

第十七章　どのような意図でこの対談は行われたか

吉田茂を批判するのに怖い感情が出てくる

阿羅　この対談も総括の段階に来ました。

杉原　そうですね。ずいぶん長く対談をしましたね。

阿羅　そこで私たちがこの対談をどのような気持ちで、どのような心情で、どのような意図で始めたのか、語りませんか。そうした方が読者の理解を助けることになるかもしれません。

杉原　賛成です。私たちはそれなりの意図を持って対談を開始したわけですから、その心の内を読者に示しておくことはよいことでしょうね。

私はね、吉田はポピュリズムを排して、なすべきことをなした偉大な政治家だという評価が、一定程度に強固に定着しているこの時世において、このように根掘り葉掘り吉田を批判していて、実はですね、いささか怖くなる気持ちもあるんです。

阿羅　私もなくはありません。

しかしその惰性こそが問題なんです。誰しも現在を肯定し安心したい気持ちがあります。現在を批判する人でも、心のどこかには現在を肯定したい気持ちが残っています。

そうすると日本の「現在」ができるに当たって、最も基礎となる時期、原点となる時期は、それは占領期です。とすると、その時期を主宰した人には偉人であってほしいという思いがあります。そうしたところから吉田は偉人として扱われていた方がおさまりがよいのです。

杉原　そうですね。

阿羅　だからこそ怖いのです。そうして安定した評価を得ている人を、かくも徹底的に批判するのはそうした秩序を壊すように思えて。

民主主義国家の中で過去の首相を批判する

杉原　そうですね、阿羅さんの言われる通り、確かに秩序を壊すんですね。

私たちは自由主義で民主主義の国に住んでいます。そうしたら、それこそ現憲法のもと「国民主権」だから、国民がしっかりしなければならないのです。

中国では、毛沢東は建国の過程でも中国の人民をたくさん殺しました。建国までは、いろいろあって仕方のない面があったと言ってよいと思いますが、建国して以降も、建国の祖としてともに愛すべき人民を平然と多数殺しましたよね。しかるに、中国共産党支配の一党独裁の中国としては、建国の祖として崇め続けなければなりません。

他方、民主主義国家アメリカはどうですか。第二次世界大戦終結時には、ルーズベルトは偉大な政治家として高い評価を得ていました。しかし彼が何をしたか精密な検証を経て、彼は意味なく戦争を拡大し、多くのアメリカ兵、世界人民を死に追いやり、無駄に戦争を拡大した悪人として評価されるようになってきているではありませんか。

阿羅　吉田の評価のし直しは今後の日本にとって絶対に必要なことです。その心づもりで私はこの対談を始めました。

杉原　我々は思考停止に陥ってはならないのです。惰性にかまけてはならないのです。見てください。我々にとっては、憲法改正にしろ、安全保障問題にしろ、あるいは歴史認識の問題にしろ、現在の日本の混迷する姿が、あるいは呻吟する姿が、吉田のなしたこと、なさなかったことに起因することがあまりにも多過ぎることに気づかなければならないのです。

阿羅　だから私たちは吉田を批判していかなければならないわけです。

杉原　私たちは、私たちの心の溜飲を下げるためにやっているわけではありません。それが、現在の日本にとって、いや、世界にとっても必要だと思うから批判を行っているんですよね。

阿羅　前篇で対談を始めるに当たって言いましたが、事実として指摘したことはすべて事実です。事実でないのに事実かのように言うようなことはいっさいしないように気をつけると申し合わせました。ですから、私たちの評価は、法学的にも、経済学的にも、社会学的にも、さらには歴史学的にも耐えられる吉田への評価をしてきたはずです。

吉田茂を正しく評価しなければ日本の立ち直りはない

杉原　吉田を正しく評価していかなければ日本の立ち直りはない、という確信のもとに、あてずっぽうなことは言わないようにしてきました。

阿羅　そういう意味では使命感を持って対談を続けてきました。

杉原　その使命感ということでいえば、私たちの対談は政治的なんですね。政治的意図を持っている。日本に立ち直ってほしいという政治的意図を持ってこの対談を行ってきた。

阿羅　その意味では、私たちは高坂正尭が『宰相吉田茂』を出したときと同じような政治的な意味を持っています。

高坂が『宰相吉田茂』を著したとき、途方もなく分裂する国論を前に、日本の選択は吉田の選択したもの以外の選択はありえず、占領期のあの時点でそれは正しかったのだということを日本国民として理解し合い、日本国民をして分裂しないようにする必要がありました。高坂のこの本はそのような役割を果たしました。

私たちはどのようにして吉田批判にたどり着いたのか

阿羅　これで私たちが何ゆえに吉田批判をしているか、私たちの立場から見たその意図を話し合ったと思いますが、私たちがどうしてこのような激しい吉田批判にたどり着いたのか、それも話しておいた方が読者にとって私たちの立場を理解しやすくなると思いますが、どうですか？

杉原　阿羅さんの言われていることは、私たちが吉田批判へたどり着くまでの経過を話せということですね。

阿羅　そうです。私たちはとても厳しい吉田批判を行っています。だとしたらどのような過程を経て、このような激しい吉田批判を抱くに至ったのか、個人的なことですが、そのことを話すことによっても、読者の理解は深まるのではありませんか。

杉原　そうとも言えますね。

阿羅　杉原さんは久しく以前から吉田の厳しい批判をしておられますが、それには何か大きな怒りがあったと思うんですね。それから話してください。

杉原　そうですか。それでは私の場合の吉田批判への過程を公共的意味のあるものに限って、少しばかり簡単に話しておきますね。あまり詳しく話しても、読者にとってはわずらわしいだけですから……。

阿羅　要点でよいですから。

杉原　私は学生時代に、曽祢益という外務省のOBが何かの雑誌に、外務省には開戦時ワシントンの日本大使館にいた人で、後に外務次官になった人物がいると一言書いているのを読んだことがあるんです。そのときは、真珠湾の「騙し討ち」に関してワシントンの日本大使館に事務失態の責任があるとはいえ、そのときワシントンの日本大使館にいたというだけで将来の出世が閉ざされるのは不当だから、曽祢益の言っていることには大した意味はないと思っていたんです。まさかその事務失態の張本人が外務次官になっているとは思いませんでしたからね。

私は、大学院では教育行政学を勉強していたので、教育基本法の研究をしていたんです。そうしたら、昭和五十七年（一九八二年）、文部省の教科書検定で「侵略」を「進出」に書き換えさせたというマスコミの誤報があったんですね。このとき、外務省が誤報だということを知りながら、当時の文部省を抑えて、宮沢喜一官房長官をして「政府の責任において是正する」という官房長官談話を出させたのですね。

阿羅　第十四章で杉原さんが触れた例の教科書誤報事件ですね。

杉原　そうです。それで、外務省はおかしなところだなあと、不信感を持つのですが、それでも今から見れば、まだその不信感は浅いものだった。

真珠湾「騙し討ち」の責任者を外務次官に就任させたことを知った

阿羅　それで杉原さんは、どのような過程を経て激しい怒りに変わったんですか？

杉原　私は教育基本法に関係して、昭和二十三年（一九四八年）に行われた教育勅語の「排除」「失効」の決議のことを調べるために、昭和六十三年一年間、そのとき勤めていた城西大学の許可を得てアメリカ、メリーランド州、メリーランド大学マッケルディン図書館のプランゲコレクションのところに研究留学したんですね。プランゲコレクションというのは、占領軍のプランゲという歴史家が日本の占領下で行われた検閲関係の文書、図書で廃棄処分になるところのものをアメリカに持ち帰り、マッケルディン図書館に寄贈したものです。

そこで一年いたんですが、お陰で日本では目に触れなくなった占領下で発行された日米開戦、日米終戦に関わる本が多数あって、それを読む機会があり、日米開戦、終戦に関心を抱くようになりました。

阿羅　昭和六十三年の一年間といえば、次の年は平成元年。

杉原　そうです。昭和天皇崩御のときは、ニューヨーク、国連本部に通っていました。でも吉田批判に関係ないから、このとき経験したことは割愛しましょう。

そして帰国してから、日米開戦、終戦について本格的に勉強するようになりました。五百旗頭真氏の労作『米国の日本占領政策（上・下）』（中央公論社　一九八五年）をしっかり読み込みました。

そうしているうちに、吉田が、真珠湾「騙し討ち」の事務失態の代表責任者を二人とも外務次官に就任させたことを知るんですね。あの戦争を原爆投下まで拡大したその原因を作った真珠湾「騙し討ち」の責任者が外務次官になる？　考えられませんよね。

そうしたところから外務省への怒り、吉田への怒りが最高度になったわけですね。

グルーの功績を見えないようにしているのを知った

杉原　外務省の怒りから、ついでにもう一点話させていただきたいことがあるんです。〈第十一章　前篇第五章（吉田茂と経済成長）〉で少しく述べたいと言っておいた「ポツダム宣言」に関わるグルーのことですね。ご承知のように日本の終戦は「ポツダム宣言」受諾によってなったわけですね。この「ポツダム宣言」というのは、日米開戦時に東京のアメリカ大使館に赴任していたジョセフ・グルーという人が、一九四五年（昭和二十年）四月十二日ルーズベルトが急逝し、その直後、陸軍長官スチムソンよりヤルタの秘密協定と原爆開発の秘密を聞かされるんですね。そこで、原爆投下やソ連の参戦によって壊滅に向かって進んでいる日本を何とか救おうとして、スチムソンに提案して実現したのがポツダム宣言です。このポツダム宣言がもっと早く出ればよかったのですが、それでも本当に日本が壊滅する寸前に出て、それによって日本は壊滅から救われるわけです。

このグルーが一九六五年（昭和四十年）五月二十五日、マサチューセッツ州の自宅で亡くなり、五月二十七日の日本の新聞の夕刊で報じられます。それを調べに大学の図書館に行ったんです。そうしたら、その記事がタバコの箱より小さいマッチ箱程度の記事だったんですね。これを見て、人として怒らずにおられるでしょうか。日本を救うのにこれだけ奔走し、壊滅に向かっていた日本を救い出したグルーに対して、わずかこれだけの記事とは何事かと思うと、涙が出ました。

これは、真珠湾「騙し討ち」の失態を隠そうとする外務省の図らいですね。真珠湾「騙し討ち」がどれほど悲惨な戦争の原因になったかを明かさなければならない。まずはその因果関係に日本国民の目が向かないようにしなければならない。そうするとそのように激化した戦争で日本が壊滅に向かっていったとき、そこから日本を救い出そうと努力したグルーの功績に光を当てるわけにはいかない。グルーの功績に光を当てるということは、日米戦争がそこまで激化したことに光を当てることになる。そうすれば、日米戦争はなぜそこまで激化したのかということに国民の目が向くことになる。そうしたら、その激化の原因を作った真珠湾の「騙し討ち」の問題に目が向くことになる。したがって、グルーが日本を救おうと奔走してくれたという話は無視しなければならないわけですね。

そこで、真珠湾「騙し討ち」の事務失態について目が向かないようにするため、グルーの功績まで貶めて、無視して単なる一人の親日家の死亡記事として、外務省が新聞各社に手配したわけですね。私が外務省に不信感を持つのは当然でしょう。社会は外務省によってそのように仕組まれていくわけです。

阿羅　グルーの話、初めて聞きました。大規模な外務省の歴史の偽造ですね。

杉原　そうです。ここにも歴とした歴史の偽造があるんです。

それでは、次に阿羅さんから。

高校時代に伊藤正徳の『大海軍を想う』を読む

阿羅　私の吉田批判の原点は、伊藤正徳の『大海軍を想う』（文芸春秋新社　一九五六年）を読んだときの思いにあります。高校生のときです。伊藤正徳という人は、戦前、海軍担当の新聞記者としてロンドン軍縮会議を取材し、世界的に知られた海軍記者です。戦後『連合艦隊の最後』（文芸春秋新社　一九五六年）を著して国民に広く知られるようになり、続いて著したのが『大海軍を想う』です。『大海軍を想う』はこう始まっています。

　もとより戦艦「大和」なぞは必要としない。「陸奥」や「長門」を出す場面でもない。一隻の重巡さえ勿体ない。が、いま仮りに、戦前にあった一万トン巡洋艦十八隻中の一隻が残っており、それが竹島の近海を巡航するとしたら何うであろう。李承晩ラインと称する海上の縄張りの如きは、初めから現れなかったであろうし、また仮りに現れたとしても、忽ち水蒸気のように消え失せることは確かである。
　魚族を保護するとかいうブルガーニン・ラインもその類に近い。

日本の漁船が李承晩ライン付近で捕まって連れ去られるという事件はしばしば起きていましたし、北方ではソ連の沿岸警備艇に拿捕されることが頻繁に起きていました。私が政治に関心を持つ前から起き、日常茶飯事的に起きていましたから、日本はそれらになす術がないのだと思っていたときこの記述を読み、目からうろこが落ちるような衝撃を受けました。軍隊を持たないから起きる、吉田が首相のとき竹島が韓国に占領された、ということが分かりました。

それから何十年か経ち、警察予備隊が創設される過程を調べているとき、このような事実を知りました。

〈第三章　吉田茂と安全保障の問題〉で述べましたが、もう一度簡単に触れます。一九五〇年（昭和二十五年）六月に朝鮮戦争が勃発し、翌月マッカーサーは日本政府に警察予備隊の創設を命じます。ウィロビー少将はただちに服部卓四郎に対し警察予備隊の指揮官に就き、部隊を編成するように命じます。ことはすらすらと運び、あとは政府の命令を待つだけとなり、間もなくして服部は越中島に来るよう知らせを受けました。越中島には警察予備隊の庁舎が置かれ、服部たちは一番町で警察予備隊の準備をしていましたから、一番町から越中島に向かいました。服部卓四郎、西浦進、堀場一雄、原四郎たちで、国防軍の研究を続けてきた人たちです。服部は正式な命令を受けるつもりでおり、いよいよ国防軍ができると意気込んで行きました。彼らを見送った人たちも､国防軍が創設された暁には入るつもりですから、再び国家に奉仕できると喜んでいました。

ところがそれほどしないうちに服部たちは帰ってきました。誰もが無言で､意気消沈して、堀場が「吉田なんか、斬りころしてしまえ」と大声で吐きました。

服部たちが越中島に行くと、マッカーサーは服部たちを採用しないことを決めたと通告されたというのです。

突然、服部たちが外されたのは吉田がマッカーサーに直談判したからで、その結果、警察予備隊は警察官僚に任せ、警察予備隊は警察組織になりました。

このような経験が私を吉田批判に向かわせることになりましたが、外交、内政、国民意識などで問題が起こると、その多くが吉田の敷いたレールに突き当たり、批判する気持ちが燃えさかることがあっても、収まることはありません。具体的な例を挙げると、クアラルンプール事件、ダッカ事件、金正男の入国などで見られた超法規的措置。いまだ解決できない拉致もそうです。北朝鮮が日本は自分で守る気持ちが欠けると言っていますが、これも吉田に行き当たります。

賀屋興宣が「私は昭和になってからのちの総理大臣は大体知っているが、やはり吉田さんが第一位ではないだろうか」と述べています。賀屋興宣は大蔵省（現在の財務省）で若いときから期待され、昭和四年のロンドン軍縮会議に随員として加わり、昭和十二年の近衛文麿内閣で大蔵大臣に就任しています。ですから昭和初期からの総理大臣を見たり、じかに接したりしたでしょう。昭和十六年の東条英機内閣でも大蔵大臣となり、開戦という重大な時期に枢機に関わった経験を持っています。そういう人の発言ですから重みがありますが、それでも賀屋興宣の吉田評は一部しか見ていないものだと私は考えます。

杉原　吉田の無責任体質がよく出ている話ですね。それに賀屋の見方は、占領期の吉田の行動は、占領軍が背後に存在していたものだ、という洞察が欠けていますね。

吉田茂の評価の再考はなぜ必要なのか

阿羅　吉田への再評価を試みるこの対談に当たって私たちの抱いた個人的心情も含めて語り終えたと思いますが、次に今話してきたことと少し重複すると思いますが、吉田への評価を再考しようとする社会的試みの必要性、意義。こういうものについて私たちがどう考えているか、語りたいと思います。

杉原　そうですね。そういうことでは言いたいことがある。私はずっと前から思っているんですけれど、吉田を偉人として評価するのに、その根拠として吉田はポピュリズムに陥らなかったというのがありますよね。

私は、吉田へのこのような評価こそが思考停止、惰性に陥った評価だと思うんです。

阿羅　思考停止？　あぁ、分かりますよ。

杉原　つまりね、今も賀屋興宣の見方について指摘してきたけれど、彼の占領期の首相としての行動は、すべて占領軍の許容の範囲内にあった。日本国民の意向より、占領軍の意向の方が重要だった。そうしたところに、感情本位に行動し、独善的だった吉田は陽気な首相として、一定の役割を果たしたことは認められる。けれど、そうした独善、ワンマンは、占領が終われば通じない。

彼の政治家としての行動も、占領が終われば通じなくなることを、彼の判断力では分かるはずはなかった。

阿羅　昭和二十九年（一九五四年）に辞任する頃、吉田への世間の評価は最低でしたね。

杉原　だから、吉田がポピュリズムを排した立派な政治家だったというのは、やはり占領期の特殊な状況を押さえていない評価ですね。

すでに言ったことだと思うけれど、そうしたポピュリズムを排して何をしたか、何をしなかったか、そしてそのために今日の日本がどうなっているかを考えなければならないのに、吉田はポピュリズムを排したゆえに偉人だったというのは、あまりに短絡的で思考停止の評価だと思うんです。阿羅さんもそう思われませんか？

阿羅　そうです。気まぐれな選挙民に翻弄され、選挙民の動向に一喜一憂している今日の多くの政治家を見ていると、吉田の行動は一見ポピュリズムを排しているように見えます。しかし吉田のポピュリズムを排したかのような行動は、占領期という特殊な状況において初めて通じるものです。基本的には占領軍の意向だけでものごとが決まる状況で、国民の意向を確かめる必要のない状況だったからです。

そのような状況の中で、マッカーサーさえ怒らせなければ、吉田のような人でも、首相が務まったんだ、と見るべきでしょうね。

杉原　そうですよね。

阿羅　何とか読者の方も分かり理解できたのではないかと思いますが、でも、まだ吉田を高く評価する人からは反感が出てくるかもしれませんね。

なぜパール判事の予言は実現しないのか

杉原　それでですね、すでに〈第十五章　吉田茂の人物像からの評価〉で言ったけど、外交評論家の岡崎久彦が、「二つの戦争の影響は次の戦争で消える」、「日本はアメリカとともに冷戦に戦いぬいて勝った」、にもかかわらず、日本は「いまだに敗戦と占領をひきずっている」と言っている。

そして、占領期がマッカーサーと吉田ではなく「アイケルバーガーと芦田であったならば、日本の思想言論の混迷は間違いなく避けられたであろう」と述べている。

私は、つまり、日本が冷戦終結になっても、戦後が終わらないのは、何か特別な仕掛けがなされているからだと思う。それこそが、吉田の独善政治、ワンマン政治であって、それによってそこから脱出できない仕掛けがなされたのだと思う。そしてそれは占領軍の問題ではまったくない。だから、マッカーサーもそれほど大きな役割を果たしていない。問題は、日本自身の問題である。そしてその日本自身の問題に吉田がいることに行き着く。

阿羅　ところで、いま杉原さんがおっしゃったことで思いつきました。ほぼ同じことが言えるものがあります。

杉原　何ですか？

阿羅　私たち日本人の誇りを大切に思う人たちにとっては何度も言い聞かせられていることですが、例の東京裁判でのパール判事の判決文。有名な一節です。

時が、熱狂と、偏見をやわらげた暁には、また理性が、虚偽からその仮面を剥ぎとった暁には、そのときこそ、正義の女神はその秤の平衡を保ちながら、過去の多くの賞罰に、その処を変えることを要求するであろう。

パールがこう言って人口に膾炙されてきたのにいつまでも実現しないではないですか。私はこのいつまでも実現できない現実が実は吉田に対する思考停止のままの評価と重なっていると思うんです。

杉原　パール判事の判決。確かにそうですね。私も、吉田に対する正しい認識をしなければ、現状に対する正しい行動は取れないと思うんですね。吉田の評価を見誤るということは、現代の日本の評価を見誤るということだと思うんです。

阿羅　そうです。杉原さんも同意見だと思いますが、保守は目覚めるべきなんです。真実に目覚めるべきなんです。ある意味でいちばん眠って安閑としているのは保守の人たちだと言えなくはありません。

杉原　私もそう思います。吉田が、マッカーサーと昭和天皇の最初の会談で、昭和天皇をして真珠湾の「騙し討ち」は東条がしたと、嘘の説明をさせた。そして「騙し討ち」の原因を作った張本人の責任者二人を、占領解除前後に外務次官に就任させた。そのことが、健全となるべき外務省を破壊し、日本国民の歴史認識を歪めることになった。そのことが現在にあっても決定的に影響を与えているのに、それを遠い昔の一不祥事であって現在とは関係ないことのように捉える保守の人が圧倒的に多いんです。

そのことを押さえないで、吉田を賞賛するのは、あまりにもおめでたすぎる。もしその人が保守の人ならば、保守として観察眼を失っていると言わなければなりませんね。

阿羅　杉原さんの義憤ですね。そういうことも含めて吉田への評価の再考は必要なんです。

第十八章　現時点で我々はどう対応しなければならないのか

政府がしっかりしておれば反日日本人は生まれない

阿羅　いよいよ対談の最後です。

私たちの吉田への厳しい批判は、改めて言いますが、何も私たち個人の溜飲を下げたり、個人として満足を求めたりするためのものではありません。つまりこの対談は吉田への批判を究極の目的にしているものではありません。あくまで日本への愛国の情に基づいて、これからの日本を考えるためには吉田への反省が不可欠だと考えて、そのために吉田を批判しようというものです。

私たちの目から見て、吉田が占領期という重要な時期に、政治犯罪とでも言える、杉原さん流に言えば、なすべきことをなさず、なすべからざることをなしたために、日本という国家が歪み、そしてその日本が呻吟しているのを見てきたわけです。

そうしたら、現在の日本国民はどうしたらよいのか。今の我々は何をなすべきなのか、何ができるのか、その対処の仕方についても話し合っておかなければなりません。そのためには今日の問題がどのような経過をたどって出てきたのか、それを正確に知らなければなりません。そのことによって初めて正しく対処できるのではないでしょうか。

杉原　そうです。憲法問題についても、そのような問題がどうして生じているのか、過去の経緯を正しく知らなければなりません。そのために吉田の罪過をきちんと知り、そのことに言及しなければ、私たちのこの対談は完成しないのです。

阿羅　今、日本には日本が悪くなることに喜びを感じる反日的な人が大勢います。そしていんちきな法学者やいんちきな歴史学者がゴマンといます。しかしこうした人たちは日本のこうした過去を正しく知っているでしょうか。正しく知っておればもう少し言い方が変わってくるのではないでしょうか。

それに政府です。政府がしっかりしていれば、こうした人たちの反日宣伝、反日行動がいかに猛々しくても日本は健全であり続けることができます。政府自身が過去を正しく知らない。政府が過去を正しく知っておれば、そうした猛々しい反日日本人の反日活動にも正しく対処することができ、反日日本人も猛々しくは活動できなくなるのではないでしょうか。

杉原　そうですね。政府がしっかりしておれば、反日宣伝、反日行動はそれほど猛々しいものにはならないという、今の阿羅さんの言われたこと、賛成です。

官僚は愛国心を持っていなければならない

阿羅　そこで霞が関の官僚の方々に言いたいことがあります。官僚の人たちは日本国民のために官僚になっているのだから、もう少し愛国心を持たなければならないと思うんです。日本に誇りを持つと言ってもよいでしょう。日本が存在することの世界的意義を知ると言ってもよいでしょう。

官僚は直接に政治上決定をする立場ではありませんが、国を動かすために情報を集め、分析し、政治決定を助ける立場にあるわけです。

とすれば、そういう人たちが先祖から受け継いだこの日本という国を私たちの代でダメな国にしてはいけないと思わなければならない。そのためには立派な国として次の代の日本人に渡していこうという愛国心を持たなければならない。

慰安婦問題に関係して言いますが、『朝日新聞』が吉田清治の朝鮮人慰安婦を「強制連行」したという嘘の体験を記事にしたのが昭和五十七年、そしてそれが嘘だったと取り消したのが平成二十六年、その間三十二年間外務省は沈黙したままで、それは嘘の情報だと一度も発信しなかった。

これでもって外務省の職員が愛国心を持っていたとは言えません。慰安婦問題は杉原さんがよく言うように主犯は『朝日新聞』。しかしそれを正そうとしなかった外務省はまさに共同正犯。外務省職員に平素の愛国心があればこの三十二年間沈黙しているはずはない。

杉原 ただしね、平成八年（一九九六年）、国連で日本の慰安婦問題を糾弾するいわゆるクマラスワミ報告が出たとき、外務省の作った反論書ではきちんと反論していたんですよ。

阿羅　でも、それをすぐに撤回した。

杉原　そうです。外務省の職員の誰かが満身の努力でもって立派な反論書を書いたのに、そのときの外務省幹部が撤回することに決めた。

阿羅　結局は、外務省は組織としては愛国心を持っていないということになるではありませんか。

杉原　だけど、平成二十六年四月一日、『産經新聞』がこの報告書の内容を報じているんですよね。これはやはり外務省の職員に愛国心に満ちた人がいて、『産經新聞』にリークしたんではないでしょうかね。組織としてダメでも、職員の中には愛国者がいた。

阿羅　この職員の行動によって逆に、外務省の名誉は救われた、と言える。

杉原　〈第十四章　前篇第八章（吉田茂と歴史の偽造）の補追〉で述べたと思いますが、平成十二年、「新しい歴史教科書をつくる会」が少しでも自虐史観を克服した歴史教科書をということで検定申請をした教科書に対して、外務省は組織を使って、検定不合格にしようと画策した。

外務省はまさにどこの国のための外務省かという問題ですが、それは今措くとして、このとき、それはおかしいとリークしたのは外務省職員です。その人の名前は分かっています。

このように、数は少ないけれど、愛国心をきちんと持った外務省職員もいる。

阿羅　でもこんな例はどうですか。吉田とは直接には関係ありませんが、今北海道は外国資本によって買い占められている。これが阻止できないのは、外務省が結んだ国際条約に原因があるという。官僚はなぜこういう状況を放置しておくんですか。この問題を察知して情報を収集し、分析をし、対策を考案して、国会議員など政治家になぜ献策しないのでしょうか。

杉原　私もそう思います。日本の官僚は明治以来、汚職をしないきれいな官僚として世界にも名を馳せた官僚です。

私はよく言うんですが、国は官僚の能力以上に立派な国にはなれないと。その能力には汚職をしない清潔さも含まれます。そのうえで言うのですが、つまり、官僚がダメなのによい国ができるということはありえないということでね。

阿羅　そうですか。私は、戦後の日本の官僚は経済復興には威力を発揮したが、その他ではそれほどでもないと思っています。

特に最近は、官僚は夢を失っている。つまり国を愛することの大切さを忘れている。日本の誇りをどこかに置き忘れている。そのために国がどの方向に向かって進むべきか、その方向性をつかんでいない。日本の在るべき姿を考えて献策することを忘れている。ましてやそれが吉田によってもたらされた歴史認識の歪みによって出てきているところがあることについてはいささかも気づいていない。吉田の罪過をよく知れば、逆に日本の向かうべき方向がよく見えてくることに気がついていない。

杉原　だから歴史を学ばなければならない。この私たちの対談本『吉田茂という反省』も、官僚の学ぶべき立派な歴史書です。
　でも、吉田の批判のこの対談で、どうして官僚の話になったんですか？

阿羅　いいえ、それは外務省の職員です。外交官として海外に派遣される外務省職員です。こうした人が日本の名誉を背負って外国と交際するのが職務ですから、一般の官僚よりさらにいっそう愛国心を持っていなければならないと思うからです。
　外務省の人が通常の愛国心を持ち、日本の名誉を担っていたら、どうしてそのような外交ができるのだろうとか、どうしてそのような外交行動が取れないのだろう、という問題があまりに多過ぎます。
　吉田批判に当たって、吉田がどのように外務省を歪め、外務省の職員が正常な愛国心を持てなくなったかを外務省の職員に向かって一言言っておきたかったんです。

杉原　分かりました。言われる通りです。それでは、吉田に直接関わる問題に戻りましょう。

阿羅　いいえ、吉田の失態によって日本がかくも喘いでいるのを見て、それを少しでもよい方向に向いていってもらいたいと思うとき、やはり外務省の職員のみならず霞が関のすべての官僚に官僚の在り方について自覚をしてほしいと思います。
　杉原さんも強調したことからすれば、吉田によって直接壊された官庁は外務省と内閣法制局ですが、広く言えばすべての官庁がこの吉田のことを自覚し、すべての官僚が愛国心を持ってほしいわけです。

杉原　その通りだと思います。

国民は外務省の失態には触れないという黙契を破らなければならない

阿羅　具体的に検討していきましょう。吉田に壊され、中曽根内閣のとき外務省小和田条約局長が、日本は東京裁判のもと犯罪国家なのだと言いましたが、犯罪国家推進維持機関と化した外務省に対してはどういう対処があるでしょう?

杉原　私はまずは、一般国民が、戦後の外務省が一方的に行った黙契ですね、あの黙契を打ち破るように行動すべきだと思うんです。

阿羅　例の黙契ですか。

杉原　そうです。真珠湾の「騙し討ち」に関するワシントンの日本大使館の事務失態には触れないことにするとか、吉田が行った昭和天皇とマッカーサーの第一回会談に、この事務失態の総責任者を通訳に就けたとか、占領終結前後に、この失態の責任者を外務次官に就任させたとかということには触れない、言及しないという、国民が外務省と結ばさせられたこの黙契を破り、ことあるごとに、これを持ち出し、批判し、憤慨して糾弾することだと思います。

阿羅　この黙契については具体的に指摘すべき問題がもう一つあります。

杉原　えっ、何ですか?

阿羅　杉原さんがしきりに言っていた外務省職員及び外務省自体の無能力の問題です。職員の例えで言えば、アメリカの大使館に赴任しておいて、タイプを打てるキャリア組の外交官が一人しかいなかったとか、「最後通告」のタイプが遅れそうなことが判明したとき現地のタイピストを使えば解決するということに気がつかなかったというような機転の利かなさです。こういうことも公の場では一度も問題にされたことがない。

杉原　そうですね。もし戦後、「騙し討ち」の責任が解明され、反省点がきちんと整理されていたら、必ずや解決の方向に向かい、外務省職員の能力は高まっていたであろうという問題ですね。これも重要ですね。

ともあれ、こうした黙契を日本国民が破り、ことあるごとに指摘して、外務省を糾弾する！そういうようにならなければならない。

阿羅　外務省としては辛いでしょう。

杉原　辛くても、我々国民としてやらなければなりません。

阿羅　でも、この「黙契」、黙契だから、どこかで明示されてできたものではない。だとすれば、どうしてこのような黙契ができたのだろう？　なぜこのような黙契ができてくるのが可能だったんだろう？

杉原　私は外務省のことを調べて分かるんですが、やはり、外務省が持っている巨大な権限ですよ。外務省は、日本の外に向かって日本のことを言う専門の機関ですよね。その外に向かって言う専門の機関が自虐史観に陥り、外務省の責任を回避する発言を続ければ、その反作用として、国内において、絶大なる影響が出ますよ。日本の国内で言われている健全な発言を、外に向かって発言する外務省がそれを踏まえた発言をせず、自虐的な発言をするとすれば、効果は絶大ですよ。やがてそれがジャーナリスト、研究者に影響し、歪んだ言語空間が強化していくんですよ。

阿羅　その指摘、やや抽象的です。やはり分かりやすい例を出して説明してもらえませんか？

杉原　そうですね。分かりやすい例は、グルーの例です。先ほど、この章で述べましたが、ポツダム宣言を出すことに奔走した開戦時の駐日大使ジョセフ・グルーのことを持ち上げると、日米開戦における外務省の無能、事務失態に触れなければなりませんね。それで外務省は、グルーの死を単なる一人の親日アメリカ人の死としてマスコミに情報を流しましたね。グルーの功績についてよく知らないマスコミの記者は、外務省の誘導のままに単なる親日アメリカ人の死として、マッチ箱程度の大きさの記事で報道し、グルーはその巨大な功績とともに日本の社会で忘れられていくわけですね。そして、歴史認識は外務省の期待通り、その分だけ歪んだ自虐的なものになるわけです。

阿羅　確かにそうです。

杉原　もう一つ、分かりやすく言います。〈第八章　吉田茂と歴史の偽造〉で述べましたが、外務省は、原爆が落ちるまで戦争が拡大した原因の中の一つに、開戦に当たって「最後通告」を時間通り、手交しなかった事務失態ですね。第八章で触れたように外務省はこの問題が糾弾されるのを恐れて戦後徹底的に隠しました。

一方、広島や長崎で被爆した人たちは、原爆投下に関する最も根源的な問題として、原爆を落としたアメリカに非を言いますね。しかし外務省はアメリカに遠慮して、そのように非を声高には言いませんよね。原爆について国家としての沈黙が生まれますね。そうした言語空間の中で、外務省の犯した事務失態については、素通りとなり、被爆者であっても外務省の非について何も言わない、という状況が生まれるわけです。実際に見ても広島や長崎で被爆者の団体がそのことを声高に言う人はいません。そして外務省はそのような言語空間が続くよう、自虐史観の中で沈黙を守るわけですね。

そういう中で私のような者が外務省を糾弾すると、あたかも異常な人かのように扱うわけですね。そしてそれが、研究者やマスコミに伝染するんです。そして私の研究は国立公文書館のインターネット展「日米開戦」でも無視されるんです。そして〈第十四章　前篇第八章（吉田茂と歴史の偽造）の補追〉で述べたように、吉田への批判が起こらないようにする「吉田茂賞」のようなものがあったりするのです。

阿羅　もう一度、確認だけど、杉原さんは広島の出身でしたね。

杉原　そうです。私の兄は原爆で亡くなりました。そのことは昨年亡くなったハリー・レイというアメリカ人との共著『日本人の原爆投下論はこのままでよいのか―原爆投下をめぐる日米の初めての対話』（日新報道　二〇一五年）で触れています。

阿羅　まさに外務省に関することについては批判しないという黙契ですね。

杉原　かなり古い話ですが、広島での話です。退職校長の会で少しばかり公的補助金をもらっていて、若干、公的な性格のある団体で話したことがあるんですが、原爆で亡くなった人たちは、原爆投下によって日本は早く降伏し、そのためにさらなる犠牲者が出るのを防いだから犬死ではなかったと感謝の気持ちで話したら、広島市議会の議員から、原爆投下を肯定したという非難を浴びせられました。こうして広島の人たちも、原爆は許されないというまさに高邁な指摘はするのですが、国内の過去の具体的問題にはどうでもよいようなことになって、外務省の問題に言及しないのです。そこは常に素通りするのです。まさに黙契ですね。

　そうして日本人の原爆投下論は問題のあるものになっているのです。そのことは、先ほどのハリー・レイ氏とのこの共著で述べています。

阿羅　その本読みました。ハリー・レイ氏は日本人の抱いている原爆投下論は間違っていると批判しているわけですね。そしてそれに杉原さんが賛意を評しておられる。これは吉田への批判に繋がっているんではないですか。

杉原　えっ、私、この本でそんな吉田批判になるようなこと書いていましたか?

阿羅　正確に言えば、確かにそんなことは書いていなかった。だけど、私はこの本を読んでいて、吉田茂への批判に繋がっていると思いました。

杉原　そう言われれば確かにそうですね。

阿羅　日本人の誤った原爆投下論は、結局は、吉田の作った歪んだ言語空間の中で起こっていることでしょう。

杉原　そう言われれば確かにそうなります。

阿羅　杉原さん、それではね、日本人の反省のためにも、もう一度ここで、レイ氏が日本人の原爆投下論をどのように批判しているのか、それを言った方がよいですね。

杉原　なるほど、そうですね。

日本人の抱く原爆投下論へのレイ氏の批判というのは、あの原爆は、当時ソ連を牽制するために、投下する必要はないのに投下したという誤った批判を日本人はしている、という批判です。

レイ氏の言うのは、原爆投下の際の当時に、原爆投下にソ連を牽制する効果があるということは確かに認識されていたけれど、しかしそのことを目的として投下したのではなく、投下はあくまでも本土決戦で大量に犠牲となるアメリカ兵を救うためであり、日本から見ても、原爆投下によって早期降伏ができ、それ以上の計り知れない日本人の犠牲者が出ずにすみ、さらには分断国家への悲劇も避けられたのではないか。そのことを認めようとしない日本人の原爆投下論は誤っているという批判です。

私は、このレイ氏の言っていることは当たっていると思うんです。そしてそのことを前提にしたうえで、レイ氏の日本人原爆投下論への批判を批判しているんです。

阿羅　杉原さんのレイ氏へ批判は、今ここではよいとして、杉原さんは、日本国民は原爆投下をされたその張国民（張本人）なのに、なぜこんな誤った認識をするのだと思いますか？
　その理由とか原因は？

杉原　そうですね。そこは吉田の作った戦後の歪んだ言語空間があるではないかと、阿羅さんは指摘されようとしているのでしょう？

阿羅　そうです。原爆投下は不要であるのにもかかわらず、ソ連を牽制するために投下したというのは、ソ連を擁護するために、もともと左翼が唱えたはずの原爆投下論ですよね。それが全日本人合意の原爆投下論になるということは、吉田の作った外務省を批判しないという戦後の日本社会の言語空間の中でしか考えられないことではないですか。

杉原　そうですね。

阿羅　だから、杉原さん流に言えば、原爆投下へ繋がる外務省の戦争責任を追及されないために、外務省は左翼の人たちと原爆投下をめぐって、密約のようなものを結んだ、と。

杉原　黙契ではなくて、密約ですか？

阿羅　そうです。不要であるのにソ連を牽制するために原爆の投下をしたとしてソ連を牽制することだけを不要の理由にする、いうのは、偏った原爆投下論だと、誰でも少し考えれば分かることなのに、そのことが認知されないで、ソ連牽制のためだったということにで収まっている。これが日本人の統一した合意の原爆投下論になっているとすれば、その原爆投下論は、原爆投下へ繋がる外務省の戦争責任が追及されないように、外務省が、言論界を牛耳っている左翼勢力と密約してできた原爆投下論だと言わざるをえないわけですね。

杉原　そのために黙契ではなく密約？

阿羅　杉原さんがいつものように外務省を批判されるのなら、そこまで言ってよいのではないですか？

杉原　そうですか。なるほど。そこまでは前述のレイ氏との共著では言及しませんでした。

阿羅　そういう意味で、戦後の原爆問題を彩るこの本は広く読まれるべきでしょうね。

杉原　でもこの本は、出版社の日新報道が閉じちゃって、絶版になってしまいました。

阿羅　そうですか。それは大変残念なことですね。日本の人は図書館かどこかに行って読んでほしいですね。

杉原　阿羅さんに、そこまで言っていただいて、光栄です。

阿羅　杉原さんが、レイ氏の日本人への批判に対して、つまりそのアメリカ人の批判に対して日本人として批判しているのも重要です。

外務省の職員は「吉田茂は国民を裏切った」とあっけらかんと言えるようにならなければならない

杉原　いずれにしても、外務省は一度徹底的に批判されなければならないものです。そのことが日本国民のためにも不可欠であり、そして阿羅さんの言われる通り、世界の人々のためにも必要です。

阿羅　でもね、やはり、過去のことで非難されるのは外務省としては辛いでしょうね。

杉原　いいえ、そうではありません。それは一時的なものです。そうした糾弾が重なって、外務省は恐らく国会などで謝罪するでしょう。そして反省点も明示するでしょう。

そうすればよいのです。そうして謝罪し、反省をすれば、実は外務省は外務省が秘かに背負っていた負の遺産から解放されるのです。

解決して、外務省に入った一年目の職員ですら、あっけらかんに「吉田茂が『騙し討ち』の責任者を外務次官に就けたのは、国民への裏切りだよね」と言うようになればよいのです。そしてそれが戦後の外務省を歪めたことを明々白々に認識すればよいのです。

この、国民に見られてはならない負の遺産をかかえ、つねに国民の目から隠そうとするがゆえに、外務省は変わることができないのです。

戦後七十年以上経って、まだ、その秘密をかかえているがゆえに、外務省はまともになれないのです。

阿羅　杉原さんの言われる通りです。

杉原　防衛省や自衛隊を見てください。これらの機関や人は、戦前の旧陸軍、旧海軍と切れているがゆえに、戦前の旧陸軍、旧海軍のよいところも悪いところもあっけらかんと話しているではありませんか。

阿羅　そうですね。

杉原　だから、外務省職員があっけらかんと吉田の人事を批判するようになるまで、一般国民はことあるごとに、吉田の非行を責めなければならないのです。

阿羅　黙契に従うことは、外務省のためにも、国民のためにもならない、ということですね。

杉原　そうやって、外務省は国民と和解し、新たな関係を築くのです。そして愛国心に則った国民のための外交が正々堂々とできるようにすることです。

国際基督教大学はグルーの銅像を建てるべき

杉原　先ほども国際基督教大学との関係でも話しましたが、第十七章で、ポツダム宣言を提案して日本を救ったグルーのことを私は詳しく言いましたね。このことについても触れておきたいことがあるんです。グルーがポツダム宣言を提言して、何と最悪の状況に陥るのを救ったという恩義があるのに、真珠湾「騙し討ち」の失態を隠すために、グルーのこの恩義も、国民の目に見えないように図ったという問題ですね。

グルーは戦後日本にやってきませんでしたが、実は、日米和解のために、国際基督教大学の創設に貢献するんですね。日米和解のために国際基督教大学を創設し、そのための資金をアメリカ国内で募金するんですね。国際基督教大学はそのようにしてできたんです。

そうすると、当大学には、グルーの銅像が建ってよいと思うんですが、建っていないんですね。学生もそういう恩義のある人がいるんだということをほとんど知らないと思うんです。こうした状況も、結果として見れば、外務省との間の黙契が効いているからですね。外務省の意図において、グルーの功績が分からなくなっている状況に合わせて、意図的にとは言いませんが、結果としてグルーの像を建てることもなく、外務省と歩調を合わせてグルーへの恩義を蔑ろにしているんです。そうやって、外務省との黙契を守っているんです。

北海道大学に創立期に学生に影響を与えたクラークの像がありますよね。そのことによってクラークの功績は日本人全体に伝えられているわけですね。それと同じように国際基督教大学ではグルーの銅像を建て、そして国際基督教大学以外の一般の日本国民にも、一九四五年（昭和二十年）、アメリカ政府にポツダム宣言を出させて、壊滅に向かっていた日本を救い出してくれたグルーという人がいるんだよ、そしてグルーの功績によって今日の日本があるんだよ、ということを常時日本国民に知らせておかなければならないのです。グルーの像はそんなことを全日本人に知らせるシンボルにすべきだと思います。

そうした外務省の失敗があっけらかんと語られ、見つめられるようになることによって、外務省は解放され、国民との真の和解が成り、国民のための本当の外務省になれるんですね。

国際基督教大学にも頑張ってほしいですね。

阿羅　そうですね。杉原さんの願いがかなうとよいですね。

杉原　吉田が最初に仕掛けて、そのためにできてしまった黙契について、研究者も評論家もジャーナリストも一般国民も教師も宗教家も公務員も会社員も自営業者も主夫も主婦も弁護士も医師も議員も、ことあるごとに指摘して、この黙契を打ち破るんです。

十年に一度、内閣直属の外交審議会を設置して日本の外交を国民とともに審議すべきだ

杉原　私はこの黙契を打ち破ったら後はそれほど難しい問題ではないと思うんですよ。それには、十年に一度内閣のもとに、外交審議会のようなものを設置して、日本の外交の在り方を国民の目にさらして国民とともに審議してほしいわけです。外務省をして、国民の風にさらすと言ってもよいでしょう。あっけらかんとなった外務省なら、それほど難しいことではないと思うんです。

阿羅　簡単にできますか。

杉原　教育を見てください。教育は占領下でも「教育刷新委員会」という内閣直属の審議会が設置されました。また、中曽根内閣のときの「臨時教育審議会」が有名ですね。また平成十二年、小渕恵三内閣のもとで首相の私設諮問機関として、「教育改革国民会議」が設置されたのも有名です。こうやって、とうとう一時はほとんど可能性はないと思われていた教育基本法の改正が平成十八年第一次安倍内閣のもとで実現したんですね。

阿羅　外交問題では可能でしょうか？
杉原　では、そのような審議会の必要なことを実際の例をもって説明します。
阿羅　実際の例ですか？
杉原　そうです。先ほども話に出たことでくどくなりますが、慰安婦問題は年表風に言うと、昭和五十七年（一九八二年）、吉田清治という人が朝鮮人女性を狩り出したという嘘の体験談を『朝日新聞』が載せたのが始まりですね。しかし、平成四年（一九九二年）は秦郁彦氏によって、この体験談は捏造であることを証明されたんですね。
その後、平成八年（一九九六年）、国連人権委員会で、吉田清治の体験談を前提にしたいわゆるクマラスワミ報告という、日本非難の報告書が提出されたとき、外務省はいったん反論書を提出しながら、これを撤回し、結局は何も言わなかった。
そうしているうちに、平成二十六年（二〇一四年）八月、『朝日新聞』が吉田清治の体験談を嘘であるとして取り消した。
その間、結局は外務省は何もしなかったんですよ。
阿羅　そうでした。
杉原　その間約三十二年ですよ。三十二年間外務省は根拠のない誹謗を受けていても何もしなかったんですよ。
だからね、この間三十二年間ですから、もし十年に一回ぐらい内閣直属の外交審議会が設置され、国民が意見を戦わせれば、必ずや、慰安婦問題でいわれのない非難を受けているが、正しい情報を発信して誤解が大きくならないようにすべきではないかという意見が、審議会の結論の一つになったはずです。

それを受けて、外務省が施策を立てて行動しておれば、今日のような世界をめぐる慰安婦問題というのは生まれていなかったでしょう。

とすれば、日本と韓国はこのような不毛ないがみ合いもしなくてすんだはず。

阿羅　言われる通りです。しかしそのことが実行されるのには政治家はもちろん霞が関の官僚がそのことを理解しておくことが大切ですね。

杉原　だから、その辺りについて吉田の罪過を知り、どのような経緯で今の問題ある外務省ができているのかを知れば、自然に出てくる結論ですよね。誰かが外交審議会の必要を言い出せば、案外簡単に設置できるのではありませんか。

それに先ほど阿羅さんが、官僚は愛国心を持っていなければならないと言われたのも、そういうことではありませんか。

阿羅　そうです。本当に愛国心があって、日本の外交を何とかしなければならないと思えば、他の官庁からもそういう意見が出てきます。確かに日本の外交が戦後一度も国民の審議にかかっていないというのは異常です。

杉原　外交は、外国に向けての日本を代表して行うものです。そのような外交が、国民の目にさらされず、外務省の官僚だけによって取り仕切られるのは間違いです。

阿羅　吉田によって破壊された外務省がそのまま大きくなり、日本に向けて、外国に向けて弊害を及ぼした。それを防ぐために外交は十年に一度くらいは内閣直属の審議会にかけられて、国民の風を当てなければならないということですね。

杉原　官庁街の惰性から、そう簡単に実現されるとも思いませんが、今までは、このような対策であることについて、提言されることはなかった。

この対談で、日本国民に直接に提言できたことを喜びます。

阿羅　そうですね。

杉原　内閣直属の外交審議会のことに関してもう一言。

日本はね、戦後は平和外交に徹することは国是となっています。内閣直属の外交審議会が設けられても、この国是が覆ることはないでしょう。覆えさせてもなりません。したがって、日本の名誉を担ってする外交について、それほど国論が分裂するとは考えられません。

戦前の外務省は能力において低劣だった。何度も言うことになりますが、日米開戦時のワシントンの日本大使館のキャリア組は、能力があまりにも低かった。省に入るときには優秀だった人が、優秀な外交官に育たない。

今ね、このことをくどくど言いたいのではありません。戦後の外務省は、能力が低いだけでなく、自虐的なんです。そしてそれが日本に、そして世界に、日本にだけでなく世界に被害を及ぼしているのです。
それが、吉田が外務省を破壊したという意味です。

阿羅　また、厳しい、杉原さんらしい締めの言葉ですね。

杉原　（笑）。

憲法解釈を変えるのも内閣法制局の神聖な仕事

阿羅　それではこの対談でしきりに問題になった内閣法制局の問題はどうしたらよいか、検討しましょう。
杉原さんは、先ほどの第十六章の話し合いで分かったけれど、大学院時代に教育行政学を学んだということで法学には強い。

杉原　学生時代に基礎的なことを学んだだけだから、具体的な法問題となれば、よく知りません。強いて言えば、法哲学のところを勉強したことがあるという程度でしょうか。

阿羅　何か提案できる意見があるでしょう。

杉原　平成二十七年（二〇一五年）七月、集団的自衛権に基づいた安全保障関連法案が通りましたね。そのために、集団的自衛権に関する解釈をめぐって、歴代の内閣法制局長官が従来の解釈「集団的自衛権は保持しているけれど行使できない」という解釈を変更してはならないと言って反対しましたね。

この姿は、私から見れば醜悪だった。もともとこの政府解釈は吉田のなしたでたらめな第九条解釈をもとにしたもので、法としての正当性を持たない解釈だった。

長官たちは、その解釈をも、政府の解釈には一貫性が必要で、内閣ごとに容易に変更してよいものではないと言う。

その言い分はある意味ではその通りです。国家と法の関係は、そんな安易な関係ではなく、法の変更を一内閣で容易に変えてよいものではない。

しかし内閣法制局であるからこそ、状況の変化、事態の変化があったとき、そのことを鋭く見つめてそのうえで解釈を変更するのも、内閣法制局の神聖な役割です。状況の変化、事態の変化によっては内閣法制局の方から、解釈の変更を内閣に申し出るほどであってよいのです。というより、しなければならないのです。

しかるにあのときの歴代の内閣法制局長官の反対意見は何ですか。法の番人ではなく、イデオロギーの番人のようでした。

安全保障の問題なのに、安全保障の問題はいっさい議論の中に入れず、ただただ文理解釈にこだわり、政府の解釈はころころと変えるべきではないと主張するばかりでした。

私に言わせれば、法とは何かが分かっていない内閣法制局長官だということになります。

阿羅　杉原さんが現行憲法について、押し付けた占領軍以上に劣悪な解釈をしているとしきりに主張されていますよね。これも内閣法制局の責任？

杉原　そうです。第十六章で話しましたが、天皇について、マッカーサーも国家の元首だと言っていたのに、今の内閣法制局では、天皇は元首か元首でないかはよく分からないという中途半端な解釈に立っている。これで、憲法改正時に存在していた戦前からの「法制局」の先輩たちの努力を無にしている。

阿羅　そうですか。

杉原　内閣法制局長官といっても、過去のすべての長官がダメだったわけではない。過去に、林修三、高辻正巳、吉国一郎と、三代続いて優秀な長官がいたことがある。

しかし第九条解釈で、吉田の作ったでたらめな憲法解釈で頭を押さえられている。そうした状態ではなすべき内閣法制局の役割は果たせない。結局は、占領軍も予想していなかった奇妙奇天烈、劣悪極まる憲法解釈を政府解釈として、いっそう固めてしまった。

最近の例を見てみれば、集団的自衛権の問題で呼び出されたときの歴代の長官は何ですか。文理解釈ばかりして、肝腎の安全保障という国家として極めて深刻な問題には何ら言及できなかったではないですか。

阿羅　そうですね。

杉原　ともあれ、政府関係者及び議員も含めて、内閣法制局は、憲法の解釈を変更することも、神聖な役割だということを確認してほしい。

阿羅　賛成です。

杉原　ついでによい機会だからもう一言。日本の文化を尊重する立場から具体的問題として言いたいことがある。日本の憲法秩序では「祭祀」とは何かを明らかにするのを怠っていますね。天皇の「祭祀」も含めて祭祀とは何か、祭祀とはどのように遇すべきものなのか、それを明らかにしていません。内閣法制局の宿題ですね。というか、法学全体の劣化の問題ですね。

阿羅　その内閣法制局への批判を吉田と関係させながら説明した方がこの対談本としては分りやすいと思いますが……。

杉原　吉田が、法の考え方を滅茶苦茶にしたということです。彼は外交官であり、法の専門家ではないということですから、逆に、彼は法的問題については、戦前から続いていた法制局や法関係者とよく相談して法的問題に対処すべきだった。

しかるに、憲法第九条について自分だけででたらめな解釈をし、これを公権解釈にし、そしてその延長に新たにできた内閣法制局をしてでたらめな法制の官庁にした。先ほども言いましたように、優秀な内閣法制局長官もいないではなかった。しかし第九条でおかしな解釈を押し付けられたから、結局は総崩れになりました。

阿羅　抽象的な説明です。杉原さん、私には分かりますが、読者のために、分かりやすく具体的に言ってください。

杉原　〈第十章　前篇第四章（吉田茂と「九条」解釈）の補追〉で阿羅さんの方から話され

ましたが、外務省内では、早々に現行憲法は自衛戦争を否定していないという解釈をしていたようですね。しかし吉田は、それに気づかない振りをして、再軍備反対に都合がよいので、自衛のためにも軍隊は持てないというように解釈をした。そして、自衛隊などに対して「戦力なき軍隊」という珍妙な解釈を打ち立て、これを公権解釈にした。

阿羅　法に対するでたらめぶりです。

杉原　吉田の第九条解釈が法全体の問題になりますか？

阿羅　第九条解釈は解釈の問題の重要なポイントの一つですね。そこからすべて潰れていくんですね。

杉原　そうですか。

「日本国憲法」は「大日本帝國憲法」に最も近づけて解釈すべきだった

杉原　要は、政府も含めた日本側の解釈が、この憲法を押し付けた占領軍の立法者意思よりもはるかに劣悪な憲法解釈になっているということです。その劣悪な憲法解釈の象徴として、吉田の行った憲法第九条の解釈があるということです。

これは吉田一人のせいだとばかりは言えないんですが、〈第四章　吉田茂と「九条」解釈の問題〉で話し合ったように、憲法改正の時点では、戦前から存続した、権威ある官庁として法制局があった。この法制局の創意工夫、努力によって、現行憲法は可能な限り、大日本帝國憲法に近い解釈で説明された。革命憲法のような見方はいっさいなかった。「国民主権」が華々しく謳われていることに対しては、天皇も国民の一人だと説明して、天皇と国民は対立関係にあるものではないと説明した。「国体」は変わっていないという説明もしきりに行われている。この対談の終末段階でこうした資料を長々と示すのは読者に対して少し気が引けますが、引用紹介しておきますね。

昭和二十一年（一九四六年）六月二十六日、吉田は「国体」について次のように説明しているんです。これは恐らく当時存在した法制局と打ち合わせて言っているものでしょう。これは正しいことを言っているのであって、天皇は君主であり、したがって元首であると言っているのと同じですね。

然らば国体は変更したか。私は変更されたとは思いませぬ。なぜかと言えば日本の国体を法律学者はどう解釈するか知りませぬが、兎に角日本の国体に於ては――万世一系の皇室が上にあらせられて、所謂君臣の間に何らの対立関係はない。外国に於けるが如き、状態とは違って、日本国民、日本国に於ては、歴史あって以来、君は民の心を以て心とせられ、君の心を以て民は自分の心として、君臣の間に何ら求むる所のない日本の国体は、今日に於てもなお何ら変る所はない。斯う私は解するのであります。即ち国体に何等の変更なし。斯う私は思います。

「内閣法制局」ならぬ「法制局」のもと、これほど精緻に、日本国憲法を引き継ぐように説明されていたんです。このような基本的スタンスでいけば、日本国憲法は大日本帝国憲法にできる限り近づけて解釈するのが正しいということになる。

そこでね、私と小山常実氏とが公民教科書の代表執筆者の立場から対談した本『憲法および皇室典範論—日本の危機は「憲法学」が作った』という本に出ており、先ほども少し触れましたが、現在、公民教科書では「天皇は元首である」という表記を検定によって止められているのですね。

吉田によって設けられた内閣法制局がしっかりしていないからですね。

この憲法を押し付けたマッカーサーが天皇は元首であると言って草案を作らせ、吉田自身も、回想録で天皇は元首であると言っているのですが、吉田のもとで占領解除後、昭和二十七年（一九五二年）七月三十一日にできた内閣法制局は〈第三章　吉田茂と安全保障の問題〉で説明したように、第九条の吉田のでたらめな解釈を公権解釈としたのを皮切りに、戦後に新たに勃興した敗戦利得者とも言うべき、例えば宮沢俊義などのでたらめな解釈を見境もなく受け入れて、天皇は元首かどうか分からないという立場に立つんですね。

何度も言いましたが、最近の例で言えば、集団的自衛権の政府解釈を変更する際、呼び出された歴代の内閣法制局長官は変更に反対しましたね。それが理屈に合えばまだしも、日本の安全保障はまったく顧慮しないで、文理解釈をしました。内閣法制局の退廃極まれり、というところでしたね。文理解釈ならば憲法解釈は国語学者に任しておけばよい。

阿羅　歴代の内閣法制局長官の態度には驚きました。

杉原　内閣法制局を吉田自身がここまで直接に持ってきたわけではありませんが、最初の時点ででたらめな方向に吉田がし向けた。

吉田は外交官で法の専門家ではないけれど、だったら謙虚であるべきだった。吉田に謙虚さを求めても無理ですがね。

阿羅　（笑）。

吉田茂はでたらめな第九条解釈を公権解釈化した

杉原　〈第四章　吉田茂と「九条」解釈の問題〉でも話たことで、少しくどくなりますが、吉田は、憲法改正のとき、第九条は自衛戦争も否定していると説明しました。このときは法制局と打ち合わせず説明したんですね。

しかしこのときは、まだ芦田修正が行われる前だった。芦田修正があってから説明を変えればよかった。

しかるに、外務省で、現行憲法は自衛戦争は認めているとはっきり認識したのに、わざと、戦力はいっさい持てないと解釈し、それに合わせて警察予備隊を作った。

法に対してあまりにも杜撰です。

阿羅　一度確認したかもしれないけれど「法制局」と「内閣法制局」は違うんでしたね。

杉原　それは第四章で言いましたが、もう少し言っておきます。戦前の法制局は単に「法制局」と言って、大日本帝国憲法を制定する際の井上毅よりの伝統を引き継いで、法の時系列的にも並列的にも一貫性を審議する極めて権威のある官庁だったんです。そのため法的に厳密なことを占領軍にも言う。そのために占領軍から占領の抵抗機関のように見られたわけです。昭和二十三年（一九四八年）二月十四日をもって廃止となりました。

そこで日本が主権回復して間もない昭和二十七年八月一日、「内閣法制局」という名称で復活します。しかしその最初の仕事は吉田のでたらめな第九条解釈を公権解釈化することでした。十一月のことですね。だとすると、戦前の「法制局」のように権威を持つことはできません。

そして憲法解釈全体が、まだ「法制局」が存在していた時代、あれだけ努力して「大日本帝国憲法」との一貫性を強調して憲法改正を行ったのに、「内閣法制局」では、宮沢俊義など、大日本帝国憲法と日本国憲法の違いを安易に強調する解釈を取り入れてそれを政府の解釈にするんですね。

その出発点で、内閣法制局をダメにした吉田の罪は重い。

阿羅　そういうことになりますかね。

杉原　ともかく、吉田のでたらめな憲法解釈が契機となって、内閣法制局は、日本国憲法を解釈するのに、できる限り、大日本帝国憲法から離れて解釈しようとする。その方向で日本国憲法の解釈を積み上げげた。

阿羅　言われてみれば、確かにそうですね。だけど、内閣法制局といえば「法制局」とは違うといってもそれなりに優秀な人が集まっていると思いますが、どうしてこのような方向に向いたんでしょうね。

杉原　私は、内閣法制局に集った人たちが、亡くなった渡部昇一氏が言っていたように、敗戦利得者だったからだと思いますね。

憲法改正時の法制局にいた人たちは、大変優れた法的認識力を持った人たちだった。そういう人たちが集っていた。すでに話したことですが、片山内閣の終焉時に、占領軍司令部によって解散させられる。他方、内閣法制局に集った人たちは、先輩のこれら優れた人たちがいなくなったので、急遽、集められた人たち。敗戦がなければ、この光栄あるポストには就けなかったかもしれない人たち。

そういう彼らが集ったところに、吉田のでたらめな憲法解釈を浴びせられた。そしてこれを批判せず、公権解釈を作り上げなければならなかった。法の権威などを考える余裕はなかった。

そうした経緯から見て、かつての法制局の栄光と矜持を忘れて、大日本帝国から離れて日本国憲法を解釈するのに何ら痛痒を感じなくなっていった。大日本帝国憲法から離れて解釈することがよいことのように思えた。

阿羅　なるほどね。そういえば、吉田自身が敗戦利得者の最たる者、最たる者の中のまた最たる者ですね。

　このように考えれば、吉田の後で内閣総理大臣になった池田勇人や佐藤栄作は、吉田に可愛がられたことが奇縁となって総理になれた人。敗戦利得者だよね。だから、この二人も、日本の名誉の回復にはあまり熱心ではなかった。

　私はこうした池田や佐藤を見ていて、やはり、国家というものに対する考え方、見方において一本抜けたものがあると思えるんですね。渡部氏の言う敗戦利得者というのは、戦争中も戦場の第一線には行かなかった人が多い。そういう人たちが、それほどの努力もしないで、敗戦によって利益を得たとすれば、国家に対して一本抜けた考え方をすることになる。

杉原　そう言われれば阿羅さんの言われる通りですね。

阿羅　杉原さんの見た内閣法制局の立場から言えることだと思うけれど、彼らは、日本の名誉を回復することが、そして立派な国にすることが、日本にとってだけではなく、世界の文明、人類の文明に必要なことだということに気づいていない。

杉原　そう言ってよいですね。

安倍首相の第九条第三項加憲の提案をどう考えるか

阿羅　内閣法制局への対応について論を終えたところで、ついでながら憲法改正論について話し合っておきましょう。特に我が国の安全保障の問題で吉田と関係の強い第九条の問題です。

杉原　昨年（平成二十九年）五月三日の憲法記念日に安倍首相が第九条の第三項として自衛隊を明記しようと提案しました。あのことを特に話し合いたいと思っておられるんでしょう。

阿羅　そうです。憲法改正論一般ではなくて、吉田との関係の強い第九条の改正問題です。吉田は、昭和二十七年三月六日の参議院予算委員会で、一度、自衛のための戦力は違憲ではないのではないかと発言したことがあります。これで突っ走れば、吉田の第九条解釈はかなり正常化したはずですが、四日後の三月十日の同委員会で自らこの発言を撤回します。そして同年十一月の、「戦力」とは近代戦争遂行に役立つ程度の装備、編成を具えるものを言うと、戦力に関する内閣法制局の統一見解につながるわけです。そしてさらに、昭和二十九年六月三日の衆議院外務委員会での、広い意味での集団的自衛権のことではありますが、現行憲法のもとでは集団的自衛権は認められないという、外務省下田武三条約局長の回答になるわけですね。

そうしたことから、現在の安倍首相の第九条改正案について話し合いたいんです。

杉原　分かりました。

阿羅　先ほど言われた杉原さんと小山常実氏の対談本『憲法改正及び皇室典範論―日本の危機は「憲法学」が作った』で、小山氏は加憲に大変に反対している。それに対して杉原さんはそれほど反対していない。むしろ賛成している。

杉原　そう言えなくはないですね。

阿羅　小山氏の反対は第二項で、今までは押し付け憲法、日本から言えば押し付けられた憲法ということで、交戦権の放棄についてどうしようもなかったが、もし自衛隊を第三項で条文化すれば、日本国民自身が自らの意思として積極的に第二項の戦力の不保持、交戦権の放棄をしたことになる。だからそうした憲法改正は絶対に認めてはならないということでしたね。

杉原　そうです。

阿羅　また、小山氏は、交戦権の否定は日本に敵対する船舶を臨検、拿捕する権利などの喪失に繋がっており、敵国が武器を使った直接の攻撃をしないで海上封鎖をして、日本をいわゆる兵糧攻めにしたとき、対抗する手段を持っていないことになるから、何としてでも交戦権の放棄は防がなければならないと、そういうふうに言っていますね。だから安倍提案は絶対に阻止しなければならないと。

杉原　まぁ、そういうことでしょうね。

阿羅　これに対し杉原さんはこの第三項加憲論に賛成しておられる。改めておっしゃってください。

杉原　私の論議は単純なんです。

要するに、現在の第九条の条文は、自衛戦争のための交戦権は否定していないと解釈できるからです。

なぜかということですか？　それは、これまで何度も述べてきましたように、今の政府の、交戦権は保持していないという解釈は、吉田が作ったでたらめ極まる解釈がもとになっているにすぎないからです。

阿羅　それで？

杉原　これまでの話の繰り返しとなりますが、日本国憲法は帝国議会に提案されたときには、自衛戦争をも否定しているように読める条文でした。

しかし帝国議会でいわゆる「芦田修正」というのがあって、第二項に「前項の目的を達成するため」という文言が入り、これが「国際紛争を解決する手段としては」を指し、その目的のための戦争では、戦力と交戦権は放棄するというように読めるようにした。逆に言えば、自衛戦争のためには戦力も交戦権もあると解釈できるようにした。

事実、この修正によって、日本は明確に軍隊を持てるようになったと理解した占領軍、連合国は、第六六条に「内閣総理大臣その他の国務大臣は、文民でなければならない」という条文を付け加えさせた。つまり軍隊があることを前提にして、軍隊の軍人は直接には国務大臣になってはならないという規定を設けたわけですね。
　だったら、第二項は、自衛戦争は否定していないと解して、そのうえで自衛戦争のためには交戦権を持っていると解釈した方がよほど自然ではないですか。

阿羅　そうですね。

杉原　それを交戦権はないように解釈したのは、吉田のでたらめな解釈によるものです。

阿羅　そのうえ吉田は、第十章で話し合ったように、第九条で軍隊は保持できると解釈できる、ということを知っていた気配がある。

杉原　そうでしたね。にもかかわらず、軍隊を創設しないために、戦力と交戦権は保持しないとし、それを日本国政府の公権解釈にした。

阿羅　吉田もいちおう自衛権は認めている。

杉原　そう。自衛権を認めながら、交戦権は認めない。

阿羅　自衛戦争として戦闘が始まり、ドンパチやっているのに、それは交戦権行使ではないというのはあまりに自然の理に合わずおかしい。第十章で紹介したように日米開戦時に大本営の作戦参謀だった岡村誠之が笑っていた。

杉原　そうです。吉田のなした第九条解釈は解釈として成り立っていないのです。だから、私に言わせれば、第九条改正の前に、現行条文の正しい解釈を成立させればよいのです。そうでないと、第九条に手をつけた憲法改正は、事実上不可能ではないかと思います。

阿羅　なるほど。

杉原　それには、平成二十六年に集団的自衛権の政府解釈を閣議決定で変更しましたが、これと同じ手続きを取って、第九条の正当な解釈を打ち立てればよいのです。そうすれば第三項に自衛隊のことを明記しても、それは単に、重要な任務を負っている自衛隊の名誉を明らかにするものとして、ただの確認規定となる。基本的に反対のしようがない。

第三項をつけ加えれば、安倍首相が、いかに現行の解釈は変更しないと言っても、その矛盾があまりにも明らかになって、いずれ自衛戦争のための交戦権は認めなければならなくなるわけですから、憲法改正前に、第九条の憲法解釈を正しいものにするとして、自衛戦争のための交戦権は認められるというようにすればよい。そうすれば第三項は誰も反対できなくなる。反対しても意味がなくなる。

解釈の変更には国民が反対するのでは？

阿羅　解釈を変えるとなると、国民の間に波紋を引き起こして大変でしょう。

杉原　でも、安倍首相のように、第三項に自衛隊のことを明記する改正であってもやがては、第二項の解釈を今私の言ったように変更せざるをえませんよ。自衛隊の存在を明記しながら、他方で交戦権をすべて否定するのは、あまりにも矛盾が大きくなり、鮮明になり、憲法の体をなさなくなるか、分かり切っていますよね。もう一度言いますが解釈を正しくすれば、第三項追加に誰も反対しなくなるんです。だから、憲法改正の前に憲法解釈を正しくするという手法があるんです。

阿羅　しかし共産党をはじめ反戦教の信者の人たちが……。

杉原　だからこそ、共産党の人たちは、安倍首相の第三項追加の改憲にも強く反対しているわけですね。

ですが、現行の憲法解釈がもともとありえない矛盾に満ちた解釈をしているわけですから、この解釈を変えて正しいものにするのは、憲法改正で国民投票にかける前の、政府のもともとの責任ではないですか。

阿羅　なるほど。

杉原　小山氏とは、国際法の研究をしてきたんです。そうしてみたら、交戦権を単純に全面否認すると、とんでもないことが起こることが分かったのです。だから、小山氏としては、第三項に自衛隊のことを明記するのであれば、それは第二項を削除するものでなければならないと主張するわけです。それはそれで筋が通っています。

阿羅　交戦権を否定して自衛権の行使というのは、本来ありえないことですからね。杉原さん、続けてください。

杉原　政府は自衛隊の存在を違憲だとする自衛隊違憲説を克服するためだと言っています

が、確かに、第三項に自衛隊を明記すればその目的は達成できるかもしれません。

しかしね、今の政府の第九条解釈は本来ありえない解釈をしているわけですよ。日本に自衛権はあり、自衛戦争は可能だけれど交戦権はないというのは、論理的にも、実体的にもありえない解釈です。この矛盾に満ちたありえない解釈を維持したままで、自衛隊の存在を第三項に謳えば、この矛盾はいっそう大きくなり、吉田の犯した矛盾よりもさらに大きな途方もない矛盾になります。先ほども言いましたように、安倍首相は、第九条の解釈は現状のまま維持して、単に自衛隊の存在を明記するだけだと言っています。しかし、その矛盾は吉田によってなされた矛盾より、はるかに大きな明白な矛盾になります。したがって、安倍首相は、現時点では解釈は現状のまま変えないと言っても、安倍首相が去った後、将来、いつかは変えていくことになり、変えざるをえなくなるでしょう。

もともと交戦権を認めようとしない人たちは、自衛戦争をも否定している人たちでしょう。その人たちが、自衛隊のことを憲法に規定されればやがて交戦権をも認めることになる、そう思って、安倍首相の自衛隊加憲論に反対しているわけでしょう。

だからね、繰り返しになるけれど、憲法改正以前に、初めから第九条の解釈を変えて、第九条の解釈を正しいものにすればよいのです。その手続きですが、今の与党が三分の二を超えた国会に限らず、通常の過半数を超える国会でできます。つまり、国会の審議を通じて、自衛権の行使は交戦権の行使によって可能となるという当たり前の解釈を政府の解釈とするように、現行の解釈の変更を先に行えばよいのです。

そうすればですね、第三項に自衛隊の設置について明記することは、ひとえに、すでに国民の間で定着している自衛隊のために、その名誉のためだけに規定することになります。となれば、誰も、自衛隊の明記に反対することはできなくなります。

憲法第九条を改正することは、憲法改正全体の中で、中心的課題の一つですが、これを真正面から改正しようとすれば、どれほど大きな妨害が起こるか分かりません。だったら、まず、解釈を正当なものにするんです。そうした方がもしかすると、最も早くて速い改正手続きかもしれません。あるいは、唯一の方法かもしれません。

また、そうすれば小山常実氏が提起した問題も完全に解消したことになるんです。


阿羅　なるほど、そうかもしれませんね。

憲法改正に向けて陣太鼓が鳴り始めると、それに合わせて、その動きを阻止するために敵の陣太鼓の音も大きくなります。敵の陣太鼓の音が大きくなればなるほど、憲法改正は容易ではなくなります。

とすれば、杉原さんの言うやり方が案外早いかもしれない。

杉原　いえ、早いというよりも、正当な方法だということです。

阿羅　内閣法制局はそうした解釈を正す責任があるということですね。現行の公権解釈には、この対談で何度も出てきたように、第九条の解釈の問題だけでなく、天皇は「象徴」であるがゆえに国の「元首」であるという解釈の確立など、吉田の負の遺産からの脱却という大きな使命があります。その使命を果たすように、政府は先導しなければなりませんね。そのことがよく分かりました。

杉原 本当にそうです。

吉田茂は教育の骨幹となるものを壊した

阿羅 第十八章では、現時点で我々日本人はどう対応していかなければならないのかを話し合ってきましたが、先ほどから外務省の歴史認識の問題、内閣法制局の憲法解釈の問題を話し合ってきました。とするなら教育の問題、国家の基本をなす教育の問題も語っておくべきではありませんか。つまり省庁でいえば、文部省、今でいう文部科学省の教育の問題も扱ってよいのではないでしょうか。吉田の遺した負の遺産に対して教育においてはいかに対応するか、話し合っておくべきです。

杉原 教育は吉田とはあまり関係ありません。だからそういう意味では教育に関しては吉田は何も悪いことはしていません（笑）。占領期に文教審議会を作ったことがあるんですが、これは何も影響を与えなかったし、教育に関して占領期に特に強く発言したこともない。というより、占領解除後は、占領下で廃校となっていた皇学館大学の再建に尽力し、昭和三十七年（一九六二年）の再建に当たっては、初代の総長になっています。その点では、むしろ功績があると言ってよいのです。

しかしですね、表はそうですが、核心は違います。私は教育学の学徒ですが、教育学という立場から観察すれば、吉田は、教育にあっても、その骨幹となるものを壊したと言えます。その点では吉田は教育においても政治的罪を犯したと言えるのです。

阿羅　杉原さん、どういうことですか？

杉原　教育というのは、先祖から受け継いだ文化のうち、普遍的な部分を誇りを持って肯定し、そのうえでその文化を次の世代に伝えるという活動が含まれているわけですね。

かの戦争は避けるべき戦争だった。あるいは避けられる戦争だった。つまりはしてはならない戦争だった。しかし結果としては戦争をしてしまった。だけどでたらめに戦争をしたわけではない。日本には日本なりに言い分があった。

そこでね、何度も言うことになり、くどくなるんですが、その避けなければならないのに、避けることに失敗したことの、最も大きな責任を持つところの外務省の責任を、吉田は国民の目から隠してしまった。そのために戦争に関わる日本の言い分を国家的に語ることができなくなった。つまり、かの戦争を公式には自虐的にしか語れない国家にしてしまった。

つまり、日本国家は過去について客観的に誇るべきことは堂々と誇ることのできない国になってしまった。とすれば、健全な教育は成り立たなくなります。

現在、学習指導要領では、歴史教育のところで「我が国の歴史に対する愛情を深め」とあり、愛国心の大切さを謳っています。これは歴史教育の普遍的在り方について表記しており、吉田の犯した過ちから脱皮しているのですが、かの戦争の日本側の言い分は相変わらず、学校では大っぴらには教えられないことになっています。というより、自虐史観でしか教えられないようになってしまっている。吉田によって、日本の言い分を言えない国家構造になっていて、そこに、共産主義などによる自虐史観がどっと入ってきて、その勢力を築いた結果だということになりますね。

ここに、吉田の犯した過ちの影響は基本的には消えていないということになります。

阿羅 なるほどね。そう考えればそういうことになりますね。

杉原 これもくどいけれど、教育学から見るとして、憲法解釈をでたらめにしたことも、教育にとって、その骨幹を壊したことになります。

日本国憲法は押し付け憲法なのですが、曲がりなりにも、大日本帝国憲法の改正手続きを踏んで改正されている。だとすれば、先ほど詳しく話し合ったことですが、現行憲法の解釈は、大日本帝国憲法に最も近しく解釈をするのが正しいということになります。つまりですね、日本国憲法は大日本帝国憲法と断絶して解釈するのではなく、大日本帝国憲法との継続性を強調して解釈すべきものということになります。

しかるに先ほども阿羅さんが指摘されたように、天皇は「象徴」であるという規定から、天皇は君主であり、元首であると解釈しなければならないのに、現在の公民教科書の検定では、「象徴」であるゆえに、君主でも元首でもないという解釈を事実上押し付けています。

第十六章で言ったことですが、大切なことなのでもう一度言います。ベルギーの憲法では、一八三一年に制定によるものですが、「すべての権力は国民に由来する」と謳い、そのうえで「国民主権の上に認められた君主制」としています。この規定が日本国憲法に直接に影響を与えたのかどうかは私としては主張の材料も持っていませんが、「国民主権」と「君主制」を結び付けた先例がこのようにある。

吉田は、直接には、天皇は元首ではないと言ったわけではなく、むしろ彼の回想録でも言っているように、元首として言っていたのですが、しかし安全保障という国家の最も根幹の問題であるこの問題について、第九条で、でたらめな解釈を作り上げてしまった。それが先鞭となって、日本国憲法の公権解釈は大日本帝国憲法と断絶を強調するものとなった。こうして日本は誤った憲法解釈のもとに国家が運営されている。つまり、国家破壊の側面を持った憲法運用ですね。

それを前提としなければならない戦後の教育は、まさにその骨幹の部分が壊されているということになります。

学習指導要領で、歴史教育は頑張っているんだけれども、公民教育ではいまだ吉田に犯された不健全なままの状態にある。何しろ、中学校学習指導要領の公民的分野の規定には、いまだ平成十八年に改正された教育基本法で強調されている「公共の精神」が記載されていないんですからね。

阿羅　なるほどね。教育学者として杉原さんの言うことは、厳しいですね。

杉原　教育学としては、どこまで言っておくのがよいでしょうかね。

私事にわたることを言うのは慎まなければなりませんが、私の教育学の恩師は、マルクス教育学を標榜した人でしたが、併せて愛国的でした。

教育学は、先ほど言いましたように、祖先から受け継いだ文化の普遍的な部分を次の世代に伝えていく営みを骨幹の一部に明確に置いているはずですから、教育学は愛国的でなければなりません。私がその恩師から受け継いだものは、教育学は愛国主義的なものでなければならないということだったと思うんです。

その点では、愛国心に無関心ですから、現在の日本の教育学の大半は、教育学として成り立っていないんですね。

自虐教科書の克服はどのようにすればよいか

阿羅　少し変わりますが、教科書の自虐ぶりはひどい。自虐教科書がなくならないのは外部から見て不思議です。

杉原　外部から見ると不思議に思われるんでしょうね。これにはやはり、教科書制度としての未整備があるんですね。

阿羅　杉原さんは自虐教科書の克服を目指した「新しい歴史教科書をつくる会」の会長をされていましたね。

杉原　平成二十三年より平成二十七年までの四年間会長をやっていました。

阿羅　その立場も含めて教科書の問題を話してください。私たちは吉田の罪過を明らかにすることによって日本のこれからのあるべき姿を求めようとしていますが、その際に、歴史認識をめぐって特に歴史教科書の関係で論じてください。大切なことだと思います。

杉原　そうですね、大切ですね。

そこで教科書ですが、先ほど私の大学院時代、先ほどのマルクス教育学の恩師ではありませんが、私の教育行政学科の主任教授は文部省が学習指導要領を定めるのも許されないと言っていたと話しましたが、同じ頃、教科書検定は、憲法にいう「検閲」に当たるとして、違憲だと主張する裁判が起こされていたんです。

これは結局、学習指導要領の合憲性とともに、教科書検定も合憲であるという方向で収束します。

教科書は、文部省が定めた学習指導要領を基準として民間で教科書を作るということを前提とし、その民間で作った教科書が学習指導要領に沿って問題があるかないかを検査するもので、合格すれば、学校で使用可能となるものです。

でもね、そうして検定合格した教科書のうちどれを使うかは、公立の小中学校では、教育委員会が、高校は事実上現場の教員が決めて採択するんですね。
教科書全体を見てみたとき、この検定の段階は、長年与党であった自由民主党や、そして文部省、今は文部科学省と言いますが、その文科省の努力によって、かなり改善され、それなりに問題は小さくなっていっていますが、肝腎の採択のところがまったく未整備なんです。

阿羅　採択制度が未整備とはどういうことですか？

杉原　それは、「新しい歴史教科書」誕生の経緯を話すと分かりやすいですね。
平成八年（一九九六年）に、中学校の歴史教科書の検定合格が発表されます。そのとき、何と見てみるとすべての中学校歴史教科書に、従軍慰安婦が強制連行されたという記述があったんです。大騒動になりましてね、これに憤激して結成されたのが「新しい歴史教科書をつくる会」です。そして自ら自虐史観を克服した歴史教科書の制作に取りかかるわけです。
他方、政府与党でも、今は亡くなりましたが、中川昭一議員らが中心になって「日本の前途と歴史教育を考える若手議員の会」が結成されます。そこで、この会で教科書会社の経営者を呼んで質問したんです。このときの事務局長は、今は総理の安倍晋三議員です。その安倍議員が教科書会社の経営者に「なぜありもしない従軍慰安婦の強制連行などを書くんですか？」と問うたわけですね。そうするとその経営者は何と答えたと思いますか？

阿羅　何でしょう？

杉原　「売れるからです」と答えたんですね。分かりますか？　意味が？

阿羅　分かります。

杉原　要するに、間違っていても、その方が売れるからそのように教科書に書いたということですね。

阿羅　そうですね。

杉原　つまり、中学校は圧倒的に多くは公立中学校ですが、そこで使用する教科書を採択する教育委員会が、そうした自虐教科書ばかりを採択するからですね。

教育委員会が、住民の意思を反映して、教科書採択をすれば、そうした間違ったことを書いた教科書は採択できないはずですが、現在の教育委員会の採択の実態は、教員集団に丸ナゲして採択を決めているからです。日教組は早くも昭和三十年、一五項目にわたって歴史教科書の「採択基準」を発表しました。しかし教育委員会は事前に、採択基準を発表したのが一例もないのです。すべて何も基準を示さず、教員集団に丸ナゲして採択を決めているのです。つまり教師集団が決めているんです。教科書はそれに合わせて作られているんです。

まだ記憶に新しいところですが、平成二十七年度の中学校教科書の採択をめぐって個々にはそれほどの大金ではありませんが、「謝礼」と称する贈収賄が行われていたという事件が発覚し、昭和二十八年前半、公正取引委員会が乗り出してきたことがありました。このとき、収賄の事実が発覚したのはほとんどが教員でした。

これは結局、教科書採択が教育委員によって決められるのではなく教員によって決められているということを明らかにしているわけですね。教育委員会は、地域住民の意思に基づいて望ましい教科書を採択しなければならないのに、その権限を放棄して、住民の意思とは関係のない教員集団に決めさせているということを示しています。明らかなことは、住民の意思に基づいて採択されていないということです。だから自虐教科書はいつまでもなくなりません。

阿羅　本当にひどいですね。

杉原　つまり、教科書採択は教育委員会が住民の意思を反映してなされなければならないのに、そのための制度が整備されていないんです。現在の教育委員会は、委員を首長が議会の承認を経て任命する任命制の教育委員会ですが、その前は占領期にできた選挙で選ぶ公選制の委員会で、占領下で占領軍の指導でできました。選挙で選ぶ各党代表のような人が委員になり、教育委員会は争乱の場になります。そのため全面実施は延期されていたんです。昭和二十八年、有名な吉田のバカヤロー解散で全面実施となり、地方教育行政が混乱するんですね。それで任命制になったのです。

そして教科書の採択は教育委員会がすることになっているのですが、現行の教科書制度の小学校・中学校の場合、昭和三十八年に「義務教育諸学校の教科用図書の無償措置に関する法律」ができて以来のもので、それ以来、教科書採択制度が未整備なため、教育委員会による教科書の採択は自虐教科書ばかりとなったのです。そうして自虐教科書が克服できないという実態があるのに、整備されてこなかったんですね。

私はね、こうしたところに、文部科学省職員の愛国心の欠如を感じるんですね。愛国心があれば、これほど長い間教科書採択制度を未整備なままにしていることはありえませんね。愛国心があれば、その問題点を整理して、与党の教育に理解のある議員に働きかけますよね。先ほど、阿羅さんが言われた愛国心の問題ですね。その愛国心が欠如しているんです。

阿羅　そうです。

杉原　先ほども言いましたように、教育委員会は、教科書採択に当たって、事前にどのような教科書を採択したいのか、採択の事前にはいっさい審議しないんですよ。採択基準をいっさい作らないんですよ。

まるで理髪店に行って、何ら注文を言わないままに、散髪をお願いするようなものですよ。理髪店の人に一任して、その人がイデオロギー化していて、労働のためには短い髪がよいとか言って、昔の陸軍の兵士のようにすべての人を丸坊主にするようなものですよ。

これで国民のための教科書制度と言えますか。

阿羅　杉原さんの言っていることは大切です。

杉原　そうです。ついでながら、私は日本の伝統、教育の国としての日本という観点に立って見てみると、現在の日本の教育に心配なところがあるんですね。

文明が進み、生活が豊かになり、そのために生活環境が著しく変わりました。そうした変化の中で、教育の、国の教育として、つまり、人間のための教育、つまり人間教育として、カリキュラムを変革していかなければなりません。しかしそうした観点から見た教育の変革がなされていないんですね。教育基本法は改正されて、法律としてはよいものができたのだけれど、そのために今行われている教育が、人間のための教育として欠陥を持つようになってきています。

阿羅　文部科学省の教科書採択、特に歴史教科書の採択についてその制度の整備について言ったわけですが、これを自民党の議員さんに言ってすぐに実行できるでしょうか。

杉原　だから、先ほど言ったように、愛国心が必要なんです。与党議員の人たちにも愛国心が必要なんです。そして、そのためには、戦後の日本を通観することが必要であり、そしてそのためには、吉田の非行を何度も何度も指摘しなければならないのです。

吉田茂の負の遺産から脱却して有史以来の日本の危機に立ち向かわなければならない

阿羅　最後です。対談をしてきて最後にお互いに何か補充しておきたいことはありませんか？

杉原　ありますね。阿羅さんにもあると思います。阿羅さんの方から先に言ってください。

阿羅　それなら私から言いましょう。

今も出ましたが、この第十八章のところで「愛国心」について言いました。これについて少し補充しておきたいと思います。

「愛国心」と言えば今では何か否定的概念のように扱われています。何となく言いづらい言葉ですよね。

杉原　特に教育学界ではそのような否定の雰囲気があるとはっきり言えますね。

阿羅　私がここで言う「愛国心」というのは自分の国さえよければよいというエゴの愛国心ではありません。世界の諸国と協力し合い世界に平和を構築し自らも平和に生存していくための愛国心です。

日本が矜持を持ち、立派な国であることは、日本のためだけではない、世界のため、世界人類のためでもあると言わなければなりません。自分の国を愛せないで世界を愛せますかという愛国心ですね。

杉原　そうです。その通りです。

阿羅　日本は、近現代史だけではありませんが、中国大陸、朝鮮半島の勢力にたえず悩まされてきました。そうした目で見たとき、現在は見方によっては蒙古襲来のとき以上に危険にさらされていると言えます。そのとき日本が強い立場を維持し、武力紛争を起こさないということは、日本のためであるだけでなく、世界のためです。二十一世紀を平和な世紀にするためには、日本が弱い立場になって、紛争を引き起こす原因になってはならないのです。

ですから安全保障についても国内で十年一日のごとく同じ議論を繰り返していてはいけないと思うんです。

吉田の話に返して言うと、彼のなした占領期の政策は原理的に言えば護憲、非武装の政策です。これは日本共産党と同一政策です。吉田は日本共産党と同じ政策を占領期に採り、日本を基本的には弱体化する政策を採りました。

吉田自身は強烈な反共主義者ですが、やったことは共産党と同じ政策で、日本を破壊したとも言えます。

その因果関係をよく抑えて、そこから戦後の日本ができていることを理解して、この有史以来の日本の危機に立ち向かわなければならないと思います。

再び愛国心に返して言いますが、すべての諸国民はその自国を愛し、祖先から受け継いだ伝統的な生活文化の中で暮らしていくのが一番幸せなのだとして、それぞれの国家が国民を大切にして他の国に迷惑をかけないようにして生存していくべきだと思います。

そんなとき、横暴な国が出てきたときその横暴さに屈しないことが大切で、そのことが日本のためにも世界のためにも必要なのだということです。

今、実際に中国は横暴になっています。朝鮮半島では北半島で核が開発されています。そういう状況の中で、愛国心のもとに、吉田の負の遺産から脱却して有史以来の日本の危機に立ち向かわなければならないと思います。

杉原　本当にその通りだと思います。

阿羅　最後に念を押すような話ですが、歴史認識について、もう一点言っておきたいことがあります。過去を誤って認識することは、現在にあって間違った認識のもとに行動することになりますから、その行動は間違ったものになりますね。

戦後の歴史認識について、杉原さんの強調するように言えば、外務省は吉田によって自己の戦争責任を隠させられて、結果として途方もなく日本国民の歴史認識を歪めているわけです。そこで、歴史認識を歪めた吉田に対して厳しく批判しているわけですが、私が思うに、どの世代であっても次の世代のために正しい歴史認識ができるようにしていかなければならない。

吉田への批判に徹した私たちのこの対談は、吉田によって歪められた巨大に誤った歴史認識を正すという意味において、現在の日本にとって最高度に貴重な対談をしているということになるのではないでしょうか。

憲法改正支持の人はすべて外務省批判に踏み切ってほしい

杉原　実に言われる通りですね。そこでね、私は言いたいんです、保守の人は目覚めてほしいと。

最近は、ようやく改憲を容認する人が増えてきました。その中で保守は長く、改憲を唱えてきました。しかしその人たちは外務省の改革が必要なことについては気づいていないんです。

憲法は押し付けだと言いながら、憲法を再検討するようにという指示が占領軍から出ていたこと、第九条では軍隊を保持できるようになっていたこと、そうしたことを吉田が無視したことなどを見ていないんです。

真珠湾の「騙し討ち」の責任者を昭和天皇とマッカーサーの会談の通訳に就け、そして占領終結前後に外務次官に栄達させたことの非を責めないんです。

そして明らかに国民の歴史認識を歪めてきているのに、外務省の責任に気づかず、外務省を責めないいんです。

保守は日本の誇りを大切にし、持続可能な国を築くための社会への思考、そして態度です。だとしたら、その責任に目覚めてもっと鋭くものごとを見るべきだと思うんです。

吉田によって受けた被害を正しく認識してそれを克服するために、憲法改正とともに、内閣法制局、外務省の改革が必要だと認識すべきなんです。

阿羅　おっしゃる通りです。

でもその指摘、保守の人たちだけの問題ではありません。昨年（平成二十九年）十月二十二日の総選挙で憲法改正を認める議員は三分の二を越えました。どのような改正が行われるかはともかくとして、どのように改正されても、〈第八章　吉田茂と歴史の偽造〉で話し合ったことことですが、外務省が、昭和六十年に小和田恒局長が、日本は東京裁判を受諾したハンディキャップ国家だというのをそのままにしていたら、憲法改正しても日本は何も変わらないのではありませんか。吉田茂が歴史を偽造し、憲法の運用を間違えて、その行き着いたところは小和田局長の言うハンディキャップ国家ですね。このハンディキャップ国家をそのままにしておいて憲法を改正しても、それは憲法を改正したことにはなりませんね。

杉原　確かに阿羅さんの言われる通りですね。

そこで今出た、昭和六十年（一九八五年）の小和田恒局長の、日本はハンディキャップ国家と言明した問題ですね。私は阿羅さんとこの対談をしている中で考えたんです。

小和田局長は、なぜこのような馬鹿げたことを真顔で言ったのだろう、と。それで、何となく分かりました。

阿羅　何ですか？

杉原　外務省は、吉田によって外務省の戦争責任を隠され、戦争責任はすべての旧軍部に押し付け、そのために、かの戦争について日本側にあった大義は外務省としては、いっさい語れなくなったわけですね。

そうすると、あまりに過去の事実との乖離に、外務省職員は良心的であればあるほど、悶々と納得のいかないものが、職員のすべてに溜まりますね。

なぜ、自虐史観に基づいたことしか言えないのか。外務省としては自虐史観から脱却できないのかという悶々たる鬱屈ですね。

実は、小和田局長のハンディキャップ国家論は、外務省としては自虐史観から脱却できないのだということを、理論武装したものだと言えるんですね。自虐史観のままであり続けることの一つの理論化なんですね。

その点では、その原点は吉田の罪過にあるんだということは分らないとしても、外務省が自虐的でしかありえないのだという諦観を職員に押し付けるのには、一つの動かせない根拠が必要で、ハンディキャップ国家論はそれを理論化したものなのだ、ということですね。

小和田局長の言は、現在の外務省の本当の姿を言い表しているんですが、この言葉がなければ、そこまで考えが及ばない。小和田局長は、外務省のこの時点での本当の姿をまさに言葉で言い表したのです。つまり吉田の作った戦後の国家をまさに象徴的にネーミングして言ったようなものです。ここまではっきり言われれば、国民のためにはかえってよかった。

また、小和田局長のこの表明は恐らく内閣法制局と打ち合わせをしたうえでなした表明でしょうから、内閣法制局も自虐史観に陥っているということになります。内閣法制局は憲法改正時の「法制局」時代の先輩の努力を無視して、東京大学法学部の宮沢俊義の程度の低い憲法学を普及させたのだから、やはり、内閣法制局も、自ら浴びに浴びた吉田の罪過については、照明を当てて、はっきりと見つめ、自らを変えていかなければなりませんね。はっきり反省していくべきですね。

阿羅　確かに言えます。

杉原　その点では小和田局長は、当時の外務省の最先端を行っていた人だということになる。そして外務省の完璧に病に陥っている姿を、誰の目にも見えるように表現した。そういう意味では、逆の意味で功績があるということになる。外務省が重篤な病に陥っていることをまさに国会で言葉でもって明示したのですから。つまり、小和田局長のもの言いは、反面教師的な大変貴重なもの言いだったということです。

阿羅　反面教師的にかけがえのない発言をしたということですね。

杉原　そうです。そのことによって、逆に、小和田局長には功績があるということになる。あそこまで言ってくれたからこそ、普通の人でも分かる。言い換えれば、あそこまで言ってもらわなければ、普通の人には外務省の真の姿は分かりませんからね。私だってそこまでは思わなかった。

阿羅　考えてみれば、憲法を改正しても、外務省を吉田の仕掛けたままにしておいては、何も変わりません。そのことを憲法改正を容認するすべての人に理解してほしいですね。

杉原　そうですね、そしてもう一言、私の言いたいのは、先ほど阿羅さんが言われたように、日本がよい国であり続けることは世界のためにも必要なんです。日本のように誇るべき国が、世界の中で滅んでは、人類の途方もない損失なんです。そのことを踏まえて外務省関係者は外務省の改革に取り組んでほしい。

吉田茂は批判されることを喜んでいる

阿羅　杉原さんが小和田局長に対してそこまで言われるのであれば、私も吉田に対して言えることがあると思うのです。こうした吉田を根柢から厳しく批判する本を出して、泉下の吉田はどう思うでしょうか。私はおかしな言い方ですが、吉田は実は喜んでいるのではないかと言えるのではないか。私はそう思うときがあるんです。

杉原　実は私も、長い時間かけて阿羅さんと話し合っているうちに、そう思うようになりました。私は時々思うんです。仏教で輪廻の考え方がありますね。吉田はもしかすると、一人の日本人となって今の日本に生まれ直してきているのではないかと。そしてね、通常のものの見方、通常の行動の仕方ができるような常識人になっている。その吉田から見て、占領期及び占領解除後になした自分の行為について、大変後悔しているかもしれない。あるいはさらに日本をダメな国にしたことに対して、世界の諸国民に対して申し訳なく思っているかもしれない。さらに言えば、その吉田からは、かつてのあの幸運な生涯を送った「吉田茂」に対して、持ち上げ褒める人を見ると、逆に軽蔑したくなっているんではないか、と。

阿羅　そこまで思いますか。ずいぶんとした想像ですね。

杉原　でもね、もし吉田の霊というものがあるならば、その霊は自分が生存中に犯した過ちに怖れ戦いていると思いますよ。そうでなければ霊ではない。

阿羅　そう言いたいですよね。

杉原　さらに思うんです。彼のなしたこと、なさなかったことに今日の悲惨な因果関係がこれほどはっきりしているのに、吉田を褒める人たちは、どうやって褒めることができるのか？不思議に思いませんか？

阿羅　そう言われればそうですね。

杉原　それでね、昭和三十八年（一九六三年）、吉田が亡くなる四年前ですね、このときに出した吉田の最後の著作『世界と日本』（番町書房　一九六三年）から、引用紹介したいところがあるんです。以下、示しますね。

再軍備の問題については、私の内閣在職中一度も考えたことがないこと、また先年トルーマン大統領特使として来訪した当時の故ダレス氏から要請を受けた際にも、強く再軍備に反対し、且つその反対を貫いたことなどは、本書の別の個所で記した通りである。当時において日本が再軍備に踏み出すことは、経済的にも、社会的にも、思想的にも不可能なことであるという私の反対理由もまた既に述べておいた。

しかし、それは私の内閣在職時代のことであった。その後の事態にかんがみるに連れて、私は日本防衛の現状に対して、多くの疑問を抱くようになった。当時の私の考え方は、日本の防衛は主として同盟国アメリカの武力に任せ、日本自体はもっぱら戦争で失われた国力を回復し、低下した民生の向上に力を注ぐべしとするにあった。然るに今日では日本をめぐる内外の諸条件は、当時と比べて甚だしく異るものとなっている。経済の点においては、既に他国の援助に期待する域を脱し、進んで後進諸国への協力をなし得る状態に達している。防衛の面においていつまでも他国の力に頼る段階は、もう過ぎようとしているのではないか。私はそう思うようになったのである。

この本でも、相変わらず、我田引水で身勝手に正当化したことが多く語られているんだけど、この引用した部分、昭和三十八年当時の日本の状況を考えて、ベトナム戦争は激しかったし、国内ではまだ自衛隊員が「税金泥棒」と悪態をつかれる時期だった。

そうした日本の混迷を見て、吉田は反省したのだと思う。首相時代の忙しい状況から離れて、静かに日々を送っている中で、やはり占領期の護憲、非武装の政策は誤っていたと思うんだよね。

そうしたことで、今回のこの対談本は吉田への厳しい批判をしているけれど、実は吉田はこのように批判されるのを喜んでいるところがあるのではないか。このような本が出てくるのを待っていたのではないか。

さらに言って、吉田自身が自分は首相の器ではなかったと思っているのではないか。首相の器でない自分が、首相になって、日本に途方もなく迷惑をかけてしまった、と。さらには世界にも迷惑をかけてしまった、と。

吉田は先ほど阿羅さんが言われたように、自他ともに認める反共主義者でした。しかし彼が実際に実現した日本の社会は、歴史については公共的には自虐的にしか語れない社会であり、肝腎の憲法解釈は、日本国憲法をして、大日本帝国憲法からできるだけ切り離し断絶した劣思な解釈をしている社会です。したがって、先ほど阿羅さんがおっしゃったことですが、反共主義者でありながら、実現してできた社会は、共産主義者が最も跋扈しやすい社会だったということではないでしょうか。

阿羅　そう思います。これで『吉田茂という反省』の対談を終えました。日本のためになるといいですね。そして世界のためにも。

杉原　吉田は、自由放埒、激越奇矯に生きてきた。そうした感情本位の生き方も、一人間の生き方としては、他人から非難される必要はない。しかし首相としては不適切であり、能力不足であり、戦後の日本に大きな禍根を残し、今なお、日本国民を呻吟させている。というか、日本の今の危機に、その傷痕はますます大きくなっていると言っていい。その自分をじっと痛恨の念を持って眺めているとき、さらにそのうえ、大宰相だと持て囃されれば、居ても起ってもいられない心境になっているんではないか。

先ほども言った話だけど、昭和六十年（一九八五年）中曽根内閣の下で小和田局長が日本は東京裁判を受諾したハンディキャップ国家だと言ったのは、かえってよかった。

吉田によって出発した戦後の日本国は、小和田局長の言ったようなハンディキャップ国家になっていた。そして外務省はそのための東京裁判史観を維持、発展、啓発する機関になっていた。さらには、占領軍の行ったWGIP（ウォー・ギルト・インフォメーション・プログラム）、日本語で言えば、日本人に戦争犯罪意識を培う情報作戦計画というもので、もっと言えば、日本人に戦争犯罪意識を持たせるための洗脳計画ですね。外務省はその継承、発展、推進の機関になっている。小和田局長の行為は、これを克服しなければ戦後の本当の日本はないのだということを逆説的に明示した功ある行為ではないか。

ついでながら私は思うんです。第十四章で、加瀬英明氏の言葉を紹介しましたね。戦後七十三年経っていますが、歴史認識の歪みについていまだ占領軍のせいにする人がいます。それは恥ずかしいことだとして、加瀬氏は「このままいけば、百年目になっても、日本人の歴史認識は占領軍によって歪められたと言い続けるんですか」と言っています。

私はWGIPがどんなに厳しく精巧に行われたとしても、その直接の影響はもはや完全になくなっている。それでも影響のようなものがあるように見えるのは、日本国内にそのWGIPを継承し、持続させようとしている人たちがおり、そして彼らを中心として社会的装置が作られているからだと思うわけですね。その人たちとその装置といったものの中心に外務省の人たちと外務省の組織が存在していると思うんです。そしてそれを作ったのは吉田だということです。

阿羅　それを克服して初めて日本国民と外務省が和解ができるということですね。そしてそれによって吉田が遺した負の遺産を克服し、吉田と和解ができるということですね。

よい対談になりました。この辺りで終りにしましょう。

憲法を改正しても、吉田茂の反省がなければ何も変わらない

杉原　いえ、最後にもう一言、阿羅さんにもご意見をお聞きしたいことがあるんです。

阿羅　えっ、何ですか？

杉原　私たちの吉田をめぐる対談は、最近の吉田を礼賛する本と違って、大変厳しく批判する稀有な本です。

それで阿羅さんから見て、この対談本が出版されたとき、話題になると思いますか？

阿羅　さぁ、杉原さんはどう思いますか？

杉原　私はひょっとして無視される本になるかもしれないと思っているんです。わずかの人は確かに読んで高く評価するでしょうが、全体的には、無視され、この本は社会的には存在しなかった本かのように扱われる。この本に基づいて吉田批判が起こるというようなことは起こらない、と。

阿羅　どうしてそのように思うんですか？

杉原　どうしてかと言うと、吉田を持ち上げる構造がすでに社会の中に強固にできていて、日本の社会として、吉田の批判は許さない、ということですね。それゆえ社会の至るところで無視してくるということですね。

少しの人は読むでしょう。しかしこの本の社会的影響を引き起こさせないために、徹底して無視してくる。吉田への批判は今日の日本にとって必要なのに、そうした人や装置が依然と強固に存在していて、それによって無視され、その無視する作用が社会に働く。

さらにはですね、阿羅さんや私に対する敵意も、その無視の働きに拍車をかける可能性があります。

阿羅　そこまで悲観する必要がありますか？

杉原　第十四章で話したことですが、私が、日米開戦で外務省の能力の低さを追究した本『日米開戦以降の日本外交の研究』は、日本もアメリカの外交電報を解読して読んでいたということを初めて書いた画期的な本で、英語、中国語、韓国語にも翻訳されているのに、外務省が中心になって作ったと思われる国立公文書館の「インターネット展『日米交渉』」の資料紹介の中で、研究書として外されて登載されていないんですよ。

戦争に敗れた国の悲哀というものかもしれませんが、戦後七十年以上経って、社会はまだ公正に営まれていない。研究者やマスコミの陰険さが目に見えない形で、社会に残り支配している。だから、阿羅さんとのこの対談本も、そうした無視する装置が働いて、社会的になかったかのような本になるのではないか。

阿羅　杉原さん、そこまで考える必要はないと思いますよ。これからも杉原さんの研究を無視する研究者がいて無視すれば、その人は公正でないということで、研究者としての資格がないということの証拠になっていくんではないですか。

もし、この私たちの対談本が、そのような結果になって無視されたら、今はインターネットの時代ですよ。この本を読んで、私たちの言っていることに賛同しない人でも、知っておく価値のあることが書いてあると思った人の中には、良心的に、あるいは義憤を感じて、インターネットを使って、この本の価値を友だちや知り合いの人に伝えてくれる人はいると思いますよ。

現在、マスコミが組織を挙げて人々を一定の方向に誘導しようとしても、一人一人がインターネットを通じて、自分で正しい情報を取ろうとするから、マスコミの思う通りにならないですよ。

それに、マスコミの人も悪い人ばかりではありません。この本を読んで、多くの人が読んでよい本だと思って、良心的に紹介してくれる人もいると思いますよ。

杉原　そうですかね。それならばよいのですが……。私に言わせれば、外務省への批判は、戦後七十年以上にわたって完璧に封じられてきたわけですから楽観はできないように思います。

阿羅　杉原さんは、やはり悲観が過ぎるのではないですか。

杉原　そうかもしれません。でもね、考えてほしいんですね。繰り返しになりますが、憲法改正については、堂々と議論されるようになりました。実際に、近い将来、憲法改正がなるかどうか分かりませんが、ともかく議論は盛んになされるようになりました。私は思うんです。この憲法の出発点でのことで、吉田のことを反省し、憲法に対し、吉田が何をし、何をしなかったかを押さえなければ、結局は、ただ憲法改正が行われるだけで、日本にとって何も変わらないように思うんです。

阿羅　先ほども話し合ったように、憲法を改正しても、吉田の反省がなければ何も変わらないということですね。それは私も賛成です。

杉原　憲法を改正しても、日本が小和田局長が言ったように、ハンディキャップ国家のままでいたら、何が変わるんですか。私たちがこの対談で話し合ってきたように、ハンディキャップ国家というのは吉田によって作られた戦後の自虐国家、植民地国家の国家を象徴的に言い表した表現なんです。したがって、外務省の人たち、そして自虐国家、ハンディキャップ国家のままでよいとしている人たちにとっては、この本はあってはならない本なのです。ですから、この人たちは、あらゆる力を使って、あらゆる機会を使って、この本が話題にならないように、無視されるように働きかけていくんだと思うんです。

阿羅　でもね、杉原さん。先ほども言ったように、今はインターネットの時代です。この本を読んで真実を知って、そのような悪意の人たちのままにしておくことはないと思いますよ。日本人は、正直で賢いと思いますよ。そのような悪意の人たちの試みが成功したままにしておくことはないと思いますよ。

杉原　そうですか。でもね、考えてください。今の状況を見ると、憲法を改正したら日本は動くと思っている人は多いでしょうが、実際には憲法を改正しても、何も起こらず、何も新しい動きは出てこないということが確実にあると思うんです。

かつてソ連が解体したとき、これで左翼の言動はなくなると思っている人は多かった。しかし実際は左翼の人はなくならなかった。大義を失った分だけ、よけいに陰湿になって、社会の足を引っ張り続けている。阿羅さんも、その事実、認められるでしょう?

阿羅　杉原さんがこの対談本は、左翼だけではなく、社会の中のある勢力によって無視されると言うのは分りますが、その点で言えば、私としては、無視される理由としてもう一つあると思います。この原因も私たちは十分に考慮しておかなければならないと思います。

杉原　もう一つ?　何でしょうか?

阿羅　占領期に寄せる日本国民の思いですね。

杉原　占領期に寄せる日本国民の思い?

阿羅　〈第十七章　どのような意図でこの対談は行われたか〉の冒頭で私、阿羅が述べたことと重なりますが、占領期は何といっても辛かった。その辛かった時期を乗り越えて日本はこんなに見事に復興、再生した。少なくとも経済的に見事に再生を果たした。そうすると、吉田が占領期に何もしなかったとしても、吉田が占領期の首相だったということだけで、英雄になる。占領期にそういう英雄を置くことによって、日本の再生を美化し、納得できるようになる。占領の苛酷さの中でも、我々は努力し再生を成し遂げたと思うとき、占領期の首相を英雄にすることによって納得できる。

そうした納得のもとでは、吉田の批判をする本はどうしても、受け入れられない、というようなことが起こりうる。

杉原　なるほど。でもですね、そうだとしても、やはり、憲法改正を前にして占領期を美化したままではいけない。戦後の原点となるこの重要な時期に、吉田は何をなすべくしてなさなかったのか、何をなすべからざるをしてなしたのか、そこを押さえなければ、それこそ、憲法を改正しても、日本は何も変わらないということになるのではないでしょうか。

そのことを、日本を誇りに思う人は考えていかなければならない。そうした保守の人たちは、憲法改正を遂げて日本は改めてどこに向かって進むのか考えておかなければならない。保守の人が憲法を改正しただけで何も考えないでいると、日本はまさに浮遊したままで、最後は無くなっていく。

阿羅　それへの警告として、私たちは、吉田を批判してきたんですよね。

でも、慣れ親しんできたこれまでの見方、考え方を棄てて、新しく批判の目で見るということは、大変なことなんですよね。

杉原　でもね、考えてみてください。憲法第九条に関し〈第十章　前篇第四章〈吉田茂と「九条」解釈〉〉で話し合ったように、吉田は第九条はいわゆる芦田修正によって、日本は軍隊を持てると解釈できることに気がついていた可能性があります。しかし吉田は、それに気づかない振りをして、日本は第九条によって軍隊は持てないという解釈を公権解釈化した。

ここでもし、吉田が初めから、自衛戦争である限り、日本は軍隊を持つことができ、そしてその限りで戦力も交戦権も保持すると、正当な解釈を政府の公権解釈にしていたら、どうなっているでしょう。今の民間の憲法学者の憲法学だって、その水準は今のように低いものになったでしょうか。

今の民間の憲法学者の多くは、自衛隊は違憲だと言っている。実質的には、政治解釈よりももっと幼稚で劣悪な解釈をしている。

吉田が芦田修正によって、日本は軍隊を持てるようになったと、正々堂々とした本来の正しい解釈をし、自衛戦争のためには戦力も交戦権も持っていると解釈していたら、民間の憲法学が自衛隊は憲法違反だというような幼稚なことは言わなかったでしょう。吉田の遺した政府の解釈があまりにもでたらめで、納得できない解釈であるゆえに、そんな幼稚な解釈をしているんです。幼稚であってもその方が政府のでたらめな解釈よりも筋が通っていて、ましに見えるからです。

だから、今日の第九条をめぐる混乱は、すべてその根源に吉田のでたらめな解釈があると言えるんです。保守の人は、そのことをよく理解して憲法改正に取り組まなければならない。

阿羅 だから私たちは吉田を批判した、ということですよね。

杉原 そうです。憲法一つを取ってみても、現在の日本がいかに吉田の負の遺産の中にあるか、ということが分かります。

阿羅 そうですね。吉田を崇め続けるならば、日本国民は歴史を正しく見ることができなくなったという日本の病は克服できず、日本国家はハンディキャップ国家のままであり続けることになる。そうしたら憲法改正をしても何も変わらないということになる。

杉原 そうです。我々はびくびくする気持ちを一方で持ちながら、あえてここまで批判に踏み切ったわけですから。吉田の批判を通して、日本の在り方を明らかにし、日本が誇れる国にしていくことは、先ほど阿羅さんも言われていたように、日本のためだけではなく、世界のためでもあると思うんです。

阿羅 そうですね。そういう意味で、我々は大きな課題を世界に向けて背負って発言していると言えますね。

今回は、本当によい対談となりました。この辺りで本当に終わりにしましょう。

（り）
李 承晩（り　しょうばん）……v,109-110,110-118,118-119,209-211,213,245,248,275,314.
リッジウェイ（Matthew B. Ridgway） 110.

（る）
ルーズベルト
（Franklin D. Roosevelt）…………… 137,232,312.

（れ）
レイ（Harry Wray） ……………………… 331-335.

（ろ）
ロイヤル（Kenneth Claiborne Royall） … 77.
ロバートソン
（Walter S. Robertson） …………………… 86-87.

（わ）
若槻 礼次郎（わかつき　れいじろう）… 12.
渡部 昇一
（わたなべ　しょういち） ………… 72,352-353.
渡辺 銕蔵（わたなべ　てつぞう）…………108.
和田 博雄（わだ　ひろお）…………………… 37.

マッコイ（Frank R. McCoy） …………………… 77.
松下 幸之助（まつした　こうのすけ） … 81.
松平 容保（まつだいら　かたもり） ……… 29.
松平 節子（世津子）
（まつだいら　せつこ） ………………………… 29.
松平 恒雄（まつだいら　つねお） ………… 29.
松野 鶴平（まつの　つるへい） …… 246,279.
松村 謙三（まつむら　けんぞう） ………… 191.
松本 治一郎（まつもと　じいちろう） …259.
松本 重治（まつもと　しげはる） ………10-11.
松本 烝治（まつもと　じょうじ） ………… 99.
松本 俊一（まつもと　しゅんいち） ………262.
マルクス
（Karl Heinrich Marx） …………… 176,287,366.

（み）

南 次郎（みなみ　じろう） ……………………… 36.
宮沢 喜一（みやざわ　きいち） … 45,75,195-196,200,221,310.
宮沢 俊義
（みやざわ　としよし） ……… 286,349, 351,378.
宮地 健次郎（みやじ　けんじろう） ……235.

（む）

ムッソリーニ（Benito Mussolini） ……24-25.
武藤 章（むとう　あきら） ……………………22-23.
武藤 正敏（むとう　まさとし） …… 226,227.
村井 順（むらい　じゅん） ……………………… 53.
村上 兵衛（むらかみ　ひょうえ） 16-17,148.

（も）

毛 沢東（もう　たくとう） ………………………306.
茂木 弘道（もてき　ひろみち） ……………217.
森島 守人（もりしま　もりと） …………… 146
森 喬（もり　たかし） ……………………………148.
森 恪（もり つとむ【(通称)もり かく】） … 12-14,19-20,150.

（や）

矢次 一夫（やつぎ　かずお） ……………… 23.
山浦 貫一（やまうら　かんいち） ………14,20.
山県 有朋（やまがた　ありとも） ………… 18.
山田 久就（やまだ　ひさなり） …… 260-262.
山本 条太郎（やまもと　じょうたろう） 16.
山本 熊一（やまもと　くまいち） ………… 26.
山本 権兵衛（やまもと　ごんべえ） …… 24.

（ゆ）

結城 司郎治（ゆうき　しろうじ） ……… 130.

（よ）

吉国 一郎（よしくに　いちろう） …………345.
芳沢 謙吉（よしざわ　けんきち） ……7,15-16.
吉田 健三（よしだ　けんぞう） …………5,272.
吉田 清治（よしだ　せいじ） ……… 324,340.
吉田 雪子（よしだ　ゆきこ） ………………272.

（ら）

ラウレル（Milo E. Rowell） ………………99-100.

（の）
野口 裕之（のぐち　ひろゆき）…… 208-212.
野坂 参三
（のさか　さんぞう）……… 36,60-62, 65,69,72
野田 英二郎（のだ　えいじろう）……… 223.

（は）
パール（Radhabinod Pal）……………… 319-320.
バーンズ（James F. Byrnes）……………… 42.
バイロン（Gerlge Gordon Byron）…………272.
萩原 徹（はぎわら　とおる）……………… 262.
長谷川 元吉（はせがわ　もときち）……… 99
秦 郁彦（はた　いくひこ）……………… 122.
ハッシー（Alfred R. Hussey）……………… 99.
初鹿 明博（はつしか　あきひろ）
服部 卓四郎
（はっとり　たくしろう）…… 49-55, 315-316.
鳩山 一郎（はとやま　いちろう）… 187-188,
246,251,254-257,260-263,273,276,280-281.
林 久治郎（はやし　くじろう）… 6,147-149.
林 敬三（はやし　けいぞう）……………… 54
林 修三（はやし　しゅうぞう）…………… 345.
原 四郎（はら　しろう）………………… 315.
春名 幹男（はるな　みきお）……………… 273.
ハル（Cordell Hull）…………… 137,151,232,234.

（ひ）
東久邇 稔彦（ひがしくに　なるひこ）… 259.
広田 弘毅（ひろた　こうき）21-22,24,34,150

（ふ）
フィン（Richard B. Finn）……………… 297,304.
藤山 愛一郎
（ふじやま　あいいちろう）…………… 172-173.
船津 辰一郎（ふなつ　たついちろう）… 6-7.
プランゲ（Gordon W. Prange）…………… 311.
ブルガーニン（Nikolai A. Bulganin）… 314.

（ほ）
ホイットニー
（Coutney Whitney）……… 53-54, 99-100,192.
ポーレー（Edwin W. Pauley）………… 76,261.
朴 正熙（ぼく　せいき）……………………… 119.
堀場 一雄（ほりば　かずお）… 49,315-316.

（ま）
マーフィー（Robert Daniel Murphy）113-114.
牧野 伸顕（まきの　のぶあき）18,22-23,55,272.
真崎 甚三郎（まざき　じんざぶろう）… 22.
増原 恵吉（ますはら　けいきち）………… 52.
町野 武馬（まちの　たけま）……………… 6.
松岡 洋祐（まつおか　ようすけ）…… 25,151.
マッカーサー（Douglas MacArthur）………
39-40,41,43-44,45,47,50-54,63,85,95-96,97,98-99,107,110,121-122,122,123-125,125-127,127-129,129,160,176,179,191-192,197,200,203-206,236,236-237,251-253,252-253,261,264-266,268-269,275,282-285,288,292,304,315-316,318,319-321,328,345,349,376.

高橋 圭三（たかはし　けいぞう）…………272.
高橋 正衛（たかはし　まさえ）…………19-20.
高柳 賢三（たかやなぎ　けんぞう） 281-286.
高松宮 宣仁
（たかまつのみや　のぶひと）…………………125.
田久保 忠衛
（たくぼ　ただえ）…………… 196,202,269-271.
竹内 綱（たけうち　つな）……………………… 5.
竹下 登（たけした　のぼる）…………………219.
辰巳 栄一（たつみ　えいいち）…………… 54.
伊達 秋雄（だて　あきお）……………………170.
田中 義一（たなか　ぎいち） 12,181,147-150.
ダワー（John W. Dower）…… 27-29,67,258,
267,274-275,293,297,303.
ダレス（John Foster Dulles）…… 46-47,48-49,
67,82-85,103,169,175,176,199,264-266,
293,297,381.

（ち）

チェンバレン（Neville Chamberlain）29-32.
秩父宮 雍仁（ちちぶのみや　やすひと） 29.
張 作霖
（ちょう　さくりん）… 5-10,117,147, 245,275.

（て）

出渕 勝次（でぶち　かつじ）……………… 18.
寺内 正毅（てらうち　まさたけ） 18,23,274.
寺崎 清子（てらさき　すがこ）…………26-27.
寺崎 太郎（てらさき　たろう） 25-27,27-28.
寺崎 英成（てらさき　ひでなり）………25-26.
寺崎 幸子（てらさき　ゆきこ）…………26-27.

（と）

東郷 茂徳
（とうごう　しげのり）…… 17,26, 151,153,232.
東条 英機（とうじょう　ひでき）… 36,54-55,
124-125,125-126,127,133,262,316.
戸川 猪佐務（とがわ　いさむ） 254-257,288.
徳田 球一（とくだ　きゅういち）………… 61.
ドッジ（Joseph Morrell Dodge） 45,78,79,88.
豊下 楢彦
（とよした　ならひこ）…………… 264-266, 304.
豊田 貞次郎（とよだ　ていじろう）…… 25.
トルーマン
（Harry S. Truman）…………… 41,157, 197,381.

（な）

永井 陽之助
（ながい　ようのすけ）……………… 195-196,301.
中川 昭一（なかがわ　しょういち）……… 368.
中曽根 康弘（なかそね　やすひろ）…… 140,
157,218-221,225,328,339,383.
中村 正直（なかむら　まさなお）………… 86.

（に）

西浦 進（にしうら　すすむ）……… 49-55,315.
西 修（にし　おさむ）……………………………… 63.
西 春彦（にし　はるひこ）…………………… 8.
西 久（にし　ひさし）…………………………… 35.

高坂 正尭（こうさか　まさたか）… 308,289,290-291,292,294-295,296,301,302-303,308.
河本 大作（こうもと　だいさく）…… 13,148.
児島 襄（こじま　のぼる）…… 122.
近衛 文麿（このえ　ふみまろ）…36,55,137, 234,273,316.
小村 寿太郎（こむら　じゅたろう）…… 147.
小山 常実（こやま　つねみ） 70,93,94, 349,355,359-361.
小山 弘健（こやま　ひろたけ）…… 193.
コワルスキー（Frank Kowalski） 257-258.

（さ）

斎藤 鎮男（さいとう　しずお） 145-147,154.
斎藤 博（さいとう　ひろし）…… 14.
佐藤 栄作（さとう　えいさく） 277,300,353.
佐藤 賢了（さとう　けんりょう）…… 20.

（し）

シーボルト（William J. Sebald）…… 265.
重光 葵（しげみつ　まもる）……122,127,203, 263,271.
幣原 喜重郎（しではら　きじゅろう） 12-14,17,74,159-160,178-179,191-192,259,282-285.
下田 武三（しもだ　たけぞう）…… 188,354.
下村 宏（しもむら　ひろし）……21-22.
下山 定則（しもやま　さだのり）…… 78.
蔣 介石（しょう　かいせき）…… 118,132,147,213.
昭和天皇（しょうわてんのう）…… 36,39,47,121-123,123-125,125-126,127-129,158,176,192,236,236-237,273,277,280,321,328,376.
朱子（しゅし）…… 211.
白洲 次郎（しらす　じろう）…… 99,104.
白鳥 敏夫（しらとり　としお）…… 178,285.
新名 丈夫（しんみょう　たけおし）…… 18.

（す）

杉原 荒太（すぎはら　あらた）…… 262.
杉山 晋輔（すぎやま　しんすけ）…… 226.
杉山 元（すぎやま　はじめ）…… 55,183.
鈴木 貫太郎（すずき　かんたろう）…… 264.
鈴木 善幸（すずき　ぜんこう）…… 219-221.
鈴木 貞一（すずき　ていいち）…… 13.
鈴木 茂三郎（すずき　もさぶろう）…… 108.
スチムソン（Henry L. Stimson）…… 156-157,312.
ストライク（Clifford Strike）…… 76.

（せ）

千賀 鉄也（せんが　てつや）…… 192.

（そ）

袖井 林二郎（そでい　りんじろう）…… 204.
曽祢 益（そね　えき）…… 17,259,309-310.

（た）

高辻 正巳（たかつじ　まさみ）…… 345.
高根 正昭（たかね　まさあき）…… 196.

岡崎 勝男
（おかざき　かつお）………27,113-117,133,213.
岡崎 久彦（おかざき　ひさひこ）… 252,319.
岡田 啓介（おかだ　けいすけ）…………………21
緒方 竹虎（おがた　たけとら） 105,246-247.
奥村 誠之（おかむら　まさゆき）… 183-184.
奥村 勝蔵（おくむら　かつぞう）… 127-129,
130,131-134,152-153,228.
小倉 和夫（おぐら　かずお）…………………145.
小山内 宏（おさない　ひろし）……………… 90.
オバマ（Barack Hussein Obama）…………………v
小原 直（おはら　なおし）……………………21-22.
小渕 恵三（おぶち　けいぞう）………………339.
小和田 恒（おわだ　ひさし）…140,141-142,
143-144,157,219,225,328,377-379,383-384,
388.

（か）
海原 治（かいはら　おさむ）……………………108.
加瀬 英明（かせ　ひであき）…202,216,267-
271,384.
片岡 鉄哉（かたおか　てつや）…… 301-302.
片山 哲（かたやま　てつ）… 72,205,298,352.
桂 太郎（かつら　たろう）……………………… 18.
カドガン（Alexander Cadogan）………… 33.
金森 徳次郎（かなもり　とくじろう）… 63.
賀屋 興宣（かや　おきのり）…316-317,317.
河合 良成（かわい　よしなり）……………… 89.
河辺 虎四郎（かわべ　とらしろう）…… 51.

（き）
岸 信介
（きし　のぶすけ）………271,280,280-281,288.
北 一輝（きた　いっき）…………………………20.
木村 篤太郎（きむら　とくたろう）…… 143.
金 正恩
（きん　せいおん【キム・ジョンウン】）…120.
金 正男
（きん　せいだん【キム・ジョンナム】）…316.
金 錫源（きん　せきげん）……………209-212.
金 日成（きん　にっせい）……………………208.

（く）
楠 綾子（くすのき　あやこ）………… 178,180.
クマラスワミ
（Radhika Coomaraswamy）…………… 324,340.
クラーク（Mark W. Clark） 110-113,113-118.
クラーク（Williom Smith Clark）…………338.
クルックホーン
（Frank L. Kluckhorn）……………… 123-125,128
グルー（Joseph C. Grew）… 197,232,234,312-
313,330,337-338.

（け）
ケーディス
（Carles L. Kades）…………………64,99,179,261.

（こ）
小磯 国昭（こいそ　くにあき）…………… 36.

人名索引

（あ）

アイケルバーガー（Robert L. Eichelberger）…… 43,252-258,319.
赤塚 正助（あかつか　しょうすけ）……… 6-7.
秋永 月三（あきなが　つきぞう）………… 36.
芦田 均（あしだ　ひとし）……… 63,64-65,74,103,107-108,179,181-182,205,252-253,283-286,298-300,319,350,356,391.
麻生 和子（あそう　かずこ）……………… 273.
麻生 太賀吉（あそう　たかきち）……… 273.
アチソン（George Atcheson）……… 122,125.
阿南 惟幾（あなみ　これちか）………… 24,55.
安倍 晋三（あべ　しんぞう）…v,72,120,190,226,339,354-355,358-360,368.
有沢 広巳（ありさわ　ひろみ）…………36-37.
有田 八郎（ありた　はちろう）……… 17,147.
有山 輝雄（ありやま　てるお）…………… 125.

（い）

五百旗頭 真（いおきべ　まこと）……… 311.
井口 貞夫（いぐち　さだお）…130,131-133,152-154.
池田 純久（いけだ　すみひさ）…………… 36.
池田 勇人（いけだ　はやと）……… 45,86-87,173,195,247,277,280,300,353.
石川 一郎（いしかわ　いちろう）…… 79,192.
石橋 湛山（いしばし　たんざん）………… 77.
石原 莞爾（いしはら　かんじ）13,19,22,36.
伊藤 正徳（いとう　まさのり）…………… 314.
犬養 健（いぬかい　たける）……………… 300.
犬養 毅（いぬかい　つよし）………………… 149
井上 寿一（いのうえ　としかず）………… 162
猪木 正道（いのき　まさみち）……………262,296-298,301
井本 熊男（いもと　くまお）…………… 55.

（う）

ヴァンデンバーグ（Arthur Vandenberg）……………………… 56,73
ウィルソン（Woodrow Wilson）………… v,37
ウィロビー（Charles Willoughby）……… 50-54,260-261,315.
植原 悦二郎（うえはら　えつじろう）…… 19
宇垣 一成（うがき　かずしげ）…………… 16
牛場 友彦（うしば　ともひこ）…… 234-235.
内田 建三（うちだ　けんぞう）……… 83,304.
梅津 美治郎（うめづ　よしじろう）…… 36.

（え）

江藤 淳（えとう　じゅん）……………………260.
エマーソン（John K. Emmerson）… 234-235.

（お）

黄田 多喜夫（おうだ　たきお）…………262.
大川 周明（おおかわ　しゅうめい）………… 19
大久保 武雄（おおくぼ　たけお）249-250.
大窪 愿二（おおくぼ　げんじ）…………… 28
大久保 利通（おおくぼ　としみち）……272.
大島 浩（おおしま　ひろし）……………… 34
大野 勝巳（おおの　かつみ）…………262.

【著者紹介】

阿羅 健一（あら けんいち）

昭和19年、宮城県に生まれる。評論家・近現代史研究家。東北大学文学部卒業。著書には『ジャカルタ夜明け前―インドネシア独立に賭けた人達』(勁草書房)、『「南京事件」日本人48人の証言』(小学館文庫)、『【再検証】南京で本当は何が起こったのか』(徳間書店)、『日中戦争はドイツが仕組んだ——上海戦とドイツ軍事顧問団のナゾ』(小学館)、『秘録・日本国防軍クーデター計画』(講談社)
南京戦の真実を追求する会　会長

杉原 誠四郎（すぎはら せいしろう）

昭和16年、広島県に生まれる。教育研究家・日本近現代史研究家。東京大学教育学部卒業。著書には『日本の神道・仏教と政教分離―そして宗教教育』(文化書房博文社)、『日米開戦以降の日本外交の研究』(亜紀書房)、『杉原千畝と日本の外務省―杉原千畝はなぜ外務省を追われたか』(大正出版)、『新教育基本法の意義と本質』(自由社)、『外務省の罪を問う―やはり外務省が日本をダメにしている』(自由社)などがある。

新しい歴史教科書をつくる会　顧問

対談・吉田茂という反省

—憲法改正をしても、吉田茂の反省がなければ何も変わらない—

平成30年8月13日　初版発行

著　者　阿羅健一・杉原誠四郎

発行所　株式会社 自由社

〒112-0005 東京都文京区水道2－6－3

TEL 03-5981-9170　FAX 03-5981-9171

発行者　植田剛彦

印　刷　株式会社シナノパブリッシングプレス

装　丁　有限会社来夢来人

写真提供　朝日新聞社

ISBN 978-4-908979-10-1　C0021　¥2500E

URL　http://www.jiyuusha.jp/　Email　jiyuuhennsyuu@goo.jp